21世纪的
中国与全球化

王辉耀 苗绿

◎

著

CHINA AND
GLOBALIZATION IN
THE 21ST CENTURY

中信出版集团 | 北京

图书在版编目（CIP）数据

21世纪的中国与全球化/王辉耀，苗绿著. -- 北京：中信出版社，2022.6
ISBN 978-7-5217-4164-3

I.①2… Ⅱ.①王…②苗… Ⅲ.①全球化－研究－中国－21世纪 Ⅳ.①D82

中国版本图书馆CIP数据核字（2022）第057529号

21世纪的中国与全球化

著者：王辉耀 苗绿
出版发行：中信出版集团股份有限公司
（北京市朝阳区惠新东街甲4号富盛大厦2座 邮编 100029）
承印者：嘉业印刷（天津）有限公司

开本：787mm×1092mm 1/16　　印张：26　　字数：262千字
版次：2022年6月第1版　　印次：2022年6月第1次印刷
书号：ISBN 978-7-5217-4164-3
定价：79.00元

版权所有·侵权必究
如有印刷、装订问题，本公司负责调换。
服务热线：400-600-8099
投稿邮箱：author@citicpub.com

推荐语

在中国乃至全世界，CCG都站在全球化趋势研究与辩论的前沿。当此之际，传统的全球化模式已陷入危机，全球化正在进入由非西方国家（如中国）主导的新阶段。本书值得全球关注。

——安明博（Amitav Acharya）
华盛顿特区美利坚大学国际事务学院国际关系学杰出教授

当此之时，世界各国正在制定决定全球未来的决策，王辉耀博士与苗绿博士的著作及时提醒我们全球化带来的益处。在当下的热潮中，这种益处很容易被挑战全球化理念的短期和长期趋势所淹没。新冠疫情和俄乌冲突对经济造成的持续破坏引发了人们对所谓的仁慈的全球体系的韧性的质疑。更加根本的问题是，美国和欧洲日益扩大的不平等导致了反全球化的政治运动。而且，许多西方政客将限制全球化视为遏制中国长期经济发展和政治崛起的途径。

《21世纪的中国与全球化》不仅记录了过去几十年全球化给世界带来的巨大好处，还就应如何在享有全球化持续带来的利益的同时战胜当前挑战提出了计划。他们对中国作为全球体系的一部分在促进世界繁荣与和平方面的作用进行了深入分析，这是对通常由西方言论主导的讨论的独特贡献。本书是思考未来几十年政策时的必读之书。

——大卫·布莱尔（David Blair）
高级经济学家，《中国日报》专栏作家
美国华盛顿国防大学艾森豪威尔学院前经济学系主任、
经济与金融学教授

王辉耀博士和苗绿博士以及 CCG 的工作为中国与世界开展对话和加强相互理解持续提供着重要支持。这项工作越来越有必要，因为世界正面临从气候变化到全球安全等一系列前所未有的挑战，这些挑战性质复杂、规模庞大。CCG 提供的平台和它所秉持的精神在现在和将来都将提供巨大价值。

——凯瑞·布朗（Kerry Brown）

伦敦国王学院刘氏中国研究院汉学研究教授兼院长

经济全球化让世界上很多国家，包括发达国家和发展中国家都深受其益。但近年来全球化面临着一系列的挑战。欧美民粹主义大行其道，其重要诉求之一便是反全球化。目前全球化终结论不绝于耳，世界走到一个新的十字路口。各国需要同舟共济，积极应对全球性挑战，防止世界重新陷入对抗局面。在此大背景下，王辉耀博士和苗绿博士的最新力著《21 世纪的中国与全球化》的面世既重要又及时，值得一读！

——冯仲平

中国社会科学院欧洲研究所所长

上一轮的全球经济一体化极大地促进了世界财富的增长，促进了世界经济总量快速增长，同时也带来了财富分配的不均。首先是国家间财富分配不均，其次是国家内部特别是发达国家内部各阶层财富分配的严重不均。因此导致了近年来的民粹主义、贸易保护主义、单边主义在全球盛行，全球化受到了极大的挑战。全球化是否仍然可行？新一轮全球化需要哪些新思维、新理念、新模式？《21 世纪的中国与全球化》一书给出了有价值的思考、理念和路径选择，值得借鉴、研究和参考。

——傅成玉

中国石油化工集团原董事长，

长江商学院大型企业治理与创新管理实践教授

全球化向何处去，这是世界政界、商界和学界都在积极思考的一个大问题。

随着乌克兰危机的爆发，对全球化前景的讨论显得更是激烈。王辉耀博士和苗绿博士所著的《21世纪的中国与全球化》一书在这种背景下问世无疑是一件大好事。两位作者的论述一向以鲜明的中国观点和强烈的世界情怀而闻名，相信本书也一定会给关注全球化命运的人们再次带来难得的脑力激荡。

——辜学武
德国波恩大学全球化中心主任

《21世纪的中国与全球化》一书紧跟时代潮流，从历史和现实两个维度，剖析了这几十年中国发展与全球化密不可分的孪生关系，令人耳目一新，值得一读。

纵观中国改革开放和实现现代化的历史，不难发现其路径和上升曲线与全球化的发展和延伸几乎重叠。中国是全球化以及与此相辅相成的全球治理体系的受益者、贡献者和捍卫者。如今全球化遭遇逆全球化的冲击，国际格局和全球治理支离破碎。全球化将脱胎换骨进入全球化2.0阶段，全球治理体系也将凤凰涅槃，产生新的架构和规则。

新世界需要新思想、新理念、新方案。中国坚定不移地支持新全球化、全球治理体系重塑，有决心也有信心为全球化的升级换代做出大国应有的贡献。

——何亚非
中国外交部原副部长、国务院侨办原副主任

全面、深刻、创新、前瞻，是这本学术专著的特色。国内外学者探讨全球化的著述可谓汗牛充栋，如此既有中国特色、又有全球视野的全球化论著还是凤毛麟角。王辉耀博士、苗绿博士两位作者集国内外智库成果之大成，积廿余年专攻之积累，创学界之新，开策论之先。无论是专业的还是非专业的读者，读了此书，都会感觉开了一扇瞭望之窗、一道进山之门、一条远行之路。特别有意义的是，在逆全球化潮流袭来的今天，我们依然从此书中获得一种信心和力量，相信全球化的历史规律是不可逆转的！

——黄仁伟

复旦大学一带一路及全球治理研究院常务副院长

王辉耀和苗绿两位博士所著的《21世纪的中国与全球化》一书恰逢其时地面世。作者认为全球化进程是不可逆转的，这一点十分准确。他们呼吁，全球化应该更具包容性，让更多国家和人民分享全球联通驱动的经济发展成果，这一点十分正确。没有哪个国家像中国那样从全球化中获益良多，这一切基于中国实行明智且务实的社会经济政策和睿智的、以知识为基础的发展战略。因而，二位作者对别国可以从中国经验中学习什么提出了毫无偏颇的建议，这一点十分重要。这本书越早以英语和其他语言出版，就越有利于开展专业的学术辩论和实施务实的经济政策。

——格泽高兹·W. 科勒德克（Grzegorz W. Kolodko）

波兰华沙考明斯基大学教授，波兰前副总理兼财政部长

当今世界正逢百年未有之大变局，究其原因在于世界经济格局的巨变。1900年八国联军攻打北京时，美、英、德、法、意、俄、日、奥匈帝国八个工业化强权按购买力平价计算的国内生产总值占全世界的50.4%，2000年时美、英、德、法、意、俄、日、加八个工业化先进国家组成的八国集团按购买力平价计算的国内生产总值占全世界的47%，到2018年习近平主席提出百年未有之大变局论断时八国集团的国内生产总值的占比下降到34.7%。

过去100多年，先进的工业化发达国家年均增长相对稳定，平均每年在3%左右。八国集团经济总量在世界占比的下降主要是新兴市场经济体尤其是中国改革开放以后的快速发展所致。从我倡导的新结构经济学来说，中国及新兴市场经济体这种快速发展，可能是作为后发国家，在全球化的格局下，根据各自的比较优势并充分利用与发达国家产业技术差距所给予的后来者优势来发展经济，实现了比先进的发达国家更快速的发展的结果。

面对百年未有之大变局，美国从全球化的倡导者变成了反全球化的力量。

然而，赶上发达国家是所有发展中国家共同的追求，全球化所提供的贸易又是互利双赢，中国作为全球化的受益者和现今世界最大的贸易国，应该协同没有霸权思想的发达国家以及发展中国家继续倡导推动全球化，给互利双赢的贸易和发展中国家的快速发展提供机会，以实现共享繁荣的人类命运共同体的世界大同境界。

王辉耀博士和苗绿博士的这本新著梳理了全球化的来龙去脉和相关理论，对在百年未有之大变局和后疫情时代推动新型全球化提出了可行的方案，很值得关心中国和世界未来前景的各界人士参考。

——林毅夫

北京大学国家发展研究院名誉院长、

新结构经济学研究院院长、南南合作发展学院院长

世界银行前高级副行长、首席经济学家

当未来的历史学家描述我们的时代时，他们肯定会说，改变历史进程的最重要事件是中国勇敢地跃入全球化的海洋。正如习近平主席 2017 年 1 月在达沃斯论坛上所讲的那样，"中国经济要发展，就要敢于到世界市场的汪洋大海中去游泳"。在此背景下，本书的出版恰逢其时。世界期待本书的英文版早日面世。本书主张全球化模式应建立在"开放、包容、公平、多元和可持续的价值观"基础上。世界能够并且应当拥抱这种模式。

——马凯硕（**Kishore Mahbubani**）

前新加坡常驻联合国代表、

新加坡国立大学亚洲研究院杰出研究员

《21 世纪的中国与全球化》这本书巩固了王辉耀博士和苗绿博士在全球思想界的领袖地位。世界面临着一系列潜在灾难——每一个都可能伤害甚至毁灭人类。王辉耀博士和苗绿博士在这样紧迫的时刻挺身而出，通过研究、演讲和写作，寻找解决方案，为世界创造一条可持续与和平的发展之路。他们的思想为开展中外对话、影响全球领导者和政府做出了重要贡献。

在全球危机的背景下，对那些寻求创新治理政策以规避全球灾难的人来说，这是一本必读之书。

——麦启安（Alistair Michie）
英国东亚委员会秘书长

全球化在朝着区域化方向变化，全球不同区域将强化各自地区特色，我们企业也要由"产品走出去"变成"企业走出去"，打造更多的跨国公司。在百年变局叠加世纪疫情下，树立企业全球化信心，研判后疫情时代全球化走向对企业全球化布局至关重要。全球化智库（CCG）的新书《21世纪的中国与全球化》在宏观上为我们提供了后疫情时代全球化发展的整体图景，特别是对中国推动全球化发展路径做出了探究和畅想，我们企业可以从中洞察大势、思考新的商机，将企业发展、国家发展与全球化发展趋势相结合。

——宋志平
中国上市公司协会会长、中国建材集团原董事长

俄乌冲突的爆发让人们担心全球化进程将终止。而王辉耀博士和苗绿博士撰写的《21世纪的中国与全球化》在这一关键时刻出版，将给我们指明为人类社会带来积极影响的新全球化进程仍将持续向前推进，中国将是这一进程的助推动力源。本书通过历史纵深的分析、经济逻辑的提炼和政治研判的阐释，给中国如何推动新全球化进程开出了"战略药方"。本书非常值得一读。它对战略决策者具有重要参考价值，对政策执行者具有现实指导意义，对关心世界大势的民众具有认知引导作用。

——苏浩
外交学院战略与和平研究中心主任

全球化快要结束了吗？忧心忡忡的人们近来都在问这个问题。王辉耀和苗绿的新作《21世纪的中国与全球化》一书十分详细地回答了这个问题。全球化正跨进一个新的历史节点，不平等的全球化确实难以为继，全球化会有调整，但不会结束，也不会停顿！对于在全球化中受益最大的国家之一的中国来说，如何在新形势下继续参与全球化的进程，与各国政府和人民一起去寻找一条更公平、更包容的全球化新道路，既是中国的责任，也是中国的机遇。本书的最大特色是提出了一系列的各国共赢并有可操作性的政策与措施，非常值得一读。

——汤敏

国务院参事，友成企业家扶贫基金会副理事长

全球化自冷战结束后高歌猛进约二十年，乐观者一度相信历史将就此终结、世界将一片平坦。但自 2008 年开始，全球化便迭遭一系列打击，全球金融危机打碎了市场经济万能的迷思，2017 年特朗普当选美国总统代表了民粹主义的回归和逆全球化的插曲，2020 年新冠疫情的全球暴发让人类认识到科学的局限，而 2022 年俄乌冲突把人们拉回到冷战式大国对抗的噩梦。然而，全球化注定是一个跌宕起伏的过程，把众多千差万别的国家和民族融入一个体系中，注定是一个漫长、起伏、曲折的过程。中国作为全球化的后来者和接受者，凭借其数千年的文明底蕴和十数亿人的艰苦努力，已经成为全球化的关键支持者和引领者。锦上添花易，雪中送炭难。当此全球化面临严峻挑战之时，才是彰显中国智慧和中国力量的最佳时机。全球化智库（CCG）自成立以来一直为推进中国融入全球化而鼓与呼，如今更要为中国力挺全球化而知与行。这本新书展现了全球化智库对全球化面临危机的根源最深入的思考，更为中国如何解救全球化于困顿之中提出了深谋远虑的行动方案，值得所有关注全球化乃至人类未来的读者深入研读。

——屠新泉

对外经济贸易大学中国 WTO 研究院院长

新冠肺炎全球流行损害了亿万人的健康，俄乌冲突引起全球能源、粮食供应紧张和金融市场的波动，都说明了全球化进程正在加速发展，而不是停滞。全球化固然有其消极影响，但更需要世界各国的积极态度加以应对。这本新著从各个角度重新探讨了全球化问题，许多论断发人深省。作者呼吁中国主动引领全球化，走到时代前面，这既符合中国人自古至今的理想，也符合现实的国家利益。

——王缉思

北京大学国际战略研究院院长、北京大学国际关系学院教授

中国是全球化的最大受益者，这一点已不容置疑。本书不仅全方位描述了全球化给中国经济社会带来的巨大变革，认为中国将与其他支持全球化的国家共同推动全球化的发展进程，也颇具前瞻性地为中国在未来的发展提出了诸多有益的建议。本书视野宏阔，信息量大，认为中国正在尝试着探索一条渐进的全球化之路，以合理、共赢的方式为新一波全球化和全球治理贡献中国的智慧和方案。这应该是中国学者贡献给国际全球化研究的一部力著。

——王宁

上海交通大学人文学院院长，欧洲科学院外籍院士

经济全球化是历史的潮流，在全球一体化的时代，没有局外人。百年变局叠加世纪疫情下，只有正视并解决全球化进程中的种种问题和矛盾，才能让经济全球化更好地造福世界各国人民。中国早已是全球化的重要组成部分，只要坚持改革开放，全球化就不会终结。王辉耀博士和苗绿博士创办的全球化智库（CCG），恰恰是中国改革开放的成果，并且在全球化方面扮演着越来越重要的角色。面对错综复杂的国内外形势、命运共同体如何构建，还需要智库发挥更多的聪明才智，《21世纪的中国与全球化》一书的出版恰逢其时。本书立意高远，具有很好的思想性和前瞻性，值得推荐。

——王石

万科集团董事会名誉主席、创始人

全球化来到中国，释放了蓬勃的改革开放威力；中国参与全球化，带来了巨大的全球化红利。进入新时代，中国从赋能到引领、从立制到铸魂全球化，改变资本无序扩张、技术服务强者的局面，塑造为人民服务的全球化："一带一路"、全球发展倡议。全球化的核心价值观是人类命运共同体，所以世界智库有"全球化看中国，中国看CCG"一说。本书对全球化的中国智慧、中国方案、中国力量做了系统、辩证和深刻的阐释，强烈推荐。

——王义桅

欧盟"让·莫内"讲席教授，中国人民大学习近平新时代中国特色社会主义思想研究院副院长，国际事务研究所所长

全球化智库（CCG）是中国致力于研究经济全球化的最活跃的智库之一，为推动中国与国际社会的相互沟通与理解做出了重要贡献。中国是经济全球化的受益者，正为延续全球化的发展做出自己的贡献。本书回顾了新冠疫情对经济全球化发展的影响，总结了中国参与全球化的主要路径，提出了维护全球化发展的中国方案。相信本书对决策者、国际关系研究者与普通读者都具有重要的启示。

——王勇

北京大学国际关系学院教授、北京大学美国研究中心主任

在当今国际社会被新冠疫情和俄乌冲突阴云笼罩之际，全球化未来走向何方是萦绕在很多人心中且挥之不去的问题。王辉耀和苗绿的《21世纪的中国与全球化》用宽广的视野和翔实的分析给出了他们的答案。书中不但对中国融入全球化的历程进行了系统的回顾，更对中国推动全球化实现包容性和公平性发展进行了深入的探讨，提出了推动全球化的三大支柱与七大路径，是新一代中国智库对全球化未来进程的思想贡献。

——薛澜

清华大学苏世民书院院长

全球化向何处去？全球化是否终结？本书从理论和实践的纵深处，从全球治理的实际参与和亲历者的多重身份出发，深度解答了上述的严峻问题。本书针对21世纪的中国与全球化的多向度互动关系，提出了具有前瞻性的思考和进言，立论远见卓识，见解发人深省！

——薛晓源

北京师范大学全球化与文化发展战略研究院院长

全球化是人类社会生存需求一致性与发展诉求一致性相互依存的具体体现，也是人类社会经济活动由低级阶段向高级阶段不断迈进的客观进程！近些年来，随着国际经济危机从西方国家向全世界蔓延扩散，反全球化、反区域合作的社会思潮愈演愈烈，以美国为首的发达国家借机推行保守主义、孤立主义和单边主义，反全球化逆势而动。俄乌战争的发生和发展，随之而来的制裁与反制裁，使本来已步履维艰的全球化进程遭遇了更大的困难和挑战！王辉耀和苗绿两位博士长期致力于中国与全球化问题研究，在这一领域积累了丰富的研究成果，形成了独特的研究资源。他们近日推出的新作《21世纪的中国与全球化》，深刻地阐明了全球化进程遭遇重大挫折但不可逆转的基本判断，令人信服地揭示了中国既是全球化受益者也是全球化推动者这一客观事实。两位作者充分运用他们所掌握的大量数据和事实，紧密结合世界百年未有大变局下出现的新情况、新问题，深入浅出地论证了中国现代化发展与全球化未来进程依然相辅相成、人类社会归根结底命运与共的历史大势！值此《21世纪的中国与全球化》即将问世之际，祝愿王辉耀和苗绿两位博士在这一研究领域不断取得更多成果，祝愿我们的国家在更广泛、更深入地参与新一轮全球化，推动并引导全球化健康发展方面，为人类社会做出新的更大贡献！

——于洪君

中联部原副部长，广州大学客座教授、博士生导师，
《理解"百年未有之大变局"》作者

推荐语

二十多年前的全球化像是行进在宽阔、平坦、笔直的大道上，路边开满了鲜花。作为全球化的积极参与者、追随者和反哺者的中国，在当今全球化进入了曲折、颠簸甚至险峻路段时刻，理应发挥更强有力的作用。王辉耀博士和苗绿博士在《21世纪的中国与全球化》一书中提出的推动全球化发展的三大支柱与七大路径，可以说正是中国发挥独特作用的具体体现。

——张宇燕

中国社会科学院大学国际政治经济学院教授

中国的崛起受益于全球化。崛起的中国也对全球化做出了重大贡献。近年来的全球化放缓甚至倒退提出了许多新问题，尤其是关于中国的回应以及对策。《21世纪的中国与全球化》一书提供了关于全球化独特的中国视角，寻求中国与世界对话的新方式，探索全球化发展的新路径，借以促进全球化回归正确的轨道，值得推荐给全球关心这个重大问题的中外读者。

——赵穗生

美国丹佛大学科贝尔国际关系学院终身教授，
《当代中国》英文双月刊主编

王辉耀博士和苗绿博士所著的《21世纪的中国与全球化》出版了，这是全球化智库（CCG）的一件大事。多年来，全球化智库为中国的全球化建言献策，功不可没。这本著作可以说是两位作者对中国全球化思考的结晶。中国从改革开放前一个相对孤立的经济体演变成今天实际上的第二大经济体，这个过程是在中国的全球化过程中实现的。世界改变了中国，中国改变了世界。研究好这一过程对学术和政策研究而言，都是大贡献。两位作者就是扮演了这样一个重要的角色。本书充满洞见，读者会受益匪浅。

——郑永年

香港中文大学（深圳）教授、前海国际事务研究院院长

目 录

序　言　V

第一章　全球化向何处去

　　站在十字路口的全球化　004

　　既往全球化问题重重　007

　　全球化应向何处去　013

第二章　"全球化"变迁与理论发展

　　什么是全球化　025

　　全球化的理论发展　031

　　"后疫情时代"的新型全球化　036

第三章　从被动到反哺：中国的全球化之路

　　中国与全球化的历史碰撞　051

　　中国是全球化的受益者　056

　　"反哺"全球化发展　062

第四章　人本全球化：华侨华人海归的作用

中国的人本全球化图景　077

华侨华人：搭建中国与世界的桥梁　085

中国如何推动人本全球化　093

第五章　在"筷子文化圈"基础上推动建立亚盟

"儒"元素串起"筷子文化圈"　111

构建亚盟的实践基础　121

亚盟的实现构想　140

第六章　共建"一带一路"成为多边主义新机制

"一带一路"倡议　155

"一带一路"新思路：多边化　163

如何实现"一带一路"多边化　167

第七章　深化新型南南合作

南南合作的机遇与挑战　180

金砖五国：世界秩序新的延伸　183

中非合作与中拉合作　195

推动南南合作：维护全球多边主义　209

目录

第八章　中欧：多边主义合作的基石

　　走上法制化和规范化　221

　　新时代的中欧关系　227

　　中欧未来合作前景　234

第九章　中美：如何实现良性竞合

　　中美关系的变迁　245

　　从特朗普到拜登　253

　　新时代中美关系：合作还是斗争　270

第十章　全球治理新格局与中国角色

　　全球化时代的产物——全球治理　294

　　全球治理的时代困境　300

　　全球治理新格局与中国角色　314

结束语　343

参考文献　353

全球化智库（CCG）名家对话系列　359

后　记　363

英文推荐语　365

英文目录　379

英文序言　383

序　言

2020年新冠肺炎疫情暴发以来，全球确诊病例已超5亿（截至2022年5月本书定稿之日）。各地疫情的"反复无常"，让新冠肺炎疫情何时结束成为未知数。在与病毒的赛跑中，人们逐渐认识到，这场百年不遇的全球性疫情或将永久改变全球化发展进程。随后，俄乌危机爆发，成为2022年首个"黑天鹅"事件，使第二次世界大战后建立的欧洲安全秩序及世界秩序遭受冲击，世界陷入更加不安全的境地，关于"全球化终结""新冷战""第三次世界大战"的讨论也不胜枚举。

百年变局叠加世纪疫情下，战争阴霾笼罩着世界，人类又走到了一个新的布雷顿森林时刻。对中国而言，如何应对后危机时代的全球化变局，也成为一个具有全面性、系统性、综合性的新命题。

全球化的发展是一个历史过程，若追根溯源，目前较为流行的观点是以1492年欧洲国家对新航道的开辟为起始点。在我们与耶鲁大学著名历史学家韩森①的一场云对话中，她提出，全球化在哥伦布之前500年就开始了。1000年，目前所知维京人向北美洲航海的最早时间，为全球化的开始。韩森把宋代的中国称为"世界上最全球化的地方"。航海技术的发展激发了人类对未知新大陆的探索热情，为人们带来了一个更为广阔的世界。随后的工业革命则带动了技术的进步，现代工业、交通运输业蓬勃发展，全球市场迅速扩张。20世纪90年代以来，以信息技术革命为中心的高新技术迅猛发展，时空距离瞬时被压缩，世界经济融为一体。全球化的发展极大地提升了生产力，创造了巨大的财富。根据世界银行的统计数据，1960—2020年，全球GDP（国内生产总值）总量从约1.39万亿美元增长到约84.71万亿美元，增长了约60倍。②

然而，在全球化繁荣景象的外衣之下，世界经济的巨大发展与国家之间、国家内部的贫富差距鸿沟形成了鲜明对比。国际慈善组织乐施会研究报告显示，2019年全球最富有的2 153人拥有的资产超过了最贫穷的46亿人的总和。而美国人口普查局的统计数据显示，过去50年来，美国的基尼系数一直在稳步上升，2018年，美国基尼系数攀升至0.485，贫富差距达到50年来最高水平……贫富差距悬殊就像一把高悬的"达摩克利斯之剑"，时刻威胁着全球稳定，更成为滋生民粹主义，形成反全球化、逆全球化的关键诱因。

---

① 芮乐伟·韩森，耶鲁大学历史学教授，著名汉学家，主要研究中国古代历史、丝绸之路史及世界史，著有《丝绸之路新史》及《变迁之神——南宋时期的民间信仰》等研究中国历史的著作。参见 http://www.ccg.org.cn/archives/63840。
② 参见世界银行官网：https://data.worldbank.org.cn/indicator/NY.GDP.MKTP.KD.ZG?end=2018&start=2003&view=chart。

序　言

联合国前秘书长科菲·安南曾说过："很少有人、团体或政府反对全球化本身，他们反对的是全球化带来的悬殊差异。"正如我们开头所言，全球化的发展是一个历史过程，这就注定了它的发展不会是线性的，而是时而前进，时而徘徊甚至倒退。在过去几十年里，全球化促进了全球经济增长，前所未有地使不同国家产生利益交织，各个国家在这个相互联通的网络里形成了更深的相互依赖和更多的共同利益。虽然今天的全球化遭遇了挫折，其发展速度有所放缓，其发展框架有所改变，但我们相信，全球化的大趋势不会改变，全球化时代也不会终结，经过自我修复与调整，全球化将再次回归正确的轨道。

中国是全球化的最大受益者之一。中国融入全球化的进程尤其是改革开放以来的经济奇迹，以及由此形成的发展经验，越来越受到各国的关注和重视。可以说中国在21世纪最大的发展机遇就是经济全球化。因此，继续扩大对外开放，积极参与经济全球化进程符合中国最大的国家利益。从2008年中美通过G20（二十国集团）加强合作，力挽狂澜开始，中国已经从全球化的参与者和追随者逐步转变为全球化的反哺者。无论是"一带一路"倡议，还是亚洲基础设施投资银行（简称"亚投行"），都是中国为推动全球化发展而做出的积极尝试，显示出中国正在努力承担起更多的国际责任。

其实不仅是中国，很多国家都认识到了，全球化的继续前行需要新动力、新思路、新模式，并纷纷开始探索经济增长和全球治理的新路径。从全球化顺利推进的角度看，各国都需要付出更多的努力来解决全球化发展中遇到的各种问题，促进社会的公正、公平，缩小富人与穷人以及国与国之间的差距。

2008年，我们创办了全球化智库（CCG），这是国内第一个以"全球化"命名的智库。当年，"全球化"一词还颇为敏感，经过十余年的耕耘与坚持，如今，推动全球化已经成为国家高层的共识。习近平主席曾多次在世界经济论坛等国际场合向世界表明中国支持和捍卫全球化的坚定立场。

全球化智库（CCG）成立的这些年，我们潜心研究全球化进程与中国的全球化战略，汇聚国内外一流学者的洞见与思考，在全球化面临重大挑战、逆全球化思潮出现的关键时刻，相继推出了《全球化 VS 逆全球化：政府与企业的挑战与机遇》《大转向：谁将推动新一波全球化》《全球化向何处去：大变局与中国策》《全球化：站在新的十字路口》、*Handbook on China and Globalization*、*Consensus or Conflict?-China and Globalization in the 21st Century* 等多部中英文著作。我们连续多年举办"中国与全球化论坛""中国企业全球化论坛""中国人才50人论坛""中国全球智库创新年会"等多个智库活动，这些活动陆续成为品牌，搭建起政商学各界沟通的桥梁，推动全球化理念在中国的传播，在凝聚社会共识，中国参与及推动全球化发展方面起到重要作用。

近年来，我们还定期邀请长期潜心学术、钻研中国政治与国际关系的中外学者，长居政坛、深谙国际政治的外交家，叱咤商界、带领企业走出国门的行业翘楚，乐于奉献、心系全人类福祉的国际组织代表等各界有识之士，探讨全球化路在何方、中国如何与世界相处等重要议题，为全球化前行之路拨开迷雾，廓清本质。此外，我们行走于国际社会，在联合国、美国国会山、芒克辩论会、慕尼黑安全会议、巴黎和平论坛、世界经济论坛等国际场合为中国发声，为促进全球各国之间的相互理解、凝聚共识，降低各方对中国的误解，提升中国的影响力做出努力。

2016年11月8日，以"美国优先"口号贯穿整个美国大选的特朗普赢得了过半选举人票，当选美国总统，有评论将其政治立场描述为民粹主义、保护主义和民族主义。我们隐约感觉到，一个充满未知和不确定性的全球化时代马上要到来了。几年间，我们亲眼见证了在特朗普疯狂的贸易保护主义政策下，美国发动的"贸易战"硝烟弥漫全球，全球科技、移民、人文交流等方面障碍重重，中美关系跌到历史冰点；英国完成了让全球震动的"脱欧"，欧盟区域一体化努力遭遇重大挫折；一场新冠肺炎疫情重创全球……世界正经历一场百年未有之大变局，那些质疑甚至否定全球化的声音在不停地鞭策着我们反思与剖析全球化，在不同层面、不同领域中寻求推动全球化走向更加包容和公平的发展之路。

作为2022年首个"黑天鹅"事件，俄乌危机爆发更是被广泛视为象征着一个新时代的到来。美国前任驻华公使、尼克松访华的美方代表团首席翻译傅立民认为，我们正在见证后冷战时期的结束，第二次世界大战后和布雷顿森林体系时代的过去，以及其他世界秩序的历史性转变。[1] 此外，面对世界分裂和对抗明显加强，一些西方人士评论认为21世纪一二十年代看起来很像20世纪30年代，而关于俄乌危机是否终结全球化、是否为新冷战或第三次世界大战开端等也被广泛讨论。

---

[1] 傅立民：俄乌冲突加速百年未有之大变局，这对中美关系意味着什么.（2022-04-18）. https://baijiahao.baidu.com/s?id=1730413375149256772&wfr=spider&for=pc.

我们即将付梓的《21世纪的中国与全球化》，全书共分为十章，其中，第一章总领全书，涵盖了本书各个章节的主要观点。第二章关于全球化的变迁与理论发展，基于大量的文献梳理，我们提出从技术与人本两个新的视角观察全球化，尝试给出全球化的定义，并总结了后疫情时代新型全球化的特征。第三章主要总结了中国融入全球化的历史与现实。正如习近平主席所说："中国是经济全球化的受益者，更是贡献者。"[①]我们国家正逐渐从全球化的受益者发展为反哺者，通过自身发展推动全球化进程，并尝试承担起更多的国际责任，为全球治理创新贡献方案。

从第四章开始，我们尝试探索一条中国推动全球化实现包容性和公平性发展的路径，通过发挥中国的优势和特点，让中国为全球化发展注入新动力。我们提出了推动全球化发展的三大支柱与七大路径。三大支柱分别是人本全球化、开放性的区域主义以及全球的共存与共治。七大路径具体涵盖：第一，以"人本全球化"为切入点，凝聚全球华侨华人、留学生等的力量，沟通全球，构建共识；第二，在"筷子文化圈"基础上推动建立亚盟，通过推动区域性的、更高标准的一体化新安排，带动其他区域的一体化合作，最终实现新型全球化；第三，以"一带一路"夯实新型全球化的欧亚基础，通过推动"一带一路"倡议多边化发展，填平东西方发展"洼地"，实现全球化再平衡；第四，加强与发展中国家的合作创新，搭建更具代表性的全球治理平台，推动全球化向更包容、更公平的方向发展；第五，加强与欧洲国家

---

① 习近平主席在世界经济论坛2017年年会开幕式上的主旨演讲.（2017-01-18）. http://www.xinhuanet.com/politics/2017-01/18/c_1120331545.htm.

在气候变化、数字经济等领域的合作，同时，加强与欧盟在国际事务上的合作，实现中美欧大三角关系的有效平衡，为全球多边合作注入动能，为全球治理奠定新的基础；第六，构建与美国的"新型大国 G2 关系"，站在全球负责任两大强国高度，以全球 75 亿人为重托，加强双方在气候变化、基础设施、数字经济等领域的合作，避免陷入"修昔底德陷阱"；第七，积极创新全球治理体系，主动分担全球治理责任，在现有全球治理机构改革中发挥更多作用，倡导基于"共治"理念的多边合作机制，为世界提供更多公共产品，打造"东西共治""全球共治"的新格局。

我们深知，要实现上述全球化探索与创新，其时间长度和跨度必然是前所未有的，需要我们和国际上多层面参与方付出更多的努力。全球化对中国和世界上任何一个国家来说，都是一个崭新的不断变化的课题，需要我们不断地探索、学习和研究。中国的发展壮大将使中国的国际行为深刻地影响全球化的未来。随着世界对中国期待的不断上升，中国的智慧与方案将在全球化与全球治理中发挥更大的作用。面对全球化不可避免的波折与起伏，我们需要同其他国家尽可能多地去寻找利益共同点，以合作共赢的理念追求更多、更广、更深的合作，解决共同关心的问题，推动全球化朝着开放、包容、公平、多元、可持续的方向发展，这也是我们写作本书的初衷。

全球化智库（CCG）主任　王辉耀博士
全球化智库（CCG）秘书长　苗绿博士
2022 年 5 月

第一章

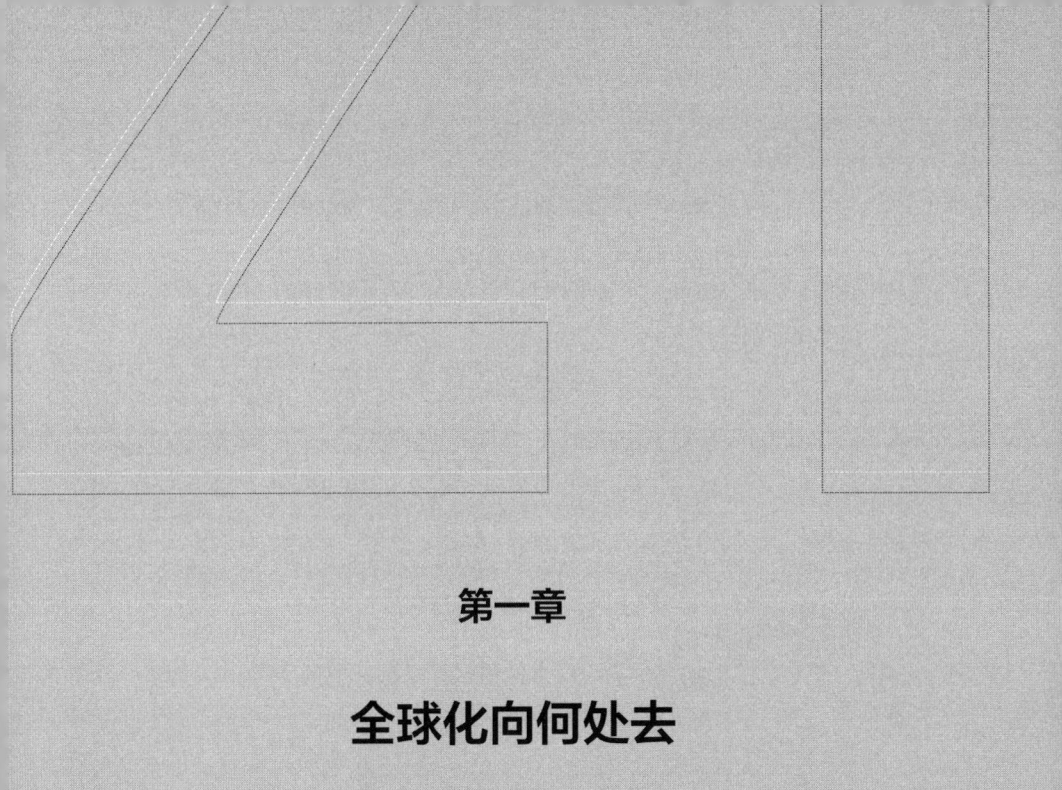

全球化向何处去

第一章　全球化向何处去

2008年，全球化智库（CCG）刚成立时，人们对全球化的认知远不及今天这般广泛。十余年来，国际金融危机、英国脱欧、特朗普当选美国总统、新冠肺炎疫情、俄乌冲突等"黑天鹅"或"灰犀牛"事件使全球化发展一次次遭受重创。人们在惊愕世界剧变的同时对全球化的关注度日益高涨，"全球化"一词俨然成为媒体讨论和公众视野中的一个热词。

近年来，在一次次逆全球化潮流的冲击下，关于"全球化终结"的说法屡见不鲜。的确，20世纪90年代初开启的新一轮超级全球化在重重全球性挑战变局之下似乎已不复往日光彩，而这也启发我们反思全球化所遭遇的困境。不可否认，全球化在为人类带来前所未有的财富的同时，加剧了全球资源配置的不平衡，扩大了国家间及国家内部贫富差距。同时，气候变化、地缘博弈、科技迭代等给人类带来的焦虑感，也激化了各国在全球化进程中遇到的种种矛盾。国际力量格局加速演变下，大国地缘政治竞争加剧，国家间隔阂、对抗与不信任也使人员、资本、货物、信息等的全球性流动面临阻碍。

但与此同时，中国等支持国际多边主义的力量是强大且不断发展的，将为全球化继续推进注入新动力。近年来，拜登就任美国第46任总统后宣布美国重新拥抱多边主义，《区域全面经济伙伴关系协定》（RCEP）签署，中国积极推进加入《全面与进步跨太平洋伙伴关系协定》（CPTPP），中欧全面投资协定（CAI）于2020年年底达成，以及全球130多个国家达成跨国企业最低所得税共识等多边主义积极信号也让我们看到了相关国家的努力与信心。

事实上，在全球化的低潮期，那些阻碍全球化发展的政策举措、那些对全球化表示质疑甚至否定的声音，也在鞭策着更多人思考如何在不同层面和领域推动全球化走向更加包容、公平、可持续的发展道路。时代变局下，我们需要思考：全球化将何去何从？我们可以按照怎样的原则和路径更好地使全球化服务于人类发展？作为全球化的受益者、世界第二大经济体，中国又可在其中扮演怎样的角色？

站在十字路口的全球化

2020年开春，一场突如其来的新冠肺炎疫情肆虐全球。根据世界卫生组织实时统计数据，截至2022年4月18日，全球累计确诊超过5亿人，累计死亡超过622万人。这是第二次世界大战以来最严重的全球性公共卫生危机。

疫情冲击下，各国工厂停工、餐厅歇业、航班停飞、客轮停运……全球经济仿佛自动按下了暂停键，产业链、价值链、供应链出现断裂，餐饮、旅游等众多行业遭受惨重冲击。受此影响，2020年全球经济萎缩4.3%，创下了1929年全球大萧条以来最严重的衰退。2021年1月13日，全球化智库（CCG）举办线上研讨会，邀请世界银行公平增长、金融与制度代理副行长兼预测局局长阿伊汗·高斯博士，世界银行中国、韩国和蒙古局局长马丁·芮泽博士在线解读《全球经济展望》。阿伊汗·高斯博士预计，2021年世界经济恢复缓慢，面临多重风险，新兴市场、发展中经济体和低收入国家经济会下滑……长期经济增长更不理想，经济增长可能经历比预期更严重的衰退。[①]

面对新冠肺炎疫情引发的这场百年一遇的全球性危机，本应团结一致的国际社会却不堪一击。许多国家以邻为壑，争相关闭边界，甚至扣押别国途经本国的医疗物资。美国时任总统特朗普更是指责世界卫生组织防疫不力，宣布退出世界卫生组织……新冠肺炎疫情的暴发犹如打开了潘多拉的魔盒，令本就动荡不安的世界充满不确定性。美国著名外交学者亨利·基辛格在《华尔街日报》撰文《新冠肺炎疫情大流行将永久改变世界秩序》，明确表达了他对新冠肺炎影响的忧虑。许多美英知名媒体也纷纷撰文表达对全球化前景的担忧，如美国彭博社发文称《新冠肺炎可能会终结全球化》，英国《经济学人》杂志则以"全球化，再见"作为封面标题……一时间，各种关于后疫情时代全球化发展的悲观言论甚嚣尘上。2022年俄乌危机爆发再次加深了西方对全球化终结及世界转型的判断。继美国彼得森国际经济研究所所长亚当·波森提出"全球化的终结？"之问后，全球最大的资产管

---

① 世界银行联合CCG深度解读《全球经济展望》报告.（2021-01-13）. http://www.ccg.org.cn/archives/61502.

理公司贝莱德集团的首席执行官芬克在2022年度股东信中表示，俄乌冲突将重塑全球供应链、推高全球通胀，持续了30多年的全球化将宣告终结。《纽约时报》也撰文认为，"全球化已经结束，一场全球文化战争正在打响"。

回顾历史，自全球化开始以来，人们一步步打破地理藩篱，重塑全球格局，通过打通全球市场，连接各国生产、贸易体系，促成资本、技术、人才、信息等在全球范围内的流动，极大地提升了生产力，创造了巨大的财富。20世纪80年代，随着联邦德国、日本、"亚洲四小龙"等新的经济势力的崛起，第三次科技革命的推进以及跨国公司的发展壮大，相对苏东阵营的计划经济制度，西方阵营奉行的市场主导的经济体制逐渐显示出优势，越来越多的国家开始认同、借鉴，甚至全盘引进市场经济模式，货物全球化在这种共识下重获新生。尤其进入20世纪90年代，东欧剧变，苏联解体，"两个平行市场"被彻底打破，给统一世界市场的形成创造了良好的政治环境。与此同时，集装箱标准化，运输、通信技术的进步使国际分工继续深化，为国际贸易规模不断扩大提供了有效的硬性支撑，全球化加速发展，达到了空前繁荣时期。

可以说，20世纪90年代至2008年全球金融危机爆发前，是全球化发展的黄金期。2008年席卷全球的金融危机发生后，一切再未回到从前的轨道。尤其是特朗普当选美国总统以及英国脱欧两大"黑天鹅"事件，让全球经济发展形势变得前所未有的悲观，全球化前途未卜。此外，ISIS（极端组织"伊斯兰国"）的兴起、欧洲频发的恐怖袭击、难民危机的挑战、欧洲选举中右翼政党引人注目的表现、特朗普当选美国总统后接连退约"退群"、日本执政联盟以多数优势在修改宪法这一议题上获胜、法国"黄马甲运动"、美国挑起的与各国之间的贸易战、乌克兰危机……一股股全球化的逆流正多方汇聚，愈演愈烈，肆无忌惮地撕扯着全球化的外衣。那些全球化"光辉岁月"里未被重视的伤疤，正被一层一层揭开。

曾带给世界高歌猛进、繁荣发展的全球化为什么会出现动能衰竭，甚至逆转趋势？全球化的病灶到底在哪里，又缘何遭到人们的强烈不满和抵制呢？

既往全球化问题重重

自 1991 年苏联解体前后，世界进入了全球化的黄金期。但仅仅过了 9 年，在美国西雅图就出现了反全球化的抗议示威。2008 年全球金融危机则成为全球化弊病暴露的一个窗口。2016 年特朗普当选美国总统以及英国脱欧公投，则使全球化出现全面逆转的可能。

全球化究竟怎么了？

不平等的全球化难以为继

20 世纪 80 年代，随着里根经济学的出台，新自由主义思潮一时间席卷全球。作为经济全球化的主要推动力量，跨国公司可以更为便捷且频繁地在全球寻求并利用生产要素，创造出巨量财富。跨国公司的全球发展，有力地促进了国际经济技术合作与交流，也为制定全球贸易规则奠定了基础。然而，随着全球化深入发展，跨国公司的弊端逐渐显现出来，资本自由流动以及由此导致的利益自由流动带来了各种突出的问题。国际货币基金组织（IMF）在2019年发布的一份《全球经济的跨国公司税收报告》中指出，由于跨国公司将利润转移至低税率地区，非经济合作与发展组织国家每年总计损失约2 000亿美元的税收。跨国公司逃避税收使发展中国家贫富差距拉大，贫困人口增多，生存环境变差，影响了联合国2030年可持续发展目标的实现。税收监管失效也加剧了"逆全球化"，从而导致全球贸易萎缩，经济发展不振，并导致一些国家中产阶层利益受损，从而引起这个群体的集体反弹。[①]

资本全球性逐利而栖之下，发展失衡问题已成为全球化危机的一个显性症状，繁荣与不平等成为既往全球化的一体两面。市场经济和全球化所鼓励的自由竞争无法自行解决国家利益分配不均的问题，而且容易产生强者愈强、弱者愈弱的"马太效应"。这也是资本主义诞生以来多次发生内部社会动荡乃至世界大战的经济原因。早在20世纪40年代，面对两次世界大战之后满目疮痍的西方文明，匈牙利裔的经济史学家卡尔·波兰尼提出了"双向运动"学说，从市场和社会两股力量钟摆式拉锯对20世纪出现的"大转型"做出解释。在他看来，基于自由主义原则的经济全球化不可能独立于社会制度，它与社会制度之间的关系是一种

---

① 王辉耀. 全球化：站在新的十字路口. 北京：生活·读书·新知三联书店，2021：40-42.

互相"嵌入"（embeddedness）的双向运动。当经济全球化扩张到特定程度时，必然要求各国政府根据实际情况进行调整。

的确，全球化体系并不是一套平等的体系，或者说，其内在主导力量的不平等，使其在运行中并不如规则所体现的那样平等。这使全球化发展并不总是符合所有参与者的利益。但需要说明的是，许多反对全球化的人士其实并不是反对全球化本身，他们反对并且挑战的是全球化的规则。或许，既往全球化的步伐走得太快，没有跟上节奏的全球治理体系是时候上发条了。

全球治理落后于全球实践

主权有边界，问题跨国界。人员往来日益密切的全球化时代出现了越来越多超越国界的全球性问题，国内问题国际化、国际问题国内化的态势愈加显著，全球治理[①]的重要性也越发凸显。20世纪80年代以来，全球治理日益渗透到人类的理论与实践中。

现有的全球治理机构，正如畅销书《世界是平的》的作者、全球化智库（CCG）的对话嘉宾托马斯·弗里德曼所言，正试图在民族国家之间和民族国家与市场之间维持动态平衡。这样的平衡在20世纪90年代和21世纪前10年对加速经济和金融的全球一体化发挥了重要作用。2008年全球金融危机爆发后，我在哈佛大学肯尼迪政府学院做高级研究员时的同事丹尼·罗德里克教

---

① 全球治理，是指通过具有一定约束力的国际规制解决全球性的冲突、生态、人权、移民、毒品、走私和传染病等问题，以维持健康的全球生态。

授出版了《全球化的悖论》一书，指出全球化的核心矛盾是"有国家边界的政府力量和无国家边界的市场力量之间的不平衡状态"。[1] 世界银行前首席经济学家、诺贝尔经济学奖获得者约瑟夫·斯蒂格利茨则公开在自己的作品中提出，以"华盛顿共识"为原则的全球化游戏规则是错误的。

全球化与国家存在天然的矛盾，在国际社会无政府状态下，全球治理框架的构建意味着民族国家需要让渡一部分主权，或者说全球治理在一定程度上腐蚀了民族国家的主权独立性。罗德里克指出，世界经济有三大难以同时解决的政治难题，即"我们不能在追求民主和国家自主的同时追求经济全球化"[2]。而这种矛盾也同样适用于更大范畴的全球化，近年来汹涌的逆全球化倾向便体现了民族国家对主权的重新掌控，以及民粹主义和民族主义情绪的高涨。全球分配的不均衡腐蚀了国家内部社会的团结，制造了新的政治分歧与分裂，普通民众对以往的精英型民主产生了巨大的质疑。逆全球化成为民族国家重振国家自主和民主的运动。

全球化已跨入一个新的历史节点，全球化的发展，带来了基础设施、数据安全以及商业模式的新变化。全球化实践对全球治理提出了新的要求。然而，现有全球治理机制在应对全球性问题方面显得力不从心。比如，科技变迁带来了巨大的利益协调和社会风险控管难题；跨国公司的迅猛发展远远超过了现有国际税收

---

[1] 王辉耀，苗绿.全球化VS逆全球化：政府与企业的挑战与机遇.北京：东方出版社，2017：17.
[2] 罗德里克.全球化的悖论.廖丽华，译.北京：中国人民大学出版社，2011：10.

体系的管理范围，全球税制改革亟须提上日程；金融科技的发展提升了金融犯罪发生的潜在风险；网络通信技术的进步引发了人们对隐私泄露的担忧……2020年的全球公共卫生危机再次证明，当前的全球治理体系缺乏足够的应对突发事件的能力。

20世纪的全球治理体系已经无法有效处理人类在21世纪面临的冲突与矛盾，改革与创新迫在眉睫。与此同时，中国等新兴国家的崛起改变了国际格局的力量对比，旧有的全球化规则越来越不适应当下的国与国之间的关系。

第二次世界大战后建立起来的国际体系仍旧是一个以话语权和经济实力来分级的等级体系，西方列强处在它的最高处，广大发展中国家的话语及需求没有得到充分的体现。郑永年教授曾将其形容为"平等原则掩盖下的不平等体系"，斯蒂格利茨称之为"开明的利己主义"。在这个体系中，发达国家认为发展中国家"搭便车"，利用现有规则获取发达国家的好处，同时加剧了发达国家的失业问题；发展中国家则认为发达国家利用规则优势，攫取不恰当的利润。双方对于全球化唯一的共识是现有全球化体系已经僵化，需要改革，但在改革的问题上各方莫衷一是。

纵观历史，第二次世界大战后形成的联合国体系和布雷顿森林体系，推动人类社会从战争的创伤中恢复过来，并带来了70多年的世界总体和平与经济发展。然而，一场全球新冠肺炎疫情让全球化显得格外艰难，从某种程度上，这场疫情可以说是"第三次世界大战"——前两次世界大战是人与人的战争，这一次则是人与病毒的战争。世界卫生组织估计，在2020年1月1日至2021年12月31日期间，与新冠大流行直接或间接相关的全部死亡人数约为1 490万（范围为1 330万~1 660万）。① 目前来看，人类受到的影响可能并不亚于前两次世界大战，以美国为例，根据约翰斯·霍普金斯大学的统计，截至2022年5月16日，美国因新冠病毒死亡人数累计已近百万，是美军第二次世界大战时期死亡人数2倍之多。实际上，这场疫情更像一根导火索，引燃了第二次世界大战后全球化繁荣景象下所积累的重重全球化问题。布雷顿森林体系以来的全球化及全球治理体系已不足以应对人类面对的新危机。

目前来看，2022年2月24日俄乌危机爆发便是大国关系失调、国际秩序失效的结果。俄乌冲突爆发使欧洲地缘政治格局和安全体系面临重置，第二次世界大战后建立的世界秩序遭受重创。俄罗斯与美欧关系随之迅速恶化，西方全面制裁俄罗斯，加强对俄乌冲突军事干预，推动战事升级并使俄乌冲突出现长期化趋势，日德等国纷纷表示考虑增加军费开支。同时，俄乌危机使因新冠肺炎疫情冲击而陷入严重衰退的世界经济雪上加霜，众多发展中国家因能源及粮食价格上涨而受到影响。联合国秘书长安东尼奥·古特雷斯撰文指出，这场危机可能将17亿人口抛入贫困和饥饿，其规模之大，数十年未见。②

百年变局叠加世纪疫情下，全球决策者们需要开始新的思考，在世界权力结构的调整中，如何防止世界格局失衡引发国家

---

① 世卫组织：新冠大流行头两年的相关死亡为1490万人.（2022-05-05）. https://news.un.org/zh/story/2022/05/1102672.
② 联合国秘书长：俄乌冲突是对发展中国家的无声打击.（2022-04-18）. http://column.cankaoxiaoxi.com/2022/0418/2476393.shtml.

或区域之间的冲突？如果新自由主义主导下的全球化从"华盛顿共识"转向，需要何种新思维引领全球化这艘巨轮的航向？

我们相信，在这个过程中，中国可以发挥更大的作用。

全球化应向何处去

中国是全球化的重要参与者，也是全球化最主要的受益者之一。改革开放以来，中国经济年均增速达9.5%[1]，经济总量占世界比重从1978年的1.8%提高到2020年的17%[2]。中国在几十年间成为世界第一大货物贸易国、第一大工业国和第二大经济体。2020年，中国超过美国成为全球最大外资流入国，并成为该年度全球唯一实现经济正增长的主要经济体。在实现自身发展的同时，中国也一直在反哺世界，成为拉动世界经济增长的引擎。

2017年，在面临全球变局的关键时刻，习近平主席在瑞士发表《共担时代责任，共促全球发展》《共同构建人类命运共同体》两篇历史性演讲，系统阐述中国对全球化的理解，为全球化发展注入一针强心剂。2021年，全球化遭遇新冠肺炎疫情的巨震冲击，习近平主席再次在世界经济论坛等国际公共场合向世界表明中国始终支持经济全球化的坚定态度，以及维护和践行多边

---

[1] 统计数据展现改革开放40年中国经济社会发展成就.（2018-08-27）. http://www.gov.cn/shuju/2018-08/27/content_5316994.htm.
[2] 2020年中国经济总量占世界经济比重预计超过17%.（2021-02-28）. http://news.china.com.cn/2021-02/28/content_77257109.htm.

主义，共同推动世界经济强劲、可持续、平衡、包容增长的强烈决心。①

在全球化站在十字路口的今天，中国有责任承担起与自身经济体量相符合的国际责任，反哺全球化。基于长期的全球化研究以及推动中国全球化发展的实践，我们尝试探索一条推动全球化实现包容性和公平性发展的路径，通过发挥中国的优势和特点，让中国为全球化发展注入新动力。我们的构想分为七个部分。

第一，人的全球化是全球化发展的产物，也是全球化发展的原动力。中国推动新型全球化首先要以"人本全球化"为切入点，凝聚全球华侨华人、留学生等群体的力量，沟通全球，构建共识。

全球化自出现之时便伴随着人的流动。从这个角度出发，移民既是全球化发展的产物，也是推动全球化发展的力量。在移民流动的过程中，他们不仅可以影响贸易、投资、技术交流，还会在接触和交流过程中实现不同国家思想文化的碰撞与融合，进而提升对彼此的认同，潜移默化地为达成全球合作共识奠定基础。

伴随着全球化的浪潮，中国历史上出现了三次移民潮，6 000多万名华侨华人分布在全球。华侨华人在海外生根多年，既是中外经贸合作、文化交流、科技交流的纽带，也是中国走向世界的一座桥梁。此外，改革开放以来，中国留学生数量增长迅速，教育部数据显示，1978—2019 年，我国各类出国留学人员累计已达

---

① 让多边主义的火炬照亮人类前行之路——在世界经济论坛"达沃斯议程"对话会上的特别致辞.（2021-01-25）. http://www.gov.cn/gongbao/content/2021/content_5585225.htm.

656.06万人。①2010—2018年各类来华留学人员累计达到344万人。无论华侨华人，还是留学生，都是促进民心相通、构建全球共识，推动实现人类命运共同体的重要力量。

第二，在"筷子文化圈"基础上推动建立亚盟，通过推动区域性的、更高标准的一体化新安排，带动其他区域一体化合作，最终实现新型全球化。

区域经济合作的发展表明了全球化的多样性。区域一体化其实也是调节经济全球化带来的收益不平衡的一种机制，也就是说，正是由于不同区域的利益差异性，某个区域内可以形成它自己的区域利益表达，这种表达可以对全球化的负面影响形成缓冲。中国主张的是包容性的全球化和开放性的区域主义。

新冠肺炎疫情可以说是全球化发展历程上的一道分水岭。在疫情出现之前，全球多边合作已经陷入"瓶颈"；而疫情之后，各国对多边合作的态度或将面临两极分化的局面，区域一体化的发展势头可能超过全球多边合作的趋势。

对中国来说，推动亚洲区域一体化是中国支持以多边原则推动全球化发展的重要抓手和发力点。很早就有学者提出了亚盟的概念，尽管对于亚盟的可行性，中外学者存在不同的声音，但亚盟并非镜中之花。美国社会学家、匹兹堡大学教授罗兰·罗伯森认为，全球化问题并不是单纯的经济、政治、社会或国际关系问题，反而首先表现为文化问题。亚洲国家虽存在不同的文明，但它们之间的文化纽带早在千年前就已形成，儒家思想便是其中最

---

① 教育部. 2019年度出国留学人员情况统计.（2020-12-14）.http://www.moe.gov.cn/jyb_xwfb/gzdt_gzdt/s5987/202012/t20201214_505447.html.

重要的元素之一。直至今日，儒家文化仍是东亚诸国之间乃至世界各国华人社群之间互联互通的文化纽带。儒家思想中的许多理论，与当今可持续发展以及合作共存的多边主义思维形成呼应与共鸣。在东亚和东南亚国家，可以看到儒家文化中的各种元素以各种具体或抽象的形式存在，例如，"筷子文化圈"的客观存在和疫情期间东亚国家民众对政府抗疫措施的遵守，都体现了"亚洲价值观"。

在国际格局复杂多变的背景下，中国应把握机遇，推动亚洲区域一体化发展，以更积极、更主动的姿态，深化与亚洲国家的外交、经贸、文化联系。除了进一步巩固和发展同亚洲各国的双边经贸关系外，中国应助推东南亚国家联盟（简称"东盟"）"10+N"在内的亚洲各大自由贸易区，包括积极寻求加入CPTPP，乃至倡导CPTPP、RCEP的整合，尝试朝向一个统一的"亚太自贸区"（FTAAP）发展，为经济全球化注入新动力。

第三，推动"一带一路"倡议多边化发展，填平东西方发展"洼地"，为新型全球化提供发展动力，实现全球化再平衡。

在全球化过程中，国际社会无政府状态使得全球市场无法得到有效调控，国际公共产品的不足在一定程度上导致了发展中国家与发达国家之间日益拉大的差距。中国提出的"一带一路"倡议正是发展中国家向全球提供公共产品的一次重要尝试，对促进全球特别是亚欧大陆互联互通具有重要意义。

"一带一路"倡议目前还处于以双边协定为主的阶段，我们认为，多边化发展将是其进一步发挥国际公共产品作用，推动全球治理创新的必要选择。秉持开放态度，进一步多边化发展，使

"一带一路"平台从规则制定、人员构成、组织管理、项目落实等各方面实现标准化、公开化发展，才能吸引更多国家参与建设"一带一路"，实现各国间取长补短、互惠共赢、公平竞争，进一步拓展"一带一路"发展空间，为世界经济复苏发展创造更多机遇。

具体来看，中国可以搭建组织架构和决策管理的多边机制，比如建立"一带一路"国际委员会、国际秘书处等，强化"一带一路"国际公共产品的属性；拓展联合国框架下的多边合作对象，建立"一带一路"与现有国际秩序框架下主要治理机构的对接；吸引更多发达国家参与，拓宽"一带一路"外延，继续拓展第三方市场合作。还需要打造多层次、多角度的公共合作与服务平台，包括建立"一带一路"国际企业联盟、"一带一路"专业人士联络服务平台、"一带一路"智库等对话平台、"一带一路"国际开发银行合作联盟，建立预警或信息共享机制，构筑"一带一路"建设的"防火墙"等。

第四，深化新型"南南合作"，搭建更具代表性的全球治理平台，推动全球化向更包容、更公平的方向发展。

如果从经济和贸易的角度来看，金砖国家、中非和中拉关系，在很大程度上也是"一带一路"倡议在地理范围上的延伸。

金砖国家作为一个具有跨区域全球性的国际组织，其成员国之间在文化历史、经济发展等方面存在很大的差异性，这就使金砖国家未来的磨合和发展对于全球化的发展具有样本意义。金砖国家合作机制已经在国际金融秩序和政治安全合作上形成了初步力量，一定程度上平衡了全球治理语境中发展中国家和发达国家的话语权。金砖国家合作机制还能够使五国在G20内发出更加统一和协调的声音，使G20成为更具有代表性的全球经济治理平台。

撒哈拉以南的非洲国家在经济上长期处于全球产业链、供应链和价值链的洼地，这使它们在政治上的声音也不高。但撒哈拉以南地区有着较为深厚的经济潜力、丰富的自然资源和人力资源，有可能在经济全球化的进程中获得提升。拉美国家与撒哈拉以南的非洲国家的情况有所类似，不过拉美国家中的巴西、阿根廷和智利等国家已经经历了现代化进程的洗礼，经济基础较好，与全球接轨的程度较高。虽然曾陷入"现代化陷阱"，但拉美国家在全球事务中仍有较为积极的参与，这也使它们成为东亚、欧美之外另一股全球化力量。

深化新型南南合作，还需要进一步创新传统南南合作中的基础设施建设投资，开拓数字经济、技术研发、人才培养等新合作领域，加快中非自贸区、中拉自贸区建设，深化南南合作与"一带一路"倡议的对接等。

第五，加强与欧洲国家在气候变化、数字经济等领域的合作，同时，加强与欧盟在国际事务上的合作，实现中美欧关系的有效平衡，为全球多边合作注入动能，为全球治理奠定新的基础。

在全球主要经济体中，欧盟的经济实力仅次于美国，正在走向更加紧密的经济一体化，同时也面临英国脱欧带来的一体化危机和俄乌冲突带来的危机。欧盟与中国不存在地缘政治上的矛盾，双边经贸往来紧密，长期以来互为最重要的投资者，并于

2020年年底顺利达成CAI。中欧双方在许多国际问题上有共同或者接近的立场，共同提倡多边主义的国际秩序。但是，中国与欧盟之间也存在价值观上的差异。

中国与欧盟的关系，将决定未来欧亚大陆的内部经济互通和整合程度，并为全球治理奠定新的基础。CAI如期完成谈判为中欧增进互信合作，推动中欧全面战略伙伴关系不断向前发展创造了历史机遇。中欧在气候变化、数字经济等领域具有广阔的合作前景，可充分推动相关合作。此外，处理好中、美、欧三边关系对带动其他国家参与多边合作具有重要意义。因此，对中国来说，可与欧盟在国际事务上，特别是在联合国框架内进行更多合作，维持世界秩序的稳定和改革，通过中美欧"三角"平衡推动多边主义发展。

第六，构建与美国的"新型大国关系"，加强双方在基础设施、数字经济、气候变化等领域的合作，避免陷入"修昔底德陷阱"，实现良性竞合。

中美关系是中国对外关系的重中之重，不但影响两国发展，更关系到全球化的未来。鉴于美国国内政治派别已经就对华采取强硬措施达成了一致，拜登政府上任后，新一届美国政府在对华政策上仍会保持强硬。拜登将中国视为美国最大的竞争者，倾向于联合盟友"围堵"中国。但西方并非铁板一块，撕裂的美国在团结盟友"围堵"中国上能发挥多大的领导力及影响力仍有待观察。与特朗普相比，拜登上台以来给中美关系带来不同的挑战与机遇。中国应把握机遇，实现中美良性竞争。

从长期来看，要坚持中美之间战略互信、经贸合作、人文交流三大支柱，以不断寻找更为稳固和坚定的中美合作的基石。在继续推动双边经贸谈判的同时，需密切中美商界合作，大力开展"州级外交"，畅通中美人文交流，携手全球治理改革，拓宽中美合作领域，避免两国走向"脱钩"从而给中美和全球带来不可承受的风险。

第七，主动分担全球治理责任，在现有全球治理机构改革中发挥更多作用，倡导基于"共治"理念的多边合作机制，为世界提供更多公共产品，打造"东西共治""全球共治"的格局。

第二次世界大战后美国主导建立的以联合国为核心的全球治理系统，是现行全球治理体系的发展基础。随着国际格局的变化，新兴市场国家的崛起推动多极化趋势增强，地缘政治力量对比发生变化，旧式的"美式全球治理"渐渐无法满足各国解决现阶段全球问题的需要，全球治理落后于全球发展和全球实践的全球化矛盾，成为各国亟须推动全球治理创新的根本原因。

中国推动全球治理升级的思路非常清晰。一方面，在全球化遭遇逆流的困难局面下，对现有国际多边机制的尊重和维护是中国参与全球治理的首要之义。中国不会另起炉灶建立新的世界秩序，而是强调在现有规则下，特别是G20、联合国和WTO（世界贸易组织）框架下改革争端解决机制。另一方面，基于对全球治理责任的"分担"，以及与世界各国"共治"等原则，助力全球治理体系的革新和升级，中国可以通过建立世界基础设施投资银行、全球气候变化应对组织、全球数据安全组织、全球数字货币组织、全球税收组织、全球智库组织、国际电商联盟等为世界提供更多公共产品。

第一章　全球化向何处去

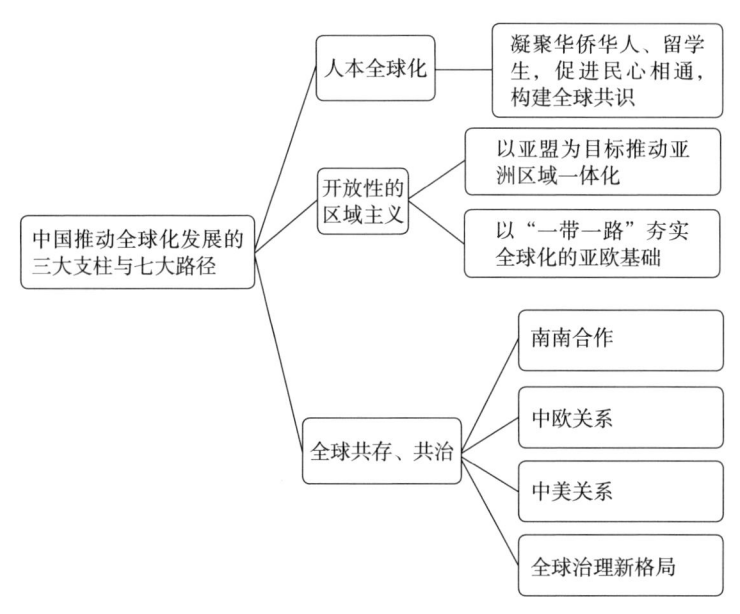

图 1　中国推动全球化发展的构想

要实现上述的全球化发展，其时间跨度必然是前所未有的，必然要付出艰辛和努力，但也不会是天方夜谭。如果我们能够理解此前全球化对人类文明的意义，了解推动全球化背后的那些力量，以及全球化本身一波三折的发展历史，就会清楚全球化是个不可阻挡的趋势。它可能会遇到挫折，可能会有范式的改变，可能会付出很大的代价，不过它仍是人类未来的方向——这就是我们为之努力的根本原因。

第二章

"全球化"变迁与理论发展

第二章 "全球化"变迁与理论发展

从大航海时代到以东印度公司为代表的充满野蛮掠夺气息的殖民运动,再到第二次世界大战后政治经济体系的形成、冲击与调整发展,全球化推动着人类社会日渐成为一个互联互通、相互依赖的整体,关于全球化的理论研究也随着全球化的变迁不断发展。

什么是全球化

如何看待我们所生存的世界,从古至今都是思想家不断思考的问题。孔子提出"天下大同"的理念,亚里士多德对雅典城邦政体进行比较分析,希罗多德的《历史》一书聚焦西亚、北非、希腊等地历史及风土人情……受限于自然之隔及人力不足,世界历史在相当长一段时间是几乎隔绝的区域史。在人类文明由分散走向整体、由区域走向全球的过程中,人类视域逐渐扩大,对世界也有了更加整体的认知。

相关考证认为,"全球化"这一词语直到 20 世纪 60 年代才进入英语世界的日常用语当中。1962 年,加拿大传播学学者马歇尔·麦克卢汉提出了"地球村"概念，成为全球化理论的萌芽。20世纪90年代前后，随着苏联解体和柏林墙倒塌，全球化概念逐渐变得热门，人们对全球化的认识不断深入，学者们从经济、文化、制度等不同视角给出了全球化的定义。

信息视角

1962年，麦克卢汉在《谷登堡星汉璀璨：印刷文明的诞生》一书中首次提出"地球村"的概念。他认为越来越快速、便捷的信息流动将会改变人们的交往方式和人类社会的文化形态，时空观念也被打破，从而使人们之间的区域差别与文化差异逐渐消弭，形成一个新的文化整体，即"地球村"。[1] 后来，又有多个学者对这一概念进行阐释。例如，托马斯·弗里德曼认为"地球村"就是一个"互相紧密连接的全球化单一市场和村落"[2]。

经济视角

全球化被视为经济活动在世界范围内的互相依赖，特别是形成了世界性的市场。资本超越了民族国家的边界，在全世界自由流动，资源在全球范围内配置。这种认识把经济全球化的根本动

---

[1] 麦克卢汉.谷登堡星汉璀璨：印刷文明的诞生.杨晨光,译.北京：北京理工大学出版社，2014.
[2] POLL R. Main street and empire: the fictional small town in the age of globalization. New Brunswick: Rutgers University Press, 2012.

力归结为市场的发展。比如德国著名的社会哲学家于尔根·哈贝马斯在 1998 年发表了《超越民族国家？——论经济全球化的后果问题》一文，明确界定了经济全球化的定义，认为经济全球化是"世界经济体系的结构转变"，主要有四个显示指标：第一，国际贸易在地域上的扩大，相互作用的密集程度日益增多；第二，金融市场的国际网络化使运动中的资本很容易摆脱各国税务机构的干预，结果使得外汇投机与金融衍生物投机组成了一种独立的"符号经济"；第三，在其他国家越来越多的直接投资归功于跨国协调合作的发展，并使之在决策中越来越独立于本国生产基地；第四，从"门槛工业国家"出口的工业商品直线上升。这加强了经济合作与发展组织国家的竞争压力，推动它们在优先发展高新技术产业部门的方向上，对本国经济进行改造。[①]

文化视角

全球化被看作人类各种文化、文明发展要达到的目标，是未来文明的存在状态。它表明世界是统一的，而且这种统一是异质和多样性共存。最早埃利亚斯，此后有罗伯森[②]、费舍斯通[③]提出上述观点。他们强调全球化是一个动态矛盾冲突的过程，没有一个单一的逻辑，也不会出现某种统一或一致的局面。20 世纪

---

① HABERMAS J. Beyond the Nation State?. Peace Review, 1998, 10(2):235-239.
② 罗伯森. 全球化：社会理论与全球文化. 梁光严，译. 上海：上海人民出版社，2000.
③ FEATHERSTONE M. Global culture: an introduction. Theory, Culture and Society,1990, 7(2-3): 1-14.

90年代以来，越来越多的学者接受了这种观点。比如罗伯森认为全球化既是指世界的压缩（compression），又是指对世界作为一个整体的意识的增强。在罗伯森看来，世界正在变得愈益统一。全球化社会首先是指多元社会文化构成的全球文化系统，它不仅指目前全球日益增大的相互联系的种种客观事实，而且也指文化和观念上的问题。罗伯森基于这一点强调了文化对于全球化的首要性和基本性。

制度视角

英国社会学家安东尼·吉登斯在理论上进一步深化了全球化概念，他从制度转型的角度把全球化看作现代各项制度向全球的扩展。[1] 他主张"全球化是现代性的后果"，认为全球化是现代性从社会向世界的扩展，是现代性的基本制度特征向全球范围转变的必然结果。在他看来，全球化概念最好理解为表达时空距离的基本样态。他说："全球化是指一个把世界性的社会关系强化的过程，并透过此过程而把原本彼此远离的地方连接起来，令地与地之间所发生的事也互为影响。全球化指涉的是在场与缺席的交叉，即把相距遥远的社会事件和社会关系与本土的具体环境交织起来，其目的就是考察它如何减少本地环境对人民生活的约束。"因此，在吉登斯眼里，全球化是与"时空延伸""地域变革""现代制度转变""在场与缺席"等概念联系在一起的。

---

[1] GIDDENS A. The Consequence of modernity. Cambridge: Polity Press, 1990.

体制视角

全球化被看作资本主义的全球化或者是全球资本主义的扩张。沃勒斯坦、德里克与斯克莱尔是这一观点的代表人物。其中，沃勒斯坦的世界理论体系是最具代表性的尝试[1]，他认为不平等交换形成了"中心-半边缘-边缘"结构的世界体系，这个体系的本质是资本主义世界经济。沃勒斯坦的理论是全球化学者中最早也最有影响力的学术研究，但也被认为过于倾向于经济决定论。美国学者德里克进一步提出了"全球资本主义"，即在新的经济"政体"之下商品、金融交易以及生产过程前所未有地流动。英国学者斯克莱尔则更直接地指出了以资本主义为核心的全球体系正在世界范围内扩展。[2]她认为资本主义的扩张是一个政治、经济与文化三者统一的过程。到20世纪70年代，罗伯特·基欧汉和约瑟夫·奈提出了国家间复合相互依存[3]的概念，国家间关系随着全球化的不断发展呈现出一种复合相互依存态势，国与国之间的联系在渠道和深度上都大幅提高。

除了上述视角，我们认为还可从技术视角和人本视角出发，对全球化进行观察。

---

[1] WALLERSTEIN I. The modern world-system. New York: Academics Press, 1994.
[2] SKLAIR L. Sociology of the global system. Baltimore: The Johns Hopkins University Press, 1991.
[3] 他们把国家间的经济相互依存关系分为均等依存、绝对依存和非对称依存三种类型，并认为国家经济权力正是存在于这种非对称的相互依存关系之中，依存度较低的一方在某一问题上具有讨价还价的能力，甚至借之影响其他问题。

技术视角

全球化和历次工业革命如影随形，知识和技术是全球化发展的根本推动力。18世纪60年代从英国发起的技术革命造就了世界上第一批发达国家，这些国家通过殖民地和简单贸易方式把工业革命成果推向全球。第二次世界大战后，由美国主导的以电力技术、电子技术为核心的第二次、第三次工业革命，曾开创了一个全球化高速发展的时代。随着人工智能、区块链、云计算、大数据技术的兴起，新一轮技术变革也将重塑后疫情时代的新型全球化。

人本视角

罗伯森认为，构建全球化主要有四个基本要素：民族社会、个人或自我、民族社会之间的关系或者说是由各社会组成的世界体系、总体意义上的人类。[①] 毋庸置疑，人是全球化最核心的要素，在全球化历史进程的不同阶段扮演着不同的角色。总的来看，人本全球化的进程曾经历了从殖民时代的强制性人口迁移，到自发的低技术人口迁移，再到以各国政策为指导的对高素质技术性人才流动的吸引。时至今日，人的全球化已不仅是人群的全球性流动，更多体现为现代通信系统下的全球范围内的及时沟通和交流。

---

① 罗伯森. 全球化：社会理论与全球文化. 梁光严, 译. 上海：上海人民出版社, 2000.

第二章 "全球化"变迁与理论发展

学界对全球化的概念莫衷一是，从一个侧面反映出全球化的复杂性。我们认为，全球化是一个多维度的动态交融过程，我们尝试将全球化界定为：由人、企业、国家、国际组织等多维度行为体构成的人类社会，在知识与技术发展的推动下，通过全球贸易、全球投资、全球移民、全球治理等多元表现形式，所形成的影响世界发展进程的经济、文化、社会等现象与秩序。

全球化的理论发展

习近平总书记指出："经济全球化大致经历了3个阶段：一是殖民扩张和世界市场形成阶段，西方国家靠巧取豪夺、强权占领、殖民扩张，到第一次世界大战前基本完成了对世界的瓜分，世界各地区各民族都被卷入资本主义世界体系之中。二是两个平行世界市场阶段，第二次世界大战结束后，一批社会主义国家诞生，殖民地半殖民地国家纷纷独立，世界形成社会主义和资本主义两大阵营，在经济上则形成了两个平行的市场。三是经济全球化阶段，随着冷战结束，两大阵营对立局面不复存在，两个平行的市场随之不复存在，各国相互依存大幅加强，经济全球化快速发展演化。"[①]全球化理论的演变基本和全球化进程同步，其理论源头可以追溯到17世纪和18世纪的西欧。20世纪60年代后，随着全球化进程取得实质性推进，全球化理论开始基本形成，罗马俱乐

---

① 在省部级主要领导干部学习贯彻党的十八届五中全会精神专题研讨班上的讲话.（2016-01-18）. http://www.xinhuanet.com/politics/2016-05/10/c_128972755.htm.

部[①]的研究报告和沃勒斯坦的世界体系理论就是其中最系统的代表。20世纪90年代以来，全球化理论呈燎原之势，围绕全球化的主题，社会科学中几乎所有学科都给予了不同程度的关注。[②]

基本形成期（20世纪60—80年代）

第二次世界大战后，在"马歇尔计划"的推动下，西欧国家的经济开始复苏。日本、韩国、新加坡等亚洲国家和地区也找到了适合自身发展的路线，实现了经济起飞。第二次世界大战后建立起来的关税与贸易总协定（GATT）、世界银行以及IMF等国际机构，在推动资本跨国流动、加快经济贸易自由化方面取得了重要成就。以航天技术、通信技术与计算机技术为代表的技术进步不仅打破了地理距离的隔阂，而且冲击了固有的世界观。

全球化的新发展吸引了各国学者的目光，他们开始转变传统的研究单位和方法，历史学、经济学、社会学、政治学等诸多学科都出现这一趋势。

比如，以罗马俱乐部为代表的对全球问题的研究表明，自然科学家加入全球化研究队伍后，将生态学、系统工程中的许多观点和方法带进了全球化问题研究之中，极大地丰富和推动了全球化理论的发展。罗马俱乐部采用了世界系统论，即认为世界的每个部分与其他部分都具有内在的相互依赖性，在此观念的驱动

---

① 罗马俱乐部为1968年在意大利首都罗马成立的非政府组织，主要进行全球问题的学术性研究。

② 杨雪冬.全球化：西方理论前沿.北京：社会科学文献出版社，2002：15.

下，来自麻省理工学院的一群学者建立了第一个全球模型，这体现为罗马俱乐部1972年发表的第一份报告。之后，学者们相继建立了多个全球模型。罗马俱乐部的出现对于全球化理论的发展具有重要意义，它抛弃了意识形态的对立，确立了人类共同利益的基本观念，并将自然科学的方法和手段引入了对全球化问题的研究中，开辟了全球问题研究的先河，掀起了20世纪80年代以来各国研究全球问题和本国问题的浪潮。罗马俱乐部开创的全球问题的研究和沃勒斯坦提出的世界体系理论标志着真正意义的全球化理论的出现，因为二者第一次在理论上将世界作为一个整体进行了系统研究。[①]

蓬勃发展期（20世纪90年代至今）

20世纪90年代，全球化进入突飞猛进阶段，标志性事件是苏联解体和东欧剧变，全球二元结构消失，全球化从经济领域向政治和文化领域纵深延伸。大部分学者对于全球化理论的构建，着眼于摆脱经济中心论和西方中心论在理论体系中的主导地位。比如沃勒斯坦试图在他的"世界体系"概念内加入更多的文化和政治视角，斯克莱尔尝试构建经济、文化和政治视角下统一的世界体系概念。其余的学者也以新的概念来解释全球体系的运转，如20世纪70年代以来兴起的生态环保思想、女权主义、平权主义等"新社会运动"。在分析单元上，"国家"不再是相对唯一的

[①] 杨雪冬.全球化：西方理论前沿.北京：社会科学文献出版社，2002：28.

分析单元，族群、团体、企业、性别以及依据时间变化而发展出来的不同社会阶段，皆可成为一个有机且内容丰富的全球体系的研究单元。这一时期的全球化研究，进入一个多样化阶段。

在学者对全球化的概念和范式进行构建和讨论期间，什么力量驱动着全球化的发展也成为各方关注的内容。如果从经贸发展的角度来看，那么西方的整体经济政策的思想内核发生了所谓的"范式转移"，在20世纪80年代逐渐从战后凯恩斯主义转向新自由主义。1989年，英国经济学家约翰·威廉姆森就西方对拉丁美洲经济的参考政策进行了总结，得出"十点措施"，其中包括激进的财政政策、利率市场化、国企私有化、政府经济职能的去监管化、外国投资和贸易的自由化等。这些观点后来被称为"华盛顿共识"，对于冷战末期和后冷战时期的全球化有着极为重要的意义。有趣的是，威廉姆森本人对"华盛顿共识"持严厉的批评态度。"华盛顿共识"从来不是官方成文理论。不过，20世纪80年代以来，包括西方国家在内的许多国家大量采用了"华盛顿共识"中的政策建议，包括去监管化、私有化、贸易自由化和紧缩公共开支等。"华盛顿共识"在很大程度上引导了各国政府在经济领域的政策思维。但它的影响力并不止于经济。20世纪90年代初弗朗西斯·福山提出的"历史终结论"和塞缪尔·亨廷顿提出的"文明冲突论"，实际上继承了"华盛顿共识"的方法论，应用西方中心视角在历史文化的维度对全球化走向提出新的预测。不过随着对西方中心论的批评声音日渐增长，福山和亨廷顿都在不断地修正其理论，以增加其合法性。

20世纪90年代，政治和文化上的全球化进展也堪称一日千里。民族国家的功能和作用受到质疑，跨国公司和非政府组织兴起，"接管"了合法政府的部分职权。在安东尼·吉登斯的"第三条道路"指引下，20世纪90年代的布莱尔政府强调英国政府在内政上的角色应该由"管理"转向"治理"，即政府应该与社会多种基本单位保持互动，社区、非政府组织、企业（或者私营部门）等各个社会单元承担更多维持日常秩序的功能。在《全球化的悖论》中，罗德里克将这一现象总结为"超级全球化"。不过，罗德里克提出的概念仍属于经济范畴。后有日本学者井之上乔将此概念延伸到社会文化领域，指出"超级全球化"的动力主要来自三方面：跨国贸易和投资带来的经济一体化动力；社交网站在全球的渗透，改变了人类沟通方式并消解了各个社会之间的差别；技术创新不仅带来了经济上的进步，也改变了社会运行的特征。

"超级全球化"时代来临引起全球社会生产方式的变化。工业生产进入"后福特时代"，资本的力量加强，而国家干预经济和约束资本的能力下降，从而引发了一系列社会问题，受到了包括斯蒂格利茨、马哈蒂尔等学者和政治家的严厉批评。提出"超级全球化"概念的罗德里克也始终对这一现象保持批评态度。2006年，当"超级全球化"进入其巅峰时期时，罗德里克却极富预见性地批评说，"华盛顿共识"下推动的经济改革过度注重效率和缩减福利，并没有带来真正的增长，没有转化成独创性的政策体系，过度夸大了约束政府行为的好处，且缺少足够的政策选择空间。斯蒂格利茨在2004年出版的《全球化及其不满》中批评了"市场原教旨主义"。不过两人提出的解决方案都很有意思。罗德里克希望回到布雷顿森林体系，因为在一个类似金本位的体系中各国政府能够有更多货币政策和财政政策的决定空间。斯蒂格利茨则希望强化国际组织的作用,特别是强化世界银行等"政府间机构"的作用,以此来改变对于市场的过度依赖,同时还要继续改善当下的民主制度,实现全球化的民主化。

2008年全球金融危机带来的一个直接后果是"华盛顿共识"药方的失效暴露在世人面前,因为金融危机本身就是对资本去监管化造成的严重后果。沃勒斯坦在2008年危机之初就断言新自由主义全球化已经"终结"。[①] 罗德里克明确表示说市场不可能自我监管、自我稳定以及赋予自身合法性。这一期间对全球化进行反思的声音不断加大。例如,托马斯·皮凯蒂在2013年出版的《21世纪资本论》中严厉批评了全球化所带来的严重不平等,并提出"重建国际主义"。不过皮凯蒂的"国际主义"并不是传统意义上的国际工人阶级之间的合作,他的意图是通过非官方的公民自治的方式,实现社会联合,进而推动"市场联邦主义"(即欧盟模式)之外的"社会联邦主义"。

"后疫情时代"的新型全球化

新冠肺炎疫情下众说纷纭全球化

2020年新冠肺炎疫情在全球大流行,给世界政治经济带来了深远持久的改变。既往全球化深入发展带来的相互联结成为疫

---

① WALLERSTEIN I. 2008: The Demise of Neoliberal Globalization. https://yaleglobal.yale.edu/content/2008-demise-neoliberal-globalization.

情全球性传播的温床，一段时间内，人员、经贸往来的相对中断使旅游、餐饮等行业及全球产业链受到巨大冲击，全球化遭受重创。托马斯·弗里德曼认为，"新冠肺炎元年前与后"[1]将是历史新的纪元。"新型冠状病毒之后的世界将永远不一样"[2]"再见，全球化""全球化进了急救室""新冠病毒杀死了全球化"等言论，被当作头条标题反复出现在《经济学人》等世界主流媒体上。

俄乌危机爆发后，关于"全球化终结"与"逆全球化"的讨论再度成为热点话题。美国贝莱德集团董事长兼首席执行官拉里·芬克警告说，俄罗斯对乌克兰的入侵将重塑世界经济，"结束了我们在过去30年中所经历的全球化"，并通过促使企业从其全球供应链中撤出而进一步推高通货膨胀。[3]《纽约时报》也刊文，认为全球化已经结束，一场全球文化战争正在打响。文章指出，全球化作为贸易的流动将继续下去，但全球化作为世界事务的驱动逻辑似乎已经结束，经济竞争现在已经与政治、道德和其他竞争合并为一场全球主导地位的竞争。[4]的确，过去30多年来，国

---

[1] FRIEDMAN T. Our new historical divide: B.C. and A.C. — the world before Corona and the world after. New York Times, 2020-03-17. https://www.nytimes.com/2020/03/17/opinion/coronavirus-trends.html.

[2] KISSINGER H A. The Coronavirus Pandemic will forever alter the world order. Wall Street Journal, 2020-04-03. https://www.wsj.com/articles/the-coronavirus-pandemic-will-forever-alter-the-world-order-11585953005.

[3] 华尔街掌管10万亿美元资产管理巨头：对俄制裁冲击全球供应链，是全球化终结的开始.（2022-03-25）. https://baijiahao.baidu.com/s?id=1728277412793184666&wfr=spider&for=pc.

[4] 参见：https://www.nytimes.com/2022/04/08/opinion/globalization-global-culture-war.html?_ga=2.206915219.1200963127.1650273468-1306997612.1644894996，2022年4月14日。

际自由贸易高度繁荣且在某种程度上成了一种信仰和全球化的象征。就此而言，当前世界政治军事分裂对抗加剧确实使既往超级全球化下繁荣发展的自由贸易遭受阻碍。

新冠肺炎疫情与俄乌危机会不会成为全球化的转折点？学者们对此众说纷纭。

在悲观者看来，疫情将导致全球化走向终结，世界将更加分化，从开放走向封闭，从合作走向分离。例如，英国皇家国际事务研究所主任罗宾·尼布利特说："我们所知道的全球化在走向终结。"[1] 他认为，新冠肺炎疫情可能是压垮经济全球化的最后一根稻草。目前，新冠肺炎疫情正在迫使政府、企业和社会加强长期应对经济孤立的能力。在这样的背景下，世界几乎不可能回到21世纪初那种互利共赢的全球化状态。一旦各国再无意愿保护全球经济一体化所带来的共同利益，那么20世纪建立起的全球经济治理架构将迅速萎缩。

美国政治学家福山认为，悲观的结果不难想象。多年来，国家主义、孤立主义、仇外心态和对自由主义世界秩序的攻击甚嚣尘上，疫情大流行只会加剧这一趋势。各国非但没有为共同利益精诚合作，反而闭关自守，相互争执，想方设法让政治对手成为自己失败的"替罪羊"。领导人会把对抗外国人视为转移国内政治矛盾的有效工具。挥之不去的流行病，加上严重的失业、长期的衰退和前所未有的债务负担，旷日持久的苦难可能为民粹主义

---

[1] NIBLETT R. How the world will look after the Coronavirus Pandemic. Foreign Policy, 2020-03-20. https://foreignpolicy.com/2020/03/20/world-order-after-coroanvirus-pandemic/.

煽动者提供蛊惑人心的丰富素材，将不可避免地造成紧张态势，紧张态势会演变为政治对抗，增加国际性冲突发生的可能。

还有许多学者认为，全球化并不会就此终结，而是将因此走向衰退。哈佛大学国际关系学教授斯蒂芬·沃尔特认为，疫情使人们向政府谋求更多的保护，国家和企业也将致力于减少未来因深度融入全球经济体系而造成的脆弱，疫情将导致全球化的进一步后退。[1] 在郑永年教授看来，疫情对地缘政治的影响是全方位的，可能超过人们的想象，过去几十年间不再以主权为经济基础的"超级全球化"已经走不下去了，世界将退回到20世纪80年代以前建立在经济主权之上的跨国投资与贸易为主的"有限全球化"的时代。[2] 北京大学外交学院教授施展认为，疫情过后全球化可能遭遇到一种"精神分裂"：经济层面上的全球化还会继续，但与安全相关的产业可能会退出全球化；政治层面的全球化则可能会遭遇明显退潮。[3]

但是，这种"衰退"会达到怎样的程度，会持续多长时间，是否会在衰退到一定程度时再度反弹，一些学者对此持相对乐观的态度。德国柏林社会科学研究中心主任米夏埃勒·齐恩指出，作为全球化的产物，全球产业分工和供应链是有替代方案的，比

---

[1] WALT S M. How the world will look after the Coronavirus Pandemic. Foreign Policy, 2020-03-20. https://foreignpolicy.com/2020/03/20/world-order-after-coroanvirus-pandemic/.
[2] 郑永年. 疫情之后的"有限全球化".（2020-04-17）. https://news.ifeng.com/c/7vkBmY0c7HI.
[3] 施展. 疫情、贸易战与全球化的走向.（2020-05-07）. https://www.sohu.com/a/393609609_656008.

如将部分经济过程重新搬回国内，然而这将导致成本上升和相当大的福利损失。当疫情结束，经济社会生活回归正常后，成本压力将会变得非常突出，如何更高效和廉价地进行生产将成为当务之急，这就需要全球分工和供应链，因此全球化势必回归正常发展轨道。[1]哥伦比亚大学国际政治学教授罗伯特·杰维斯认为，疫情的确会让包括美国在内的世界各国在短期内都更加关注国内事务，尤其担心重要卫生物资的供应链安全等，但由于全球化形成的分工带来的优势非常明显，疫情不一定会造成全球化明显后退。[2]另外，各国在疫情结束后回顾时会察觉到真正的失误在于各国没有形成有效的国际合作，也可能会促使政府间重新投入全球化的治理。兰德学者拉斐尔·科恩则提醒世人，全球化从来不乏反对者，历史上也经历过两次世界大战、冷战、反恐战争的考验，更没有被如西班牙流感、非典、禽流感、埃博拉等全球传染病打倒。

同时，也有学者认为，新冠肺炎疫情并不是导致全球化出现逆转的突发因素，而是像催化剂一样加速疫情出现前就已经存在的趋势。"超级全球化"概念提出者丹尼·罗德里克在其一篇题为"冠状病毒能否重塑世界"的文章中说，新冠病毒很可能不会改变危机之前就已明显存在的趋势，更不用说逆转。这场危机可能并不像许多人所认为的那样，是全球政治和经济的分水岭。它可

---

[1] 德国学者：疫情不会使全球化进程发生逆转.（2020-06-05）. http://www.xinhuanet.com/world/2020-06/05/c_1126077578.htm.
[2] 刘品然，檀易晓. 美国国际政治学者罗伯特·杰维斯：疫情不一定会造成全球化明显后退.（2020-04-08）. http://m.ckxx.net/shouye/p/219489.html.

能会加剧并巩固已存在的趋势，而不是将世界领入一个崭新的发展轨道。像本次疫情一样的重大事件形成了它们自己的"证实偏差"：我们很可能在战胜疫病的过程中获得对自身世界观的肯定。

而且，从历史上来看，全球化随经济发展存在周期性，会出现阶段性扩张及收缩。中国社会科学院学部委员张蕴岭指出，从发展规律上看，严重的疫情往往会导致极端思维、极端势力上位，而危机过后，会出现思维与行为的理性回归。思维与行为的理性回归就意味着全球化的调整、转型和重塑，而不是全盘推翻。资本始终需要寻找最佳投资回报，而全球化通过比较优势实现规模报酬递增，是资本有效获取最大利润的方式，因此，从全球出口占GDP比重的历史数据来看，全球化总有高峰有低谷，是一波一波地发展。[①]

到2022年5月本书截稿时，新冠肺炎疫情仍在全球变异传播，而从近两年全球贸易投资数据来看，也很难说全球化在退潮。事实上，尽管疫情及逆全球化潮流对全球化造成冲击，全球贸易在2021年仍在持续增长。根据联合国贸易和发展会议（UNCTAD）报告，2021年全球贸易总额为28.5万亿美元，同比增加25%，比2019年疫情暴发前高出13%。报告提到，RCEP的生效促进了东亚和太平洋经济体之间的贸易，预计将显著增加成员之间的贸易。[②]从跨境投资来看，2021年，全球外国直接投

[①] 张蕴岭.高度重视全球化发展的新调整及影响.国际问题研究，2020（3）：39-43.

[②] 8.5万亿美元！2021年全球贸易额创纪录.（2022-02-18）.https://www.chinanews.com.cn/cj/2022/02-18/9679854.shtml.

资（FDI）总额强劲反弹，比2020年增长77%，从9 290亿美元增至1.65万亿美元，超过新冠肺炎疫情前水平。特别是在服务业外资强劲增长的推动下，2021年流入中国的外国直接投资总额比2020年增长20%，达到创纪录的1 790亿美元。①

我们的世界似乎仍在变得更加相互关联，因此，说全球化正在终结似乎有些牵强。实际上，许多西方评论家看到的"全球化的终结"只是冷战后盛行的一套以美国为中心的关于全球化的新自由主义思想和行为模式。正如大卫·布鲁克斯（David Brooks）所说的"趋同全球化"，即随着各国变得更加全球化和发达，它们将变得"更像我们在西方"。

然而，全球化不仅没有导致美国化，而且其本身也变得越来越不美国化，而越来越全球化。在贸易领域，美国在2000年之前是全球贸易的掌舵人，但今天2/3的国家与中国的贸易更多。自从特朗普"背弃"《跨太平洋伙伴关系协定》（TPP）和WTO，多边贸易自由化的方向已经转移到亚洲。如今，《财富》世界500强中来自中国的公司比美国更多。在全球金融领域，虽然美元仍然占据主导地位，但其在全球货币储备中的份额已经从2000年的70%下降到2020年的59%。俄乌危机下西方对俄制裁正在加速俄罗斯和其他国家开发美元和SWIFT（环球同业银行金融电讯协会）的替代品的进程。据报道，印度正在探索卢比/卢布兑换安排，沙特阿拉伯正在考虑以人民币而不是美元定价与中国的石

---

① 两个"净增加"展现我国跨境投融资的活跃度——2021年中国国际收支报告解读之一．（2022-03-29）．http://www.news.cn/fortune/2022-03-29/c_1128514343.htm.

油交易。在文化领域，美国流行文化面临着来自宝莱坞、K-pop（韩国流行音乐）和土耳其肥皂剧等成功替代品的日益激烈的竞争。去年，最畅销的音乐表演（防弹少年团）和奈飞上最受欢迎的节目（《鱿鱼游戏》）来自韩国，而全球下载量最大的应用程序（抖音国际版）和最大的服装销售商（希音）来自中国。

种种迹象都在表明，全球化在有所收缩转变的同时也在继续发展。以新冠肺炎疫情和俄乌危机为催化剂，全球化变局正在加速演进。

新型全球化趋势

我们认为，新冠肺炎疫情只是全球化发展的一个插曲，在各国持久抗疫之下，疫情将会随着疫苗的研制普及而得到控制。疫情之后，数字化技术及新业态、新模式将为全球化发展提供新动力。

从个人的角度来看，人们将实现教育、生活、工作的全球链接。

电商市场、社交网络（如脸书、照片墙、推特、微信和QQ）和数字媒体平台（如 YouTube, Uvideos, Spotify, Hulu 和奈飞）等通过搭建全球的求职者与雇主、自由职业者与任务分配、旅客与旅店以及学生与教育提供商之间的交流沟通平台，实现了个人在工作、生活、社交、教育等各个方面的全球链接。

据麦肯锡估计，全球有 9.14 亿人在社交媒体上至少拥有一个国际连接，3.61 亿人参与了跨境电商活动，近 4 亿人在领英上发布专业简历，50% 的脸书用户至少拥有一位外国朋友……而这些数字还在快速增长中。[①] 2020年，全球互联网带宽增长了35%，是自2013年以来最大的单年增幅。随着5G（第五代移动通信技术）的推出，数据流将进一步扩大，预计每月全球数据流量将从2020年的230 EB[②]激增至2026年的780 EB。[③] 同时，新技术的发展为教育资源更公平地分配和实现个人素质提高提供了可能。例如，许多世界顶尖大学如哈佛大学、普林斯顿大学和斯坦福大学等均开设了线上免费课程，无论身处何处，只需要登录课程网站，即可学习。学校还根据学生需求，提供了在线教育的学位项目或资格认证。

新技术在促进全球范围内人员的流动中也起着举足轻重的作用。据《世界移民报告2020》估计，2019年，全球国际移民数量接近2.72亿，占世界人口的3.5%，其中近2/3是劳务移民。1980年，这一数字仅为1.2亿，占世界人口的2.7%。[④]

从企业的视角出发，"微型跨国公司"将不断涌现，全球化不再是传统跨国公司的"专利"。

随着数字平台遍布全球，跨境通信和交易的成本不断降低，

[①] BUGHIN J, LUND S, MANYIKA J. Globalization is becoming more about data and less about stuff. (2016-03-14). https://www.mckinsey.com/mgi/overview/in-the-news/globalization-is-becoming-more-about-data-and-less-about-stuff.

[②] 计算机存储容量单位，1EB=1 024PB。——编者注

[③] 参见联合国贸易和发展会议秘书长丽贝卡·格林斯潘（Rebeca Grynspan）在G20数字经济工作组会议中的讲话：https://unctad.org/es/node/36852#:~:text=Monthly%20global%20data%20traffic%20is, fight%20pandemics%20and%20climate%20change。

[④] 联合国移民署. 世界移民报告. 全球化智库（CCG），译. http://www.ccg.org.cn/archives/58943.

企业可以随时随地联系全球客户和供应商。比如，以易趣、亚马逊和阿里巴巴等为代表的数字平台可以提供一站式营销、交易、支付结算、通关、退税、物流和金融等服务，这些服务，对于试图从事全球贸易的中小企业具有极大的吸引力。世界各地的中小企业通过使用网络平台上的"即插即用"基础设施，就可以获得庞大的全球客户群。

曾几何时，全球化是大型跨国公司的"专利"，而在新型全球化时代，数字平台缩小了企业全球化所需的最小规模，为全球中小企业打开了一扇通向世界的大门，即使最小的企业也可以成为国际性企业，成为"微型跨国公司"。麦肯锡全球研究院的调查显示，86%的科技型初创企业都会参与跨境业务。[1]

从"人"和"企业"两个微观视角出发，我们可以发现，在数字技术的推动下，未来的全球化将范围更广、层次更深，越来越多的人、企业、国家将参与到全球化的浪潮中。

不过我们也需要意识到，虽然新技术在后疫情时代将推进全球化的进程，但由于技术的影响力覆盖领域广泛，这些技术也可能加剧地缘政治竞争。同时，全球化已经跨入了一个新的历史节点，世界力量平衡正发生深刻变化，全球地缘政治环境正变得愈加敏感与复杂；全球气候变化、新冠肺炎疫情全球大流行等非传统安全问题与传统安全问题互相交织，正构成严峻的全球性挑战。

---

[1] MANYIKA J, LUND S, BUGHIN J, et al. Digital globalization: the new era of global flows. (2016-02-24). https://www.mckinsey.com/business-functions/mckinsey-digital/our-insights/digital-globalization-the-new-era-of-global-flows.

俄乌危机下，从西方对俄制裁与俄反制裁举措可以看出，将世界联系在一起的贸易、全球金融和互联网等也可能被武器化，成为制造冲突并加剧对抗的政治工具。当前，各国政府越来越关注全球化如何威胁国家安全、公民利益和环境。为了减轻这些风险，使全球化更受欢迎，许多人倾向于从华盛顿式的自由放任政策转向更亲力亲为的"有管理的全球化"。因此，尽管后疫情时代会出现一些企业回流等现象，但这并不意味着大规模撤退到自给自足，而是预示着对全球化采取一种更加谨慎的做法，将长期的复原力和政治现实考虑在内。俄乌危机爆发表明，我们已经进入了一个由新力量驱动的全球一体化阶段，这个阶段将比之前的阶段更加多样化及有更多管理，而这不一定是一件坏事。

同时，实现全球化的可持续发展需要更公平、更普惠、更包容和更多的国际合作。实际上，推动全球化朝着更加包容和繁荣的方向发展并不是一个新的概念，联合国在人类进入千禧之年时提出的可持续发展目标便体现了这一概念内涵。世界银行前行长罗伯特·佐利克在2007年的一次演讲中明确指出，世界需要一个更加包容的全球化，消除极端贫困、减少对环境的破坏、为个人发展创造更多机会和希望。[1]然而，尽管我们有着联合国的《2030年可持续发展议程》作为指引，但是实现这些目标的路径仍然模糊不清，各国对"更包容和繁荣的全球化"的理解也不尽相同。

过去30多年间，金融资本主义在新自由主义思潮及政策支

---

[1] ZOELLICK R B. An inclusive & sustainable globalization. World Bank Group, 2007-10-10. https://www.worldbank.org/en/news/speech/2007/10/10/an-inclusive-sustainable-globalization.

持下全球性扩张，南北国家间及各国内部贫富差距均拉大，同时经济活动所加剧的气候环境危机、公共卫生危机等也威胁着人类生存环境及生存质量，尤其是许多发展中国家位于产业链低端，承接了诸多发达国家转移的高污染、高能耗、低附加值产业，更是成为全球化危机的受害者。新冠肺炎疫情全球蔓延对人类生命安全及财产造成的冲击恰如其时地为人类敲响警钟，世界是一个信息流、物质流、人员流全球性流动的整体，社会平等、生态安全、公共卫生安全、应对气候变化等全球性议题应受到更多关注与重视。

中国的崛起是新型全球化演化发展中一个具有主导性、引领性的强有力因素，将给世界政治经济体系和全球治理理念带来重要革新。从2008年中美通过G20加强合作，力挽狂澜开始，中国已经从全球化的被动参与者和追随者逐步转变为全球化的反哺者。"一带一路"倡议、亚投行、申请加入CPTPP、CAI、中非合作论坛、全球发展倡议、构建"人类命运共同体"……这些中国为推动全球化发展而做出的积极尝试无不显示出中国正在努力承担起更多国际责任，以大国担当为全球治理创新出谋划策。

第三章

从被动到反哺：中国的全球化之路

第三章 从被动到反哺：中国的全球化之路

中国对全球化的参与古已有之，在人类文明史上有着特殊意义的"丝绸之路"可谓全球化的鼻祖。新中国成立后，中国对全球化和对外开放的认识越来越成熟，务实合作、互利共赢、多元包容成为当代中国对全球化的总体认识和战略选择的出发点。改革开放 40 余年来，中国不断参与到全球化的进程中，成为全球化的最大受益者之一，同时，也肩负起了一个大国应有的担当，并开始用自己的能力反哺世界。

中国与全球化的历史碰撞

英国历史学家彼得·弗兰科潘在其著作《丝绸之路：一部全新的世界史》中表示："我们通常把全球化看作是当代社会独有的现象，但早在 2 000 年前，全球化已经是事实，它提供着机遇，带来了问题，也推动着技术的进步。"[①] 书中所指的那场 2 000 年前的全球化，正是古代中国推动开通的"丝绸之路"。尽管从社会

---

① 弗兰科潘.丝绸之路：一部全新的世界史.邵旭东，孙芳，译.杭州：浙江大学出版社，2016.

科学研究的角度来看，古代"丝绸之路"带来的互联互通与我们讨论的"全球化"还有所差别，但这一区域经济体之间有限的贸易尝试在后来全球化发展历程中具有重要的象征意义。

我在2021年和美国耶鲁大学历史学教授韩森做了深度对话，她在其新书《公元1000年：全球化的开端》中指出："公元1000年标志着全球化的开始。这是贸易路线在世界各地形成的时刻，货物、技术、宗教和人们得以离开家园，去到新的地方。"当时，宋朝对外贸易繁荣发展，位于中国东南海岸的泉州也成为当时世界上面积最大、最富庶的港口之一。韩森描绘了当时泉州的城市风貌，"街上到处都是顾客，他们购买来自斯里兰卡的珍珠项链，佩戴着由非洲象牙雕刻而成的装饰品，使用添加了稳定剂（来自中国西藏和索马里）的香水、由波罗的海的琥珀制成的小瓶子，以及各式各样的沉香木家具。空气中弥漫着外国熏香的气味。附近的一家商店出售着价格昂贵、工艺精巧的产品，而且该产品的样式是为当地消费者特别改进的。在各自的宗教节日里，印度教徒、穆斯林或佛教信徒会聚集起来庆祝。你来到朋友家做客，她会端给你一杯散发着独特香味的冷饮。这家人炫耀着他们新买的东西：一张由爪哇檀香木制成的精致桌子，上面摆放着一只雕工精湛的犀牛角。屋里的许多小摆设看上去都是进口的，彰显着你朋友的国际化品位。"从这些普通贸易商品类别及来源的丰富程度可以看出，货物全球化及人员全球化流动在当时似乎已蔚然成风。

中国是全球化的"鼻祖"，但明清以来，中国因相对保守而错过了世界经济的新浪潮，未能主动参与全球化。在鸦片战争后，中国以半殖民地半封建社会的身份被动成为商品全球化和资本全球化中的一环。"洋货"在19世纪70年代后大量涌入中国，从1877年起，中国连年处于贸易逆差状态，时间长达72年。[①] 与此同时，资本全球化的趋势也开始影响中国。1865年，中国的外资企业共78家，到1893年年底，这一数字增至580家。[②]

民国时期，中国虽然在全球价值链中仍然主要是外国商品和资本的输出对象，双向互动较为薄弱，但在很大程度上已经自觉地参与全球化进程中。这种从被动到主动的转变主要体现在中国对待国际条约和规则的态度上：由被动接受、承认转向合理利用，主动寻求修订与列强签订的不平等条约，逐步收回各项特权，尤其是协定关税权，以提高中国在全球化进程中的地位和竞争力。经过近10年努力，至1928年，中国实际上已重获关税自主权。中国在融入货物和资本全球化进程的同时，也在努力提高自身的国际地位，并且在维护自身合法权益的过程中，展现出对国际法和有关规则的应用，这也是中国参与全球化的过程中所取得的一大进步。

1949年，新中国成立后，面对复杂的外部环境和百废待兴的国内社会，中国融入全球化发展的道路注定是曲折的。

新中国成立之初，美苏冷战的帷幕已经拉开，随后而至的朝鲜战争更是加剧了冷战对峙的局面。中国采取"一边倒"策略，

---

① 李康华，夏秀瑞，顾若增.中国对外贸易史简论.北京：对外贸易出版社，1981.
② 许涤新，吴承明.中国资本主义发展史：第二卷.北京：人民出版社，1990：133.

在外贸体制和国际交流对象上也倒向社会主义阵营。在贸易领域，1950 年，苏联从上一年的中国第三大贸易伙伴上升为中国最大的贸易伙伴，1952 年，中国与以苏联为首的社会主义国家的贸易总额占了中国大陆对外贸易总额的 81.3%。[1] 在技术引进方面，20 世纪 50 年代，按实际支付的外汇金额计算，中国从苏联引进技术的花费占总花费的 72%，东欧国家占 27%，资本主义国家仅占 1%。[2] 规模最大的一次技术引进发生在第一个五年计划时期，中国于 1952—1954 年先后分三批与苏联签订援助建设或供应成套设备的 156 个项目，其中 97% 为重工业，主要是基础工业和国防领域，有研究将其称为改革开放前中国"第一次对外经济引进高潮"。[3]

"一边倒"的政策开启了新中国融入全球化发展的第一步。社会主义国家对中国的贸易和援助极大地推动了中国重工业和军事工业的发展。然而，这种在贸易投资上排斥另一半世界的做法，也导致了这一阶段中国的全球化发展是十分有限的，在一定程度上使中国经济未能更早地进入高速增长期。

进入 20 世纪 60 年代后，西方资本主义国家在新技术革命的浪潮下启动了产业结构的转型和升级，促进了经济增长方式的变革，使资本主义世界市场不断发展。而在同一时间段，中国与苏

---

[1] 许涤新，吴承明. 中国资本主义发展史：第二卷. 北京：人民出版社，1990：133.
[2] 陈慧琴. 技术引进和技术进步研究. 北京：经济管理出版社，1997：23-26.
[3] 陈东林. 156—43—78：中国改革开放前的三次对外经济引进高潮 // 朱佳木. 当代中国与它的外部世界——第一届当代中国史国际高级论坛论文集. 北京：当代中国出版社，2006：256-271.

联的关系逐渐恶化，以"亚洲四小龙"为代表的两大阵营之外的力量也开始崛起。面对新的国际形势，中国开始将目光投向阵营之外，尝试走出封闭状态，逐渐以务实的态度探索与西方世界的接触。

伴随着1964年中法建交和西方国家逐渐放松对中国的贸易管制，至1965年，中国与资本主义国家的对外贸易额占总贸易额的比重已由1957年的18%增长至53%。[①]"文化大革命"开始后，中国的对外贸易一度陷入停滞。为打破封闭，改善困难的经济状况，中国政府决定加强同西方各国的经济联系。1973年，国家计划委员会提交了《关于增加设备进口，扩大经济交流的请示报告》，建议在今后的3~5年内从西方引进43亿美元的成套设备，史称"43方案"。一系列的设备和技术的引进促进了中国基础工业的发展，也带动了中国对外贸易结构的变化。1973年6月，陈云在听取中国人民银行行长陈希愈等汇报时说："过去我们对外贸易是75%面向苏联和东欧国家，25%对资本主义国家。现在，正好是倒了一个个儿。这个趋势是不是定了？我看是定了。"[②]

1978年3月20日，国家计划委员会和国家基本建设委员会批准各部门用汇85.6亿美元引进新技术和成套设备，最后这一计划实际使用金额为78亿美元，因此也称"78计划"。尽管中国已经通过引进先进技术等方式初步与世界接轨，但在全球化蓬勃发展的时期，单向的、依靠政府计划推动的对外开放已不再适应新

[①] 曹令军. 近代以来中国对外经济开放史研究. 长沙：湖南大学，2012.
[②] 蔡如鹏，陈晓萍，黄卫，等. 求实者陈云. 中国新闻周刊，2015-07-22. http://www.reformdata.org/content/20150722/28733.html.

的形势，时代背景决定了中国需要用更加积极的态度实行对外开放，全面融入全球化发展。

中国是全球化的受益者

改革开放开启了中国积极融入全球化，实现自身快速发展的阶段。可以说，中国是全球化历史进程中的一个奇迹，是经济全球化的最大受益者之一。

重返联合国：拓展中国外交舞台

众所周知，改革开放对中国参与全球化发展有着特殊意义，不过，在此之前，1971年10月25日联合国大会通过第2758号决议，中国重返联合国并恢复安理会常任理事国席位这一历史事件，对中国登上全球舞台则是奠基性的。

联合国是世界反法西斯战争获得最终胜利的宝贵成果，也是现行全球治理体系的核心支柱。这个由英、美、苏、中等反法西斯同盟国家联合号召成立的国际组织，对维护战后世界和平与繁荣起到了不可替代的作用。中国作为创始成员国之一，是安理会常任理事国成员，负有维护国际和平与安全的责任，在联合国拥有一票否决权。安理会常任理事国身份意味着中国在国际事务中具有举足轻重的话语权和影响力。然而，新中国成立后，其在联合国的合法席位被剥夺了22年。

中国重返联合国是世界和中国的共同选择。1971年，在联合国大会第 26 届会议上，阿尔巴尼亚、阿尔及利亚等 23 个国家联合提出"恢复中华人民共和国在联合国组织中的合法权利"的议案（简称"两阿提案"）。经过全体成员表决，大会以 76 票赞成、35 票反对、17 票弃权的结果，通过了"两阿提案"。

这一历史性事件为中国的外交事业打开了一片新天地，也为中国加速全球化发展奠定了重要基础。联合国第 2758 号决议通过后，与中国建交的国家迅速增多，外交事业的快速发展极大地推动了世界各国与中国的互动交往，为即将到来的改革开放创造了良好的外部环境。至 2019 年，与中国建交的国家已从 1971 年的 64 个，增长到 180 个。中国的外交舞台扩大到全世界。[①]

改革开放：主动拥抱全球化

1978 年 10 月，邓小平会见联邦德国新闻代表团时表示："中国在历史上对世界有过贡献。但是长期停滞，发展很慢。现在是我们向世界先进国家学习的时候了。"[②] 随着十一届三中全会的召开，中国迎来了改革开放。从那时起，中国通过大规模的对内改革与对外开放，主动适应和融入全球化发展潮流。这一过程具体体现为"引进来"和"走出去"两种主要形式。

---

① 中华人民共和国与各国建立外交关系日期简表，https://www.fmprc.gov.cn/web/ziliao-674904/2193-674977/；吴建民：中国重返联合国的重大意义.（2006-10-25）. https://news.sina.com.cn/c/pl/2006-10-25/023511323599.shtml..
② 祝元梅. 邓小平会见联邦德国新闻代表团首提"开放".［2020-04-22］. http://cpc.people.com.cn/GB/85037/8503700.html.

"引进来"的首要举措是创办经济特区

1980年8月26日,全国人大常委会第15次会议批准了《广东省经济特区条例》,同意在深圳设立经济特区,一同成立的经济特区还有珠海、汕头、厦门。1988年全国人大又通过了关于设立海南省的决定和关于建立海南经济特区的决议,利用海南天然的离岛地理特点为中外沟通搭建门户。

经济特区为中国对外开放积累了众多成功经验,开放政策逐步从特区扩展到沿海地区,又从沿海地区延伸到内地。2020年,在中共中央、国务院发布的《海南自由贸易港建设总体方案》指导下,海南自贸区向自贸港的升级建设使中国形成了一个从沿海延伸到内陆的更加立体的对外开放格局,实现了从海洋到陆地的全方位开放,融入世界的步伐进一步加快。

"引进来"还体现在利用外资方面

外资是改革开放后中国经济社会快速发展的重要因素,在产业升级、技术进步、经济增长、财税收入、扩大社会就业等方面发挥了重要作用。近年来,在全球跨国直接投资低迷、国际市场风险加大的背景下,中国市场吸引外资魅力不减。经济合作与发展组织数据显示,2020年,中国超过美国成为全球最大外资流入国。

1979年,《中华人民共和国中外合资经营企业法》正式颁布,这是中国第一部利用外资的法律。此后,《中华人民共和国外资企业法》和《中华人民共和国中外合作经营企业法》相继颁布实施,形成了中国利用外资的三大主要法律。2019年3月,《中华人民共和国外商投资法》获得通过，并于2020年1月正式实施，这是中国外商投资领域首部统一的基础性法律，意味着中国将进一步加强对外商投资合法权益方面的保护，标志着中国开启外商来华投资的新纪元。在"引进来"的同时，全球化也在推动中国的商品、资本和人员"走出去"，逐渐形成往来互通的良性循环。

中国生产的商品销往全球各国，成为当之无愧的"世界工厂"。2013年，中国首次成为全球第一大货物贸易国。即使在疫情冲击全球经济的2021年，中国货物贸易总额仍达到39.1万亿元人民币，首次突破6万亿美元关口。除了数额不断攀升，中国出口贸易结构也在不断转型升级，从以初级产品为主发展为以工业制成品为主。

在商品"走出去"的同时，中国的资本也在走向世界市场。1992年党的十四大报告中出现了"对外贸易多元化"、"开拓国际市场"和"利用国外资源"等"走出去"战略的核心用语。此后这一战略构想不断深化落实。通过政策助力，中国企业的对外经济合作有了飞速发展。2013年，中国对外直接投资首次突破千亿美元大关；2014年，中国双向投资首次接近平衡，如果加上第三地融资再投资，以全行业对外投资计算，中国已成为净资本输出国。

改革开放不但从经济层面推动中国融入全球化发展，也从人的层面使中国和世界建立了更紧密的联系。自新中国成立后到改革开放前，受特殊的历史环境所限，中国留学教育发展颇为曲折。1971年，中国恢复了在联合国的合法席位，这为留学事业的发展创造了有利条件。十一届三中全会把党的工作重心转移到经济建设上来，拉开了改革开放的序幕。中国进入社会主义现代化建设新时期，为了实现四个现代化，缩小中国与西方国家的差距，学习和吸收先进的科学技术、管理经验和优秀文化，邓小平做出了恢复大规模派遣留学生的重大决策，并由此拉开了蓬勃发展的留学大潮。几百万的留学生与6 000多万华侨华人成为中国从人的流动方面参与全球化的一个生动写照。从人本全球化的视角来看，中国在全球人才流动治理中也将扮演更加重要的角色。

"入世"：叩开通向世界舞台的大门

继改革开放之后，加入WTO是中国全球化发展道路上的又一个里程碑。

随着改革开放进程的加快，到1986年，中国的对外贸易额已达到738.5亿美元，是改革开放初期的3倍多[1]，但与此同时，由于中国还没有加入关税与贸易总协定，出口屡屡受限，尤其是占到出口总额30%的纺织品，总是得不到相应的配额。中国如果想进一步融入世界经济，就必须争取成为国际自由贸易秩序中的一员。为了打破这种困境，中国于1986年正式提出关于恢复关税与贸易总协定缔约方地位的申请，这场艰难的"复关"谈判由此开始。

2001年，中国正式成为WTO成员。此时，距离中国首次递交"复关"申请已经过去了整整15年。全球化智库（CCG）主

---

[1] 翁明. 艰难的谈判——中国加入世贸组织全程回顾. (2001-11-08)[2020-04-22]. http://news.sohu.com/51/55/news147135551.shtml.

席、原对外贸易经济合作部副部长、中国复关及入世首席谈判代表龙永图亲自参与了其中关键性的10年谈判。2021年5月，在全球化智库（CCG）举办的"世贸组织的改革前景与中国角色——中国入世20周年研讨会"上，龙永图先生表示，中国入世是一个双赢的成果，改变了全球多边贸易的格局，改变了整个全球贸易的重大方向，中国入世有利于全世界人民，特别是有利于发展中国家，也有利于发达国家。①

"入世"后，外国资本大规模进入国内市场，推动国内市场经济体制的完善。这种以开放倒逼改革的方式虽然给中国政府和企业带来了巨大的挑战，但也带来了竞争活力与创新动力。加入WTO以来，中国的货物进出口总额从2000年的3.93万亿元增长到2020年的32.16万亿元，中国成为世界第一大货物贸易国；中国GDP从2000年的9.98万亿元，增长至2020年的101.598 6万亿元，涨幅达10倍多，位于世界第二位；中国居民人均可支配收入从2000年的6 280元增长到2020年的32 189元，增幅超过4倍。②

回望新中国成立后的全球化进程，恢复联合国安理会常任理事国地位拓展了中国外交活动的舞台，为中国参与国际事务创造了前提条件，标志着中国对外关系进入了一个崭新的阶段。改革开放成为中国拥抱全球化发展的内生力量，通过国内政策调整改革，破除各方面机制体制弊端，积极吸纳先进发展经验，形成全

---

① 参见全球化智库（CCG）官网：http://www.ccg.org.cn/archives/63568。
② 中华人民共和国2020年国民经济和社会发展统计公报．（2021-02-28）．http://www.stats.gov.cn/tjsj/zxfb/202102/t20210227_1814154.html。

方位、多层次、宽领域的对外开放格局，在全球化道路上争取主动。"入世"则为中国走向世界开辟了一条宽阔大路。中国积极参与国际分工，以融入世界经济来推动中国发展。2008年，中国成功举办北京奥运会，向世界展示了中国政治、经济、文化、科技、教育、环境等方面的发展，扩大了让世界认识、了解中国的机会，极大地提升了中国的国际声望。

事实证明，积极融入国际体系为中国创造了巨大的开放红利。以开放促改革，市场规模扩大带来分工专业化，贸易自由化与进口关税削减带来的竞争效应加速本土企业的优胜劣汰，促进资源优化配置，助推产业升级。中国在大力促进生产要素流动、降低市场交易成本、创造国内统一市场的同时，积极参与国际分工和国际交换，获得了非常大的收益。[①]

"反哺"全球化发展

随着经济发展与国力增强，中国逐渐从全球化的参与者转变为反哺者，通过自身发展推动全球化进程，并尝试承担起更多国际责任，为全球治理创新贡献方案，与国际社会一道推动世界可持续发展。

2020年，中国如期实现全面建成小康社会目标，取得了脱贫攻坚历史性成果，开启了全面建设社会主义现代化国家新征程。对于中国将向何处去，习近平主席出席2021年世界经济论坛"达

---

① 张宇燕，徐秀军.坚持对外开放 推动经济高质量发展.光明日报，2019-01-29（11）.

沃斯议程"对话会并发表特别致辞时强调："我们将立足新发展阶段，贯彻新发展理念，积极构建以国内大循环为主体、国内国际双循环相互促进的新发展格局，同各国一道，共建持久和平、普遍安全、共同繁荣、开放包容、清洁美丽的世界。"①

全球发展的贡献者

2019年，在国际著名的芒克辩论会上，美国总统国家安全事务前顾问麦克马斯特和美国哈德逊研究所中国战略研究主任白邦瑞曾向我抛出许多关于中国的尖锐问题。其中有一个关于中国是否在逃避国际责任的问题给我留下了极深的印象。我当时用数据和事实对这些质疑进行了回应，表示中国不但没有逃避国际责任，还是全球发展的贡献者，对推动世界经济发展和全球治理创新做出了重要贡献。②

《改革开放40年中国人权事业的发展进步》白皮书显示，从减贫数量上看，中国是世界上减贫人口最多的国家。改革开放40年间，中国共减少贫困人口超过8.5亿，对全球减贫贡献

---

① 习近平在世界经济论坛"达沃斯议程"对话会上的特别致辞（全文）.（2021-01-25）.http://www.gov.cn/xinwen/2021/01/25/content_5582475.htm.
② 参见：加拿大辩论节目上，中国、新加坡专家用事实反驳"中国威胁论"，获胜！（2019-05-23）. https://world.huanqiu.com/article/9CaKrnKkFVf；炒作"国际秩序中国威胁论"站不住脚——访全球化智库（CCG）理事长王辉耀.（2019-05-30）. http://www.xinhuanet.com/world/2019-05/30/c_1124564583.htm；力驳"中国威胁论"，中国学者在芒克辩论会中战胜美国前高官.（2019-05-16）. https://news.sina.com.cn/o/2019-05-16/doc-ihvhiqax9155934.shtml.

率超 70%。① 2020 年是中国实现全面脱贫的最后一年。虽然新冠肺炎疫情的暴发为实现这一目标带来了巨大挑战，但中国仍然如期完成了新时代脱贫攻坚目标任务，现行标准下农村贫困人口全部脱贫，贫困县全部摘帽，消除了绝对贫困和区域性整体贫困，近 1 亿贫困人口实现脱贫，为全面建成小康社会做出了重大贡献，为开启全面建设社会主义现代化国家新征程奠定了坚实基础。

美国财政部前部长、哈佛大学前校长劳伦斯·萨默斯 2019 年在全球化智库（CCG）的演讲中曾不吝赞美："不到两代人的时间，中国已经从贫困国家发展为在人工智能关键环节上引领潮流的国家，这种变化看起来使工业革命相形见绌。"②

中国在减贫事业上取得的成绩，为全球践行联合国《2030 年可持续发展议程》做出重要贡献，同时，中国减贫的实践探索也为全球减轻贫困提供了经验借鉴，对世界贫困治理具有重要意义。以非洲为例，如果以 GDP 和购买力平价标准衡量，非洲在全球贫困人口中占比极高。2015 年，习近平主席在中非合作论坛约翰内斯堡峰会开幕式上发表致辞，提到中国将在未来 3 年同非洲国家开展包括"中非减贫惠民合作计划"在内的十大合作计划，在非洲实施 200 个"幸福生活工程"和以妇女儿童为主要受益者的减贫项目，在非洲 100 个乡村实施"农业富民工程"，向

---

① 《改革开放 40 年中国人权事业的发展进步》白皮书（全文）．（2018-12-12）．http://www.scio.gov.cn/zfbps/32832/Document/1643346/1643346.htm.

② 王辉耀：参与全球化进程助推中国脱贫成功．（2020-12-20）．http://www.ccg.org.cn/archives/61038.

非洲受灾国家提供 10 亿元紧急粮食援助。[①]2018 年 9 月，在中非合作论坛北京峰会上，中国承诺免除与中国有外交关系的非洲最不发达国家、重债穷国、内陆发展中国家、小岛屿发展中国家截至 2018 年年底到期未偿还政府间无息贷款债务；实施产业促进行动、设施联通行动、能力建设行动等 "八大行动"。在 2021 年 11 月举行的中非合作论坛第八届部长级会议上，习近平主席指出，《中非合作 2035 年愿景》作为愿景首个三年规划，中方将同非洲国家密切配合，共同实施卫生健康工程、减贫惠农工程、贸易促进工程、投资驱动工程、数字创新工程、绿色发展工程、能力建设工程、人文交流工程、和平安全工程 "九项工程"。其中，在减贫惠农方面，中国承诺为非洲援助实施 10 个减贫和农业项目，向非洲派遣 500 名农业专家，在华设立一批中非现代农业技术交流示范和培训联合中心等。[②] 中国始终注重帮助非洲培养自主发展能力，帮助非洲提高学校教学组织管理水平，重点加强在能源、交通、信息通信、跨境水资源等领域的合作。中国通过实际行动助推中非减贫发展合作，受到了非洲国家的认可。2020 年 11 月，中国发布《消除绝对贫困：中国的实践》，同国际社会全面分享中国各领域减贫经验。

中国的脱贫史是随着改革开放的进程不断发展的。市场经济激发了中国企业和民众创业创新的活力，同时，大量外资在国内

---

① 习近平在中非合作论坛约翰内斯堡峰会开幕式上的致辞（全文）.（2015-12-04）. http://www.xinhuanet.com//politics/2015-12/04/c_1117363197.htm.
② 习近平在中非合作论坛第八届部长级会议开幕式上的主旨演讲（全文）.（2021-12-07）. http://sydney.mofcom.gov.cn/article/ddfg/waimao/202112/20211203225601.shtml.

投资建厂，发展进出口贸易，创造了大量的就业机会，超过2亿农民工通过外出打工提高了农村人均收入。对贫困人口而言，就业机会的增加和工资水平的提高是摆脱贫困最直接的方法。尤其是加入WTO后，中国对外开放进入新阶段，中国贫困发生率也随着经济快速发展而显著下降。不过，长期来看，随着技术和经济社会的发展，企业对传统低技能农村富余劳动力的需求有所减少，对劳动力质量将提出更高要求。所以，还需要重视劳动力人口素质的提升，尤其是加强对农村富余劳动力的培训。① 此外，充分发挥集中力量办大事的制度优势也是中国取得脱贫成就的重要原因。兜底政策在脱贫攻坚、维持社会稳定方面起到重要作用。中国基本医疗保险覆盖人数超过13亿，基本养老保险覆盖近10亿人。中国依法保障适龄儿童少年接受义务教育，高等教育在学总人数达到4 002万，建成世界最大规模高等教育体系。扶贫项目全国一盘棋，精准扶贫、科学扶贫、数字经济扶贫等新模式应运而生，全社会各方力量因贫施策、因地决策，使几千万人在较短时间内实现脱贫。

  为巩固脱贫攻坚的成果，一方面，中国要继续扩大开放，深度融入世界并坚持基础创新，通过提升在全球价值链中的位置挖掘更大发展潜力。另一方面，中国要进一步挖掘国内市场以弥补全球消极外需，这是保障中国产业结构转型和持续发展的根本。因此，构建国内国际双循环的新发展格局是中国接下来巩固脱贫攻坚成果、防止返贫的重要推动力。

---

① 王辉耀.在深化开放发展中推进人类减贫大业.北京青年报,2021-04-11（A02）.

拉动世界经济的引擎

国家统计局数据显示，自 2006 年以来，中国对世界经济增长贡献率稳居世界第一位。[①] 在疫情重创全球经济的情况下，2020 年中国成为全球唯一实现经济正增长的主要经济体，GDP 总量也实现了百万亿元的历史性突破，占世界经济的比重约为 17.4%。根据国家统计局统计数据，2021 年中国 GDP 比上年增长 8.1%，经济总量突破 110 万亿元，占全球经济的比重预计超过 18%，2021 年中国经济增长对世界经济增长的贡献率预计达到 25% 左右。[②]

近年来，世界经济格局深刻调整，尤其受新冠肺炎疫情影响，世界经济深度衰退，国际贸易和投资大幅萎缩，国际金融市场动荡，一些国家保护主义和单边主义盛行。在国际国内市场双疲软及国际经贸环境不稳定的背景下，中国坚持对外开放，坚持推动全球化发展，从 RCEP 签署到宣布积极考虑加入 CPTPP，再到 CAI 如期完成谈判以及加快 21 个自贸区建设等，中国高水平对外开放路径可见一斑。

目前，中国是日本、韩国、欧盟等 120 多个国家和地区最大的贸易伙伴，连续 11 年保持东盟第一大贸易伙伴地位，连续 10 年成为非洲第一大贸易伙伴国，并已成为南美洲第一大贸易伙伴与拉丁美洲国家的第二大贸易伙伴。在经济全球化背景下，中国经济率先复苏，可为拉动世界经济复苏做出积极贡献。随着"一

[①] 国际影响力显著提升 中国跃居世界经济增长第一引擎．（2019-08-30）. http://jingji.cctv.com/2019/08/30/ARTIYT2jFHG2xSUm5PhIhFB1190830.shtml.

[②] 国家统计局：2021 年中国经济增长对世界经济增长贡献率预计将达到 25% 左右．（2022-01-17）. http://finance.people.com.cn/n1/2022/0117/c1004-32333204.html.

带一路"的发展，中国与世界各地的经贸合作将蕴藏巨大潜力。中国正在构建的"双循环"新发展格局，也将为稳定国际产业链、促进全球经济良性循环发挥关键作用。

现有国际秩序的贡献者

在一些西方国家看来，由于意识形态和政治体制方面的差异，迅速发展的中国将对国际社会形成"威胁"的可能性始终存在。但事实上，中国早在1955年的万隆会议上就提出了和平共处五项原则，"求同存异"的号召使会议顺利通过了《亚非会议最后公报》，此后互相尊重主权和领土完整、互不侵犯、互不干涉内政、平等互利、和平共处五项原则便成了中国的外交政策路线。同时，这一原则还获得世界上越来越多国家的赞同，成为解决国与国之间关系的基本原则，为推动建立公正合理的新型国际关系做出了历史性贡献。

中国在实现自我发展的过程中，不仅从未主动与其他国家发生正面冲突，而且还致力于维护世界和平发展。中国已经成为联合国会费的第二大贡献国，积极响应联合国维和行动号召，被联合国誉为"维和行动的关键因素和关键力量"。2018年12月22日举行的联大会议上通过的2019—2021年联合国会费比额表显示，中国承担的联合国会费将大幅提高，中国成为仅次于美国的第二大会费缴纳国，其常规预算分摊比例由原来的7.92%升至12.01%，维和预算分摊比例由原来的10.24%升至15.22%。[1] 特

---

[1] 中国成为联合国两项预算第二大出资国 外交部：履行发展中国家对联合国应尽义务.（2018-12-24）. http://m.xinhuanet.com/2018-12/24/c_1123898400.htm.

别是在新冠肺炎疫情给国家财政带来巨大压力的背景下，中国在2020年仍然全额缴纳了联合国会费。中国对联合国财政义务的履行充分体现了其对联合国工作的支持，这也是以实际行动维护国际多边主义的表现。

此外，中国积极参与推动并签署《巴黎协定》，发表《中国的北极政策》等，在气候问题中做出了重要表率。这些行动都展现出中国积极参加国际多边合作和参与全球治理的积极态度和能力，彰显了中国愿与世界各国共同应对人类生存与发展挑战的责任感、使命感。与此同时，中国还主动提出了设立亚投行、共建"一带一路"倡议、构建人类命运共同体等多种全球治理方案，是唯一一个为全球发展提供蓝图并提出了解决方案的国家。

助推世界经济走出危机

从国内发展到国际秩序维护，中国始终是全球化的正向推动力量。在一次次全球性危机中，中国主动承担大国责任，帮助世界经济走出困境。

2008年爆发的全球金融危机是人类进入千禧年后遇到的第一个全球性危机。美国次贷泡沫的崩溃触发了全球金融市场的大震荡，全球经济遭到重创。2008年11月15日，G20领导人在美国华盛顿举行了首次峰会，各国就合作应对全球金融危机、维护世界经济稳定达成重要共识。面对危机冲击，中国坚持履行人民币不贬值的承诺，并投入4万亿元资金救市。中国的主动担当，以及所展现出的多边合作精神让各国认识到，中国在世界经济中发挥着举足轻重的作用。

新冠肺炎疫情是继2008年金融危机后国际社会遭遇的又一次全球性的集体挑战。在疫情给各国人民生命健康带来巨大威胁的同时，工厂企业停工、交通运输阻断、民众居家隔离等遏制疫情的措施亦对经济发展带来严重影响。面对疫情，中国再一次彰显出大国担当，从国际合作遏制疫情蔓延，再到参与国际经济合作加大对外开放力度，用实际行动证明了中国不是"威胁"，而是维护自由国际秩序的重要力量和必要支撑。

在国际抗疫合作中，中国作为最先遭到疫情冲击的国家，在意识到疫情严重性后第一时间向各国发出警告，并配合世界卫生组织的工作，最大限度减少疫情蔓延。世界卫生组织总干事谭德塞及首席科学家苏米亚·斯瓦米纳坦在其评论文章中表示，中国卫生主管部门的努力为世界各国应对新冠肺炎病毒可能入侵本国争取到了宝贵的准备时间。

在防控疫情方面，中国在本国疫情初步稳定后，立即向世界分享抗疫经验，并迅速提高抗疫相关物资生产产能，为世界各国遏制新冠肺炎疫情提供帮助。中国先后向伊拉克、塞尔维亚、柬埔寨、巴基斯坦、老挝、委内瑞拉等发展中国家援助了大量的抗疫物资，并派遣了大量的医疗队伍和技术人员；同东北亚、南亚、中东欧、非洲、拉美和加勒比及南太等地区的100多个国家以及东盟、非洲联盟、上海合作组织、加勒比共同体等国际组织举行了几十场专家视频会。[①] 截至2021年12月，中国已对外提

---

① 中方愿为国际社会抗击疫情贡献中国处方.（2020-03-25）. http://m.news.cctv.com/2020/03/25/ARTI27WROjaHkSXCEHPdqcpk200325.shtml.

供近 20 亿剂新冠疫苗，成为对外提供疫苗最多的国家。中国在力所能及的范围内支持多边框架下的抗疫合作机制，为人类早日战胜疫情做出重要贡献。中国参与全球抗疫合作，不仅在政府层面主动承担更多国际责任，发展国际多边主义合作，而且来自中国的跨国公司也积极承担社会责任，为抗击全球疫情做出贡献。马云公益基金会和阿里巴巴公益基金会在此次疫情中通过多种方式向海外提供援助，就展现了中国企业家和跨国公司的社会责任，得到了世界卫生组织总干事谭德塞、联合国秘书长、南南合作特使以及多国政要的感谢。基金会先后向欧洲、亚洲、北美、大洋洲、南美、非洲等地区的多个国家捐助了包括口罩、防护服和试剂盒在内的医疗物资。其中援助欧洲的物资绝大部分通过阿里巴巴首倡的 eWTP（世界电子贸易平台）位于比利时列日的枢纽运往欧洲各地。在各大航空公司先后减少甚至关闭中欧航线的情况下，列日成为助力欧洲应对疫情的关键枢纽。此外，这两个基金会还联合在此次抗击疫情中实现了零患者死亡、零漏诊和零医护人员感染的浙江大学医学院附属第一医院，组织数十位参与新冠病毒治疗的一线临床医生，紧急编写了一部中英文新冠肺炎临床救治手册，供全球免费下载。

2020 年 3 月 26 日，习近平主席在 G20 领导人应对新冠肺炎特别峰会上强调："中方秉持人类命运共同体理念，愿同各国分享防控有益做法，开展药物和疫苗联合研发，并向出现疫情扩散的国家提供力所能及的援助。"他还强调："中国将继续实施积极的财政政策和稳健的货币政策，坚定不移扩大改革开放，放宽市场准入，持续优化营商环境，积极扩大进口，扩大对外投资。"① 2021年10月30—31日，习近平主席以视频方式出席G20领导人第十六次峰会，提出中国愿将特别提款权转借给受疫情影响严重的低收入国家。这再次体现了中方与广大发展中国家风雨同舟、共克时艰的一贯立场，将为发展中国家集中资源抗击疫情和恢复经济提供有力支持。② 中国在疫情期间坚定扩大开放的发展战略为稳定世界经济注入了强心剂，显示出中国积极参与国际合作应对疫情危机的担当与责任。此外，为了支持发展中国家抵御疫情、稳定经济，中国还表示，将在中非合作论坛框架下免除有关非洲国家截至2020年年底到期对华无息贷款债务。③ 面对疫情，中国再一次显示出大国担当，也再次证明中国不会逃避国际责任，不会陷入"金德尔伯格陷阱"。相反，中国将进一步成为推动全球化和全球治理创新发展的重要力量。最近这些年，全球化与逆全球化正面交锋愈演愈烈，而在每一个关键时刻，中国领导人都会在重要国际场合表达捍卫全球化的坚决态度。2016年，李克强总理在第71届联合国大会一般性辩论上发表题为"携手建设和平稳定可持续发展的世界"的重要讲话，表明中国与世界各国携手促进世界经济复兴，维护全球化的决心。④ 2017年，习

---

① 习近平在二十国集团领导人特别峰会上的重要讲话.（2020-03-27）. https://baijiahao.baidu.com/s?id=1662273880549685446&wfr=spider&for=pc.
② 凝聚国际共识 共创美好未来——习近平主席出席二十国集团领导人第十六次峰会并发表重要讲话.（2021-11-01）. https://baijiahao.baidu.com/s?id=1715229532268746061&wfr=spider&for=pc.
③ 习近平在中非团结抗疫特别峰会上的主旨讲话（全文）.（2020-06-17）. http://www.xinhuanet.com/2020-06/17/c_1126127508.htm.
④ 李克强在第71届联合国大会一般性辩论时的讲话.（2016-09-22）. http://www.gov.cn/xinwen/2016-09/22/content_5110815.htm.

近平主席在世界经济论坛发表题为"共担时代责任，共促全球发展"的主旨演讲，表达了捍卫全球化、自由贸易及多边自由贸易体制的中国立场。① 在 2018 年博鳌亚洲论坛开幕式演讲中，习近平主席指出："过去 40 年中国经济发展是在开放条件下取得的，未来中国经济实现高质量发展也必须在更加开放条件下进行。这是中国基于发展需要作出的战略抉择，同时也是在以实际行动推动经济全球化造福世界各国人民。"②

经济全球化符合历史发展规律和人类的长远利益。中国作为全球化的受益者与推动者，有责任也有能力坚持全球化立场，与其他支持全球化的国家一道，共同推动全球化的发展进程。当前逆全球化思潮和现象的出现，是全球化发展波浪式前进过程中的一部分。中国将继续高举全球化发展旗帜，坚决拥护全球化的发展道路，在共商共建共享的原则下，以实际行动支持经济全球化的发展，为实现人类命运共同体目标贡献中国力量，提供中国方案。③

---

① 习近平主席在世界经济论坛2017年年会开幕式上的主旨演讲（全文）(2017-01-18). http://www.xinhuanet.com/politics/2017-01/18/c_1120331545.htm.
② 习近平在博鳌亚洲论坛 2018 年年会开幕式上的主旨演讲.（2018-04-10）. http://www.xinhuanet.com/politics/2018-04/10/c_1122659873.htm.
③ 王辉耀."破解逆全球化"的中国方案. 前线，2019（5）：47-48.

第四章

人本全球化：华侨华人海归的作用

第四章　人本全球化：华侨华人海归的作用

从现代视角来看，人的跨域流动可以用"移民"一词囊括，既指迁往他地长期居住的人，也指人迁徙前往他地的这一现象和过程。[①] 据联合国估计，2020 年，全球约有 2.81 亿移民，占全球总人口的 3.6%。移民流动催化了货物、资本、技术、文化等全球化发展要素的流动，不仅直接影响着参与这一过程的人的自身发展，同时也对移民接纳国和输出国具有深刻影响。以"人"为出发点，从微观视角分析全球化这一宏观历史趋势发展脉络的研究方式，即为人本全球化。

中国的人本全球化图景

与货物和资本不同，人自身具有民族、国家和文化属性，从这一角度来看，人的流动不仅可以从促进生产要素全球流动方面直接影响全球化发展，还可以通过人与人之间的接触实现不同文

[①] 联合国国际移民组织对"移民"（migrant）的定义是：不论人的法律身份、出于自愿或不自愿、迁移的原因为何、停留的时间长短，只要是进行或正在进行跨国际边界移动，或是在一国范围内离开其惯常居住地的人，都属于移民。

化间的交流，为国家和地区之间的合作搭建桥梁与纽带。

华侨华人

"华侨"一词出现于晚清，泛指移居外国的中国人及其后代。1955年，中国政府正式取消双重国籍政策，并鼓励华侨加入当地国籍，原来泛指所有海外中国人及其后裔的"华侨"，从此仅指那些在法律上保留中国国籍者，而加入当地国籍的华侨及其后裔，则被称为"华人"。[①]

伴随着全球化的浪潮，中国历史上出现了三次移民潮。

第一次移民潮发生于16世纪末到19世纪中叶。16世纪以后，葡萄牙、西班牙、荷兰、英国等国家开始在远东进行殖民扩张，并相继建立贸易基地，东亚由此被拉入全球性贸易网络，东亚海域贸易的发展及南洋港口和殖民地的开发，导致对中国商贩和劳动力的巨大需求，催生了中国海外移民史上第一次浪潮，并一直延续到19世纪中叶。当时，南洋各地华侨已有100多万人，多从事商贸、种植、采矿、修路、城建等行业。

第二次移民潮发生于19世纪中叶至20世纪中叶。工业革命后，西方列强在全世界瓜分殖民地，大规模开辟种植园，修建铁路，开采矿产，急需大批劳动力。两次鸦片战争迫使清朝开放通商口岸，允许列强在华招工。在此期间，除少数自由移民外，大多数移民以"契约劳工"的身份被贩运到世界各地。19世纪初至

---

① 庄国土.世界华侨华人简史.广州：暨南大学出版社，2014：1.

20世纪30年代，通过各种手段被运送出国的华工约有1 000万人次。华工前往古巴、秘鲁、毛里求斯、澳大利亚、北美等地，形成了华侨华人从集中于东南亚到分布于全球各地的布局，从根本上改变了世界华侨的数量和分布状况。19世纪后期，大量华工前往美洲，修建了第一条横贯北美大陆的铁路。第一次世界大战期间，大约14万名华工奔赴欧洲支援前线。

第三次移民潮发生于改革开放至今的几十年中。20世纪60年代中期以来，西方发达国家纷纷修改移民法，放宽对发展中国家移民的限制，美国、加拿大、澳大利亚和西欧诸国成为包括中国移民在内的世界移民的主要目的地。进入20世纪90年代后，全球化引发的人力、资本、技术和商品的全球性流动加速，世界移民浪潮呈汹涌之势。伴随着改革开放，中国再次掀起大规模的海外移民潮，并一直延续至今。这一阶段的移民被称为新移民。新移民不同于老移民，他们的移民动机并非谋生存，而是求发展，他们具有学历高、经济能力较强、来自中国各地、流动性大等特点。

纵观华人赴海外的迁徙史，我们看到，移民迁徙，或因贸易、或因战乱、或因灾变，或主动、或被动，原因不一而足。几百年里一波又一波赴海外的移民浪潮，为我们生动勾勒出一幅华侨华人海外全景图。如今，从规模来看，中国在海外的华侨华人总数达到了6 000多万，分布在世界近200个国家和地区，其中东南亚占70%左右。改革开放后出国的新华侨华人约占总数的15%。从地域来看，在东南亚，海外华侨华人最多的是印度尼西亚。根据2010年印度尼西亚官方的统计，华侨华人共280万人，占印度尼西亚总人口的 1.2%。但是，华侨华人团体表示印度尼西亚华侨华人实际应达到 500 万~1 000 万人。在马来西亚，华侨华人是仅次于马来人的第二大族群，有 665 万人，占总人口的 21%。新加坡有华侨华人 290 万人，占新加坡人口的大部分。美国华侨华人总数达 452 万。加拿大华侨华人超过 180 万人。拉丁美洲华侨华人总数约 120 万。欧洲约有华侨华人 255 万人，其中新华侨华人 171 万人，占 67%，老华侨华人 84 万人，占 33%。非洲华侨华人近 200 万人，其中南非 30 万人，尼日利亚、苏丹、安哥拉、坦桑尼亚、阿尔及利亚和毛里求斯等国的华侨华人规模超过 1 万人，基本上是以新移民为主。大洋洲华侨华人总数 100 多万，其中澳大利亚有 50 多万。[①]

留学生

"留学生"的说法，可追溯至中国唐朝。盛唐时期，不少日本学生随着"遣唐使"来到中国，随着"遣唐使"回去的，被称为"还学生"。而留在中国，在中国学习较长时间的这类学生，则被称为"留学生"。[②]

中国真正意义上的留学行为，始于 1847 年容闳的赴美国留学。正是这位"留学第一人"，促成了 1872 年中国第一批官派留学生，使留学从最初的民间行为上升为官方行动，是为中国留学

---

① 王辉耀，康荣平.世界华商发展报告（2019）.北京：社会科学文献出版社，2020：26.
② 王辉耀.海归时代.北京：中央编译出版社，2005：2-3.

潮之滥觞。出国留学是当代中国创新发展和改革开放的重要组成部分。根据全球化智库（CCG）发布的《中国留学发展报告（2020—2021）》，1978—2019 年，我国各类出国留学人员累计已达 656.06 万人。尤其进入 21 世纪以来，留学生总量呈现强劲增长趋势，2000—2019 年，年均增长超过 20%[1]，其中，2001 年增长速度最快，增长率超过 115%。年度留学人数从 2000 年的 3.9 万增长到 2019 年的 70.35 万。[2]

作为国际人才资源，留学生不仅可为接收国发展做出重要贡献，也可通过为其母国带去先进技术、理念、经验与资源等，促进母国的发展。作为文化使者，留学生在跨文化交流中也发挥着桥梁纽带作用。进入 21 世纪，全球学生跨国流动速度明显加快，尤其是接受高等教育的留学生人数增长迅猛。与此同时，各国纷纷允许优秀外国留学生留在国内就业。外国留学生比直接引进的外籍人才更熟悉国情，相对本土人才则节省了义务教育阶段培养

---

[1] 受留学目的国经济状况、移民政策以及教育政策等影响，21 世纪以来各年度留学增长率出现一定的波动，例如，受"9·11"事件影响，美国政府收紧移民政策，使得中国留学生增长率一度放缓。2008 年，世界金融危机使欧美发达国家严重受挫，中国经济稳步发展，人民币不断走强，出国留学成本大幅下降，2008 年的留学平均成本比 2007 年降低近 10 万元。之后，由于欧美国家就业形势严峻，留学经济回报不如从前，出国势头再次放缓，2013 年的增长率仅为 3.58%。值得注意的是，2016 年是全球化发展走向十字路口的一年，全球留学发展受工作和移民政策调整的影响，呈现整体增速放缓的趋势。以美国为例，2016 财年美国政府向 47.17 万名留学生颁发 F1 签证，较 2015 财年减少 26.78%。其中 14.8 万张 F1 签证颁发给了中国学生。2017 财年美国颁发了 39.36 万张 F1 签证，较 2016 财年又减少了 16.6%。其中 11.3 万张 F1 签证颁发给了中国学生，相较 2016 财年，面向中国学生的签证减少了 23.65%。

[2] 王辉耀. 21 世纪留学回国人员现状及发挥其作用的政策建议. 北京教育学院学报，2019, 33（4）：40-47.

成本，并能带来教育创汇。因此，许多国家都把招收留学生当作补充人才资源的重要手段，有条件地提供奖学金或助学金，在签证和移民上提供便利。目前，不仅美国、英国等西方发达国家加大对留学生的挽留力度，亚洲的日本、韩国和新加坡等国也都在加大力度吸引外国留学生在本国就业。[①]

随着中国成为世界头号留学"出口"国，一批批中国留学生为其留学目的国带去了全新的中国面貌，扮演了传播中国文化、连接中外社会的角色。在亚洲，由于传统上的文化纽带，这些留学生与日、韩"儒家文化圈"国家民众的交流更为顺畅，其带来的区域文化融合效应也更加令人期待。

进入21世纪，随着出国留学人数的增加和中国经济环境的改善，回国人数也开始不断增加。2003年，我国留学生回国人数首次突破两万。2008年后的两年里，受发达国家金融危机影响，回国留学人员增长迅速，年增长率均超过50%。其中2009年回国人数首次突破10万，2010年回国人数达13.48万，超过改革开放后至2000年留学回国人员总数。全球化智库（CCG）研究撰写的《中国留学发展报告（2020–2021）》显示，海归群体由2000年的13万人增长到2019年的423.17万人，增幅超过31倍。可见，随着中国国力不断提高，出国留学人员回国发展已是大势所趋。

"海归"这一有过长时间境外求学、生活经验的青年群体回国，为中国提供了数量可观的国际人才。随着这些海归人才进入

---

① 王辉耀.改革来华留学政策，降低留学赤字.国际人才交流，2015（1）：56.

中国的各行各业，他们将不断提高中国国内市场的国际视野，提升与国际接轨、对话的能力。而从亚洲国家留学归国的群体，也将成为促进亚洲区域文化融合的新生力量。

与庞大的中国出境留学生人数相比，外国来华留学生的数量还相对有限。随着全球化进程不断加快，来华留学生的重要性越发凸显。他们熟悉两国情况，能够充分发挥桥梁纽带作用，促进两国的知识与文化交流，帮助中国企业在"一带一路"上更好发展，同时还可带来可观的"留学生红利"。[1] 因此，我国可在国内高校和社会的可承受范围之内，进一步鼓励外国留学生来华留学、就业，让中外文化交流更为均衡，更接近双向的互动交流。

跨境旅游

跨境旅游是全球人员流动，增进中外民间来往的重要形式。30多年前，我[2]只身去加拿大留学的时候很有感触。那时候国际航运不便，转机要从北京到上海、上海到旧金山、旧金山到纽约、纽约再到多伦多。而疫情前中美之间每天来往人数约2万，中国和欧洲每天来往约1.5万人。整个世界由之前的"触不可及"变成越来越小的地球村。旅游业是一种软实力，人们带着国家形象、文化和消费方式，无形中成为政府间的民间使者。近几年，随着中国国力的发展，旅游的消费力持续增长，旅游成为国家间

---

[1] 王辉耀. 充分挖掘"来华留学生红利".（2016-04-23）. https://opinion.huanqiu.com/article/9CaKrnJV0ou.

[2] 这里指本书第一作者王辉耀。

合作的良好抓手。

根据全球化智库（CCG）与携程旅行网联合发布的研究报告《推动中国入境旅游快速发展　促进全域效应提升惠及全国》[1]，在全球化的推动下，中国出境旅游快速发展，中国游客也成为世界各旅游国家争相吸引的群体。与此同时，外国游客入境中国旅游的热度也在提升。其中，首次计划来华旅游的外国游客群体主要集中在18~35岁年龄段，说明随着中国深入参与全球化，古老文明与现代化发展的交织，吸引着越来越多外国年轻人的目光。与此同时，在来华旅游的境外客源中，除美国之外，亚洲尤其是与中国临近的国家和地区的游客是主力。日本、韩国、澳大利亚的游客占比名列前茅。从文化相近的区域开始丰富和热络民间交流，这对促进大中华地区乃至整个亚洲的文化融合无疑是一个积极的信号。

不过，同一份研究报告中也指出了中国入境旅游方面的不足。相比中国游客出境游的持续火热，境外游客入境游的发展相对缓慢，中国存在逾3 000万人的"旅游赤字"。除了美国、日本、韩国、澳大利亚之外，其他国家和地区的境外游客来华仍待深度挖掘。

为了增进中国与区域内国家和地区乃至全球的文化互动，中国可以从以下几个方面着手促进中国入境旅游的发展。首先，中国可以推动签证改革，通过区域免签和区域联动机制建设提升外国游客入境中国的便利化程度。其次，中国可以加强旅游管理，

---

[1] 六大方略促进中国入境游提升　CCG与携程联合发布报告.（2017-11-27）. http://www.ccg.org.cn/archives/33718.

提升旅游从业者的职业素质，实现政府职能部门对旅游业的协同管理。此外，培养专业化、国际化的旅游人才，减少境外游客来华旅游过程中因语言、文化差异而遇到的问题，也都是能够改善境外游客来华旅游体验，优化中外文化交流的办法。这方面，中国日益壮大的海归群体拥有广阔的用武之地。通过这些努力，中国可以进一步盘活区域内的跨境旅游，增进民间来往与交流。

华侨华人：搭建中国与世界的桥梁

中国改革开放的总设计师邓小平曾经说过："几千万华侨华人是一支了不起的力量，是中国大发展的独特机遇。"华侨华人在各国经济发展中做出了怎样的贡献？又可以在中国参与全球化发展的过程中扮演什么样的角色？

对中国的贡献

2020年，当新冠肺炎疫情肆虐中华大地时，海外华侨华人八方奔走、捐款捐物、"包机送口罩"，尽一切力量驰援中国。相似的一幕在100多年前也发生过，1910年年底，当中国面临鼠疫威胁时，年仅31岁的华侨伍连德临危受命，出任"东三省防疫全权总医官"，挽救了成千上万人的生命。

回望百年，华侨华人的贡献不但贯穿了"抗疫史"，也贯穿了中国革命与建设的全历程。

1894年11月24日，在美国檀香山卑涉银行经理何宽的寓所中，孙中山主持成立了兴中会，何宽、李昌、刘祥、程蔚南等24人出席。[①] 华侨是辛亥革命的倡导者与参与者，而且承担了几乎所有的革命活动经费。诚如孙中山先生所言："华侨是革命之母，没有华侨，就没有中国革命。"抗日战争时期，华侨在中华民族危亡的紧急关头，表现出强烈的爱国热忱。比如被毛泽东誉为"华侨旗帜，民族光辉"的陈嘉庚先生，为支持抗日，团结南洋800万名华侨，建立南洋华侨筹赈祖国难民总会，不但从经费上支持抗日，还组织力量回国进行战地服务。解放战争时期，海外华侨旗帜鲜明，坚决反对内战，支持国内爱国民主运动，支持中国共产党领导的人民解放战争。中华人民共和国成立后，百废待兴，2 500多名华侨知识分子积极回国参加建设，李四光、钱学森、钱三强、钱伟长、华罗庚等一批著名科学家就是其中的杰出代表，他们在艰苦的条件下呕心沥血，为中国科学技术事业的发展做出了重大贡献。时至今日，在"海外高层次人才引进计划"引进的人才中，90%以上都是海外华侨华人。他们回国（来华）后，在科技创新、技术突破、学科建设、人才培养和高新技术产业发展等方面发挥了重要作用。在中外科技交流与合作方面，他们以国际学术研讨会、回国交流讲学、受邀专家顾问等方式，为中国的科技进步、重大项目、重要工程等提供着智力支持，为创新要素在中国与世界之间的良性互动提供可能。同时，很多华侨华人具有广泛的国际高端人才的人脉关系网络，拥有很强的海外实力和国际影响力，可以为中国各领域推荐国际人才，促进中国

---

① 参加兴中会成立典礼的24人都是华侨。

经济和社会发展。

改革开放初期,中国的经济建设亟须大量资金,然而,当时国内投资环境较差,投资前景并不明朗。此时,同文同种的华侨华人不但将自己靠智慧与血汗打拼来的财富注入祖国,还为中国带来了先进的技术与人才、成熟的企业运作与管理模式,成为名副其实的中国市场经济的启蒙者。例如,深圳第001号合资企业就是由泰国著名华商谢国民先生领导下的正大集团于1979年创办的。这些投资与创业带动了区域配套设施的完善和集聚效应的出现,对国内经济发展、吸引外资都起到了重要的先导、示范和扩散作用。更为重要的是,在很大程度上,中国大陆借助海外华商的网络,融入国际产业链,不断与世界接轨,成为国际价值分工体系中的一员,为中国日后成为经济全球化的受益者埋下了伏笔。

对居住国的贡献

华人在海外兢兢业业的辛勤付出,为居住国的建设做出了不可磨灭的贡献。新加坡、雅加达的近代城市建设,东南亚的锡矿开采与橡胶园的开辟,加勒比海的糖业加工,加利福尼亚原始森林的开发,北美、澳洲、南非金矿的开采……一代代华人将血汗挥洒在世界各地。《菲律宾通史》的作者康塞乔恩在谈到17世纪初期的情况时曾写道:"如果没有中国人的商业和贸易,这些领土就不可能存在。"约翰·福尔曼在《菲律宾群岛》一书中谈道:"华人给殖民地带来了恩惠,没有他们,生活将极端昂贵,商品及各种劳力将非常缺乏，进出口贸易将非常窘困。真正给当地土著带来贸易、工业和有效劳动等第一概念的是中国人，他们教给这些土著许多有用的东西，从种植甘蔗、榨糖和炼铁，他们在殖民地建起了第一座糖厂。"①

华侨华人在居住国的经济、政治、科技等各领域做出了重要贡献。

在经济领域，早期的华侨华人以"三把刀"起家，即菜刀、剪刀、剃刀，多从事餐饮、缝纫和理发等职业。20世纪初，华商资本开始以商业资本的形态出现，从事小商贩、承包商等职业。第二次世界大战后，东南亚国家独立，华侨华人响应所在国工业化发展的趋势，从商业领域进入工业领域，在纺织、服装等行业开展经营，并涉足银行、酒店、房地产行业。比如，在马来西亚，"亚洲糖王"郭鹤年自1970年后，在马来西亚原糖市场有着高达80%的占有率；李深静被称为马来西亚的"棕油大王"，他创立的IOI集团，以棕油、精细化工、房地产为三大支柱。在新加坡，华侨银行、大华银行从创办人到股东几乎都是华商；周颖南创办的"湘园酒楼"连锁店，已成为新加坡最大、东南亚闻名的餐饮品牌。在印度尼西亚，林绍良创建的印多食品集团是印度尼西亚食品加工行业的翘楚……

随着留学、投资移民、技术移民的新生代华侨华人的增加，

---

① FOREMAN J. The Philippine Islands: a political, geographical, ethnographical, social and commercial history of the Philippine Archipelago and its political dependencies, embracing the whole period of Spanish rule. London: S. Low, Marston & Co, Ltd, 1899:118.

华商进一步向航空业、信息技术、电子商务、医疗服务、电信等领域发展。在美国、加拿大、澳大利亚等新移民国家,尤其是在美国,科技创新型华人企业兴起。其中,美国硅谷有1/3的企业为华人所有或经营,比如半导体领域的NVIDIA(英伟达)。1993年,华人黄仁勋和合伙人创建了NVIDIA,致力于制造速度更快、画面感更加真实的特制芯片。历经数年发展,NVIDIA芯片终于得到市场和消费者的认可,从此走上高速发展的道路,并在激烈的市场竞争中得以存活。在人工智能领域,NIVDIA的市场份额高达70%,甚至超过老牌人工智能巨头英特尔、IBM(国际商业机器公司)以及新入局的互联网巨头谷歌,成为当之无愧的行业龙头。[1]再比如美国医药行业的陈颂雄、计算机硬件领域的孙大卫和杜纪川、导航设备领域的高民环、创建雅虎的杨致远等,都是华侨华人。[2]

在政治领域,华人同样崭露头角。仍以美国为例,美国华人较早关注政治,其参政历史始于华人数量较多的夏威夷。20世纪三四十年代,美国国会参议员邝友良就在夏威夷具有较大影响力。进入20世纪70年代,在美国华人集中的旧金山、洛杉矶和纽约,先后有多名华人在司法和政府部门任职。到了20世纪八九十年代,随着华人影响力的增强,华人担任公职的层级明显

---

[1] 王辉耀,康荣平. 世界华商发展报告(2018). 北京:社会科学文献出版社,2018:162.
[2] 王辉耀,康荣平. 世界华商发展报告(2018). 北京:社会科学文献出版社,2018:41.

提高①，如担任美国商业部副部长的胡少伟，华盛顿州州长骆家辉等。21世纪以来，还有先后担任美国劳工部部长、美国交通部部长的赵小兰，美国能源部部长朱棣文，等等。

中国与世界的桥梁

大量研究认为，华侨华人在公共外交中扮演着不可或缺的角色。他们既为中国看向世界打开了一扇明窗，又为世界理解中国文化搭建了桥梁。比如曹云华等认为，海外华人是中国软实力的承载者，中国文化软实力体现在华人社团、华人媒体和华人学校，即"华人三宝"之中。②刘宏呼吁，海外华侨华人是中国公共外交不可忽视的力量，建议中国政府转变思路，调整政策，发挥华侨华人在中国公共外交中的优势和作用。③

作为海外华侨华人的主要聚集地，东南亚华侨华人的人口占东南亚总人口的6%，在中国与东南亚各国建交以后，各地华侨华人力促中外地方和民间关系的发展。比如印度尼西亚华人在促成中国与印度尼西亚缔结友好省市、友好城市，发展政府和民间的合作交流方面，做了大量的工作。共同的文化和民族认同，密切的地缘、亲缘关系和某种程度的利益相关，使东南亚华商一直

---

① 庄国土. 从移民到选民：1965年以来美国华人社会的发展变化. 世界历史，2004（2）：67-77.
② 曹云华，张彦. 中国的海外利益：华侨华人的角色扮演——基于软实力的视角. 暨南学报，2012（10）：19-26，160.
③ 刘宏. 海外华人与崛起的中国：历史性、国家与国际关系. 开放时代，2010（8）：79-93.

秉持促进当地国与中国友好关系的意愿，成为中国改善与东南亚政治与外交关系的管道和动力之一。[1]

在美国，很多凝聚和组织华人的社团不断发展壮大，在促进中美关系上发挥着重要作用。比如，微软华人协会1992年时还只是微软华人雇员聚合的小团体，20年后，已成为美国西海岸最有影响力的华人团体之一，拥有3 000多名会员，在美国高科技领域、传承中华文化和促进中美关系上都发挥了重要作用。[2]再比如，由蜚声全球的建筑大师贝聿铭及大提琴演奏家马友友等人发起成立的百人会，其使命是推动美籍华人在美国社会生活中的全面参与及促进美国与大中华地区间互相助益关系的发展。百人会前会长吴华扬曾多次到访全球化智库（CCG），他认为，中美关系间的摩擦大多来自"误解"，由于中美间的文化差异，语言、声音甚至语调等都可能造成理解误差，因此中美双方间的交流往往无法达到预期的效果。比如2016年，百人会来到北京参加一场慈善活动，媒体报道给予了非常正面的评价。而在此之前，巴菲特和比尔·盖茨也曾在中国举办过类似的活动，然而，作为对社会馈赠最多的两位富豪，他们在中国并没有获得期待中的礼遇。事实上，他们所传达的理念和百人会基本一致，不同点在于百人会的表达方式更易为中国人接受。所以，百人会等机构在很多时候可以扮演中美关系中的信使，从中美双方角度同时出发，充分理解两方观点，并以合适的语言进行传达，更好地避免误解

---

[1] 庄国土.东南亚华商软实力及其对中国与东南亚友好关系的贡献//贾益民.华侨华人研究报告（2014）.北京：社会科学文献出版社，2014：1, 26-27.

[2] 庄国土.世界华侨华人简史.广州：暨南大学出版社，2014：228.

和矛盾升级。①

助力推动新型全球化

当"反全球化""逆全球化"潮流风起云涌之时，广大华侨华人成为中国参与全球治理的重要推手，助力中国推动新型全球化进程。我们曾多次参加博鳌亚洲论坛举办的华商领袖与华人智库圆桌会，从参会者发言中可以看出，华侨华人在中国新一轮对外开放中仍扮演着重要角色。这从世界各地华商积极响应"一带一路"倡议中也可见一斑。

"一带一路"沿线聚居着大约4 000万名华侨华人，他们融入当地社会，不仅了解中国，还通晓所在国的政治、经济、社会、法律等多方面的情况，通过构建政策沟通交流机制，可以准确传达"一带一路"建设的内涵，推动中国与沿线各国的交流、沟通与互信。在建立起互信基础后，金融、技术、贸易、投资等方方面面的合作也会水到渠成。"以侨为桥"，华侨华人将成为"一带一路"建设直接参与者和受益者，成为民心沟通的铺路者和夯实者。"一带一路"倡议提出以来，得到了世界各地华商的纷纷响应。在2017年6月举行的第二届世界华侨华人工商大会上，中国侨商投资企业协会会长谢国民代表来自世界各地的华商和华商

---

① 2018年6月27日，美国百人会前会长吴华扬在全球化智库（CCG）发表主题演讲，他从自己的成长故事说起，梳理了华裔族群在美国的发展史，贸易战阴影下这个群体面临的新挑战，以及百人会的缘起和它在中美关系中的作用。详见：http://www.ccg.org.cn/Event/View.aspx?Id=9298。

组织发出倡议书，呼吁加强华商组织协作、参与"一带一路"建设。而作为中国改革开放之初率先来华投资的华商，正大集团与中国建筑工程总公司、中建正大科技有限公司等签署协议展开合作，又出资投建泰国高铁"曼谷—芭堤雅—罗勇"线，助推"一带一路"建设与泰国"东部经济走廊"计划高效对接。新加坡华人设立的陈江和基金会捐赠1亿元用于支持未来十年中国和"一带一路"沿线国家开展双边人才培训项目，以加强中国与"一带一路"沿线国家间的互相了解与理解。[1] 在逆全球化和全球化发展浪潮的交织中，进一步发挥华侨华人的桥梁和纽带作用，有利于我国提升国家形象，构建全球话语权和国际事务影响力。从这一点出发，我国侨务工作仍需加强理论创新和政策创新，从全球人才流动治理的角度进行宏观思考，通过更加全面的政策与服务改革，为广大华侨华人提供祖国发展红利，并发挥他们的重要作用，使中国在全球化之路上行稳致远。

中国如何推动人本全球化

人的全球化是全球化发展的产物，也是全球化发展的原动力。中国推动新型全球化首先要以"人本全球化"为切入点，凝聚华侨华人、留学生等人的力量，沟通全球，构建共识。

---

[1] 王辉耀，康荣平. 世界华商发展报告（2018）. 北京：社会科学文献出版社，2018：62.

出台"华裔卡"

华侨华人回国难题

随着我国经济的快速发展,以及国际影响力和国际地位的日益提高,海外华人对祖籍国的认同感不断提高,越来越多的华人愿意携带资金、技术等归国创新创业,并希望能扎根中国。然而,一些现实存在的难题,让很多华人"回国行路难"。由于我国是世界上少数几个实行单一国籍制度的国家[①],且永久居留证申请门槛仍然较高、永久居留证的含金量也有待提高等历史和现实原因,绝大多数海外华人在回流中国、在华创业就业、安居生活等方面均有诸多障碍。比如,在回流方面,海外华人便利出入境政策在全国的普惠度还不够;在投资创业方面,注册侨资企业的程序复杂程度无异于外资企业,相较内资企业限制过多,导致许多华人回国只能以亲属代持股份的形式创业,给日后公司股改、上市、董事会决议等都造成诸多不便;安居生活方面,华人子女入学、社会保障等方面均存在问题,在一定程度上阻碍了华人参与祖国的经济建设,有违吸引华人归国的本心。[②]

---

① 20世纪50年代中期,中国政府为了消除一些国家特别是海外华人数量庞大的国家的政治顾虑,与印度尼西亚、马来西亚和泰国以条约或联合公报的形式,处理当地华人的所谓双重国籍问题,并原则上不再承认外籍华人的中国国籍。这一政策在1980年的《国籍法》中正式确立。从世界经验来看,世界大部分国家都没有规定本国公民入外籍之后将自动丧失本国国籍。中国也是联合国安理会五个常任理事国中唯一有这条规定的国家。
② 王辉耀.国际人才政策再突破,"华裔卡"可堪大任.北京青年报,2018-04-15. http://www.ccg.org.cn/archives/34004.

他山之石

进入21世纪,各国都将侨民视为本国宝贵的财富,侨民政策开始变得灵活多样。比如,印度在1999年及2005年先后推出"印度裔卡"(PIO)计划和"印度海外公民证"(OCI)计划,作为国家人才政策的有力补充。其中,"印度裔卡"计划主要针对在海外成长的印度人后代,符合条件者就能获得为期15年、可多次入境印度的印度裔卡。"印度海外公民证"计划主要针对原籍或双亲、祖父母为印度公民的印度裔,若其所在国认可各种形式的长期居民权,则有资格申请印度海外公民证。持有"印度裔卡"或"印度海外公民证"的海外印度人,在印度本土购房、医疗、社会保障、所得税、贷款额度、风险投资基金的申请、知识产权保护等方面都有"本土公民待遇",只是不享有选举权和被选举权。[①]

事实上,此类制度并非印度首创。早在1950年以色列建国之初,为了方便大量离散在外的犹太人回归,维持犹太人向巴勒斯坦地区"以色列土地"大规模移民的阿利亚运动的持续进行,以色列政府通过了著名的《回归法》,宣布每一个犹太人都有以移民身份移居以色列的权利。到了1970年,该法案甚至将外延扩展到了拥有至少一名犹太祖父母或者与犹太人有正式婚姻关系的人士。在该法案下,每一位回归的犹太人及其配偶都会收到一份证明其身份的文件,并有至多3个月的时间考虑是否加入以色列国籍。由于以色列允许双重国籍的存在,因此入籍后的海外犹

[①] 王辉耀.设立"海外公民证"和"海外华裔卡"吸引人才回流.国际人才交流,2011(4):35-37.

太人仍然能够保持其他国家的公民身份。可以说，正是《回归法》的确立，使得大量因第二次世界大战流亡美国的犹太上层精英得以以双重国民的身份回归故土，他们成为日后将美国与以色列紧密联系在一起的黏合剂。

对那些受历史文化等因素影响而不承认双重国籍的亚洲国家来说，印度的"海外公民证"计划可以看作一种折中方案。印度这一举措满足了海外印度裔人士多层次的要求和国家吸引人才的需求。

海外华人是我国可以引得进、留得住、用得好的最大海外潜在人才群体，是我国扩大对外开放的重要支持力量，更是连接中国与世界的纽带。因此，有必要考虑设立"华裔卡"，让已加入外国国籍的原中国公民能重新获得在中国居住、生活、工作等准国民待遇，减少海外侨胞在国内外流动、投资、工作、生活、子女教育等各方面的障碍。向海外华裔特别是青年华裔发放"华裔卡"更多侧重于身份证明的作用，加深其对中国和中华文化的亲切感和认同感，方便他们在华居住、工作等。"华裔卡"在功能上不具备国籍授予功能，仅作为出入境便利化的有效身份凭证，可视持卡人具体情况决定其在华停居留时长与权限，也可考虑对部分人士有条件开放工作权限，增加"华裔卡"的附加值。

设立"华裔卡"时机成熟

随着中国全球化进程的加速，尤其是"一带一路"建设的不断推进，中国更加重视海外华人的作用和影响力，陆续出台多项倾向性明确的政策措施，鼓励海外华人归国创新创业。如2013

年出台的《中华人民共和国外国人入境出境管理条例》，开始从非工作类签证和居留许可的设置上区分外籍华人和纯外籍人员；自2015年起，公安部相继在北京、广东、上海等地区以及自贸区，为海外华人来华出入境、在华停居留、永久居留提供便利和优惠政策。2019年8月1日起，12条移民与出入境便利政策正式施行，其中一条政策的重点就是中国将放宽海外华人申请"中国绿卡"的条件，而且还将放宽长期签证和居留许可的对象范围。这些政策的实施落地都为我们推出"华裔卡"积累了经验，奠定了基础。而国家移民管理局的成立，则无疑为推出"华裔卡"提供了制度上的可能性。

2022年北京冬奥会期间，年仅18岁的谷爱凌作为中国自由式滑雪队队员为中国赢得两枚金牌和一枚银牌，其骄人的成绩、时尚靓丽而积极健美的形象使其获得了众多民众的喜爱与关注，一时间出现了"谷爱凌现象"。与此同时，谷爱凌是否拥有中美双重国籍也引发中外媒体热议，一度成为舆论焦点。我国《国籍法》原则上不承认双重国籍，冬奥会结束后，谷爱凌将于2022年9月到美国斯坦福大学就读，如果谷爱凌放弃美国国籍便要用中国护照申请美国签证，以国际学生身份就读美国大学。事实上，谷爱凌的国籍问题并非个案，其背后是全球化背景下跨国人才流动机制的困境和千百万海外华人华侨及其子女的期盼。因此，"谷爱凌现象"为我国完善国际人才政策提供新的契机，我国可在不承认双重国籍原则下构建更加包容的国际政策，以便利全球化背景下国际人才流动并吸引其为中国发展做出贡献。

"华裔卡"的设计思路

"华裔卡"政策出台背景是在"中国绿卡"的基础上降低门槛，设置更加灵活务实的申请条件。在政策落地过程中，可参考"印度裔卡"做法，比照港澳台同胞的"回乡证"或"台胞证"待遇，结合我国实际国情和海外华人需求，对"华裔卡"的发放对象、发放方式、权利待遇、实现路径等进行设定。

考虑到"华裔卡"的实施涉及人口、资源、法律、制度、国家安全、海外华侨华人生存等多种问题，可对"华裔卡"的发放对象分阶段进行设定，逐渐扩大发放对象范围。还可将"华裔卡"纳入我国外国人永久居留身份证系统（内嵌电路芯片的新版外国人永久居留身份证），以外国人永久居留身份加注"华人"的形式发放，以便为持卡人提供办理银行存款、网上购票、社会保险等便利；证件的发放方式采用自愿申请、政府审核批准的方式进行。

取得"华裔卡"的华人，可凭该证件在中国境内居留和工作，凭本人的护照和"华裔卡"出入境。同时，除政治权利和法律法规规定不可享有的特定权利和义务外，持"华裔卡"的海外华人原则上和中国公民享有相同权利，承担相同义务，拥有在中国工作生活的准公民权利。此外，围绕华人归国创业，在企业注册类别中将侨资企业单列，允许持"华裔卡"的华人注册该类企业，并逐步放宽对该类企业的行业、经营范围等限制，简化注册流程，逐渐使其享有等同于内资企业的待遇，畅通华人归国创业的道路。

在法制化方面，可在《中华人民共和国外国人永久居留管理条例》中，围绕海外华人新增"华裔卡"条款，明确"华裔卡"的申请条件和待遇，赋予海外华人参与国内建设、享有平等生活机会的国民化权利；在政策宣传方面，建立统一的、多语言界面的、及时更新的政策宣传信息平台，降低海外华人获取相关政策信息的成本，避免政策宣传效果受限于特定人群，充分利用海外华人组织加强海外政策宣传，提高政策知晓度。

此外，可考虑实行中国国籍优先原则，取消《国籍法》第九条自动丧失中国国籍的规定，建立健全中国国籍退出机制。对事实存在双重国籍或多国籍者，建议只承认中国国籍。可参照美国做法，不承认双国籍，只承认美国国籍，但不取消其海外其他身份。由此，中国国籍者即使取得外籍，只要未正式放弃中国国籍，可仅承认其中国国籍的合法性和有效性，在中国境内不得享有外国领事保护。可在出入境中只承认中国护照作为有效身份证件，违反中国法律按中国人处理。此举能够有效解决部分存在事实双重国籍的海外华人归国困难问题，充分利用人才抄底期吸引其来华工作发展，也是对美攻击我国海外引才计划的严肃反制和新时代引智的新方式。相配套的，还可将户籍制度与国籍制度同步调整，不再主动吊销获得其他国籍中国公民的户口；可使拥有外籍的中国国籍者在中国境内不得享有投票、担任公职等政治权利等。这些举措可适用于中国大陆地区的中国国籍者，有关香港特别行政区、澳门特别行政区和台湾地区居民的中国国籍规定，中国大陆（内地）也可以借鉴。

上百年来，华侨华人书写的光辉篇章已载入中华民族的史册，在新的历史时期，中国应该为华侨华人创造更多的发展机遇，让他们能够分享中国经济高速成长的果实。出台"华裔卡"等政策，不只是对外籍华人身份和护照的认可，也是一个国家给予同胞尊重、机会、保障、福利的真诚允诺，更是国家软实力的一种体现。

发展海外国际学校

教育是文化传播的载体之一。欧美发达国家一直把国际学校作为国家外交政策的一部分，在发展经济、吸引与培养全球人才方面为本国服务。例如，为了满足海外公民的教育需求，美国国务院专门设立了海外学校办事处，资助了135个国家的193所学校；英国的国际学校遍布世界，全球有超过450万名学生就读于8 000多所英国的国际中学。

经过上百年的发展，海外华文教育逐渐形成了全日制华文学校、周末制中文学校等六类教育机构，如表1所示。与世界主要大国相比，中国海外国际学校的建设几近空白。2020年9月，中国才在迪拜试点建立了海外第一所全日制中国特色的国际学校。而美英等西方发达国家近几十年在海外共建设了上千所公办资助性质的国际学校，以英美等西方学历教育体制为办学标准的海外各类民营私立国际学校，更是多达上万所。其中，在中国就有166所招收外籍人员子女的全日制学历教育学校，主要由英、美、法、日、韩等国举办，分布在中国22个省（市）。这些学校接受各国政府财政拨款，师资由各国派遣。此外，北上广等一线城市还建有大量中外合办的民营私立国际学校，招收中国籍学生，按照英美海外办学标准和模式设立，接受母校指导。

表 1 海外华文教育的类型

类别	名称	分布区域	主要内容
第一类	全日制华文学校	主要集中在东南亚	东南亚各国侨胞自发创建的以海外侨胞子女为教学对象的学校，历史悠久，规模较大，有固定校舍和老师，开展与各国教育体制有一定融合接轨的学历教育。
第二类	周末制中文学校	主要分布于欧洲、美洲、大洋洲、非洲	由华侨华人自主兴办，教育对象为侨胞子女，但普遍没有纳入当地教育体系，也基本没有自有校舍。
第三类	孔子学院和孔子课堂	截至2020年10月，全球共有孔子学院526所、孔子课堂1 151个，覆盖162个国家和地区	由教育部中外语言交流合作中心统筹的中国语言文化培训机构，以外籍成年人为培训对象，由中国国际中文教育基金会制定规划、设立标准、评估质量。
第四类	驻外使馆阳光学校	目前共有58所	由我国驻外使（领）馆开办的、面向外交官随居子女的临时教学机构。
第五类	海外中国文化中心	目前有43家，初步覆盖亚洲、非洲、欧洲、北美洲及大洋洲地区	由文化和旅游部统筹、我国驻外官方机构主办的中国语言文化培训交流机构，主要面向海外华侨华人、非华裔外籍人士。
第六类	海外中国国际学校	迪拜和里约有两所试点	由官方资助、国内地方政府和学校支持的全日制中国学历教育机构，培养当地的中国公民和华侨子女。

资料来源：根据公开资料整理

发展海外国际学校，不但可以满足日益增长的华侨华人和外派人员子女的教育需求，而且可以与学校所在国分享中国的教育成果，吸引外籍人士加入中国学历教育体系甚至更进一步到中国留学，有利于吸引全球人才为中国服务。办好海外国际学校，可以考虑从以下角度着手：

设立专门工作机构建设和管理海外中国国际学校。由教育部牵头，中央、国务院分管领导出任负责人，统筹协调现有华文教育的海外孔子学院、中国文化中心、各类华文学校、阳光学校等资源，合力推动新时代海外华文教育的发展。

尽快出台建设中国特色海外国际学校的指导意见。发达国家建设海外国际学校通常以专门的政策法规作为依据。例如，加拿大将国际学校建设列入该国《国际教育战略》，德国的《海外学校法》就如何资助海外国际学校和公派教师做出规定。我们建议有关部门在对迪拜和里约两个中国国际学校筹备建设运营试点成果经验总结的基础上，尽快出台中国特色海外国际学校建设指导意见和具体工作方案，为各部门开展工作提供依据。

建设全球各地中国国际学校和国内各地中小学入学、转学、升学的无缝对接体系，同时对接国际、国内的多元学历教育，建设标准课程体系，设定全球唯一学籍码，实现学生在全球升学无缝衔接任一教育阶段。教学内容要在符合本地法律法规的前提下，既包括中国特色文化又包括本地文化，帮助学生掌握跨文化交际能力、发展当地资源和人脉。同时，要注重教师素质，设立相当的准入门槛和培训机制，以保障教学水平。此外，还可以利用"互联网＋教育"的手段，将部分课程通过网络远程的形式传授，这样不仅可以汇聚业内名师，丰富教学内容，还可以降低教学场地和师资的成本、学生学费等。

设立专门的基金会提供财政支持并鼓励企业办学，构建多元社会主体办学的建校机制。我们建议参考英美德法等发达国家政府引领、社会资金参与共建的办学路径。参照国内《民办教育促进法》，研究制定对海外国际学校非强制性的标准认定，对国际学校的办学理念、办学目标、机构管理、课程体系设置、师生服务等方面进行详细考察，并颁发相关的评价认证，以保障教学质量。

发展留学事业

在当前和今后相当长的一段时间内，留学仍然是学习先进知识、培养国际化视野、理解国际规则的主要方式，是培养更多国际人才的重要渠道。如今，海外新冠肺炎疫情防控情况不容乐观，中国可以为海外留学人员回国发展提供更多支持。

首先，建立健全海外留学生回国就业、创业的渠道和机制，提供并完善税收、工资、落户、住房、子女教育等方面具有国际竞争力的人才发展激励与保障措施。同时，强调人才吸引政策在行业、区域、职业发展阶段等方面的差异性与针对性。例如，针对高层次、高技术留学人才，进一步加大研发与创新投入，提供与世界接轨的科研平台，营造国际化工作环境等，减轻人才的顾虑。

其次，基于疫情背景下人才回流的复杂性，进一步发挥国家及区域留学人才服务中心的统筹作用，有效协调各战略与组织部门，实现高端人才与优势产业的精准匹配。此外，注重发挥高校、智库、企业人才研究部门以及欧美同学会等民间组织的联动作用，为更好地服务回流人才提供新的视角与建议。[①]

---

① 王辉耀，苗绿. 中国留学发展报告（2020-2021）. 北京：社会科学文献出版社，2020：40.

2021年8月10日，习近平主席在给"国际青年领袖对话"项目外籍青年代表的回信中，对他们积极到中国各地走访、深化对华了解表示赞赏，鼓励他们加强交流互鉴，为推动构建人类命运共同体贡献青春力量。习近平主席的回信充分体现了党和国家对于在中国学习、工作、生活的广大外籍青年人士的亲切关怀。作为"国际青年领袖对话"项目发起人，我[①]的感受颇深，面临世界百年未有之大变局，需要进一步创新中外人文交流模式，为全球实现民心相通搭建更多桥梁。习近平主席给"国际青年领袖对话"项目的回信，大大增强了我们将这个项目打造成具有国际影响力的青年领袖机制的信心。未来，"国际青年领袖对话"项目还将陆续开展短期研修、系列沙龙、联合研究等各类活动，同时与国际众多知名的青年领袖项目对接，在国际上举办各类活动，不仅为中国与世界搭建更多沟通桥梁，也为增进各国的相互理解，完善全球治理，构建人类命运共同体贡献更多青春力量。具体到发展外籍学生来华留学事业，基于多年的研究，我们认为可以从以下几方面着手：

第一，要从全世界找到最优秀的青年来华留学，必须摆脱"坐、等、靠"的思维模式，主动出击，以更积极的态度参与全球国际学生竞争。扩大中国高校招收国际留学生自主权，也可以像欧美等发达国家一样，将吸引外国留学生来华留学做成中国国际服务业的一个支柱产业。在招生方式上，要走到国外做推广，依靠校友树口碑。

---

① 这里指本书第二作者苗绿。

第二,国际化的教师团队是保证来华留学教育质量的基本条件,建议加大对海归和外籍教师的引进和支持力度,使校园环境更加多元化,开阔学生视野,提升学生在多元文化环境下的交流合作能力和学习能力。

第三,国际学生在中国学习,最希望获得的还是"经历",建议创造多样化的中外学生共处机会,让中外学生在共同经历中一起学习和成长,让他们从彼此身上学到东西,甚至成为朋友。比起几个月到两三年的教育项目,中外学生之间的长久友谊对于构建人类命运共同体更加重要。[1]

第四,建议允许高校特别是具有较高国际声誉的高校对学费自主定价。同时,我们建议教育主管部门定期更新自费来华留学收费参考标准,明确学费下限,避免高校通过降低学费争夺生源,引起无序竞争。让学校拥有自主的学费定价权,将激励其不断提高教育质量,从而吸引更多的国际学生来华留学,实现来华留学教育的良性循环。

第五,可以取消留学生的特殊待遇,使其与中国学生集中居住等,让外国留学生融入中国学生集体中,更好地体验和学习中国语言文化等知识,和中国同学建立起广泛的国际人脉联系,真正成为"知华派""友华派"。

第六,还可以从推出更为灵活明确的国际学生实习、就业、创业政策,不断完善国际学生的就业支持措施等方面入手,为优秀来华留学毕业生提供更为广阔的平台。

---

[1] 曲梅.如何帮外国留学生"经历"中国.神州学人,2019(1):48.

以文化共鸣连接中国与世界

为了加强海外侨民与本国的文化联系,争取海外侨民对本国的认同,印度、墨西哥和以色列等侨民大国纷纷打起"亲情"牌,通过各种方式增强侨民与本国的感情,为他们回国服务打下基础。以印度为例,2003年开始,印度将每年的1月9日定为"海外印度人日",这一天,印度政府会隆重举办全球印度人代表大会,为有突出表现的海外印度人授奖。2005年,"海外印度人日"活动在海啸的威胁中举办,近2 000名印度移民代表出现在活动现场,印度总统、总理均亲临现场讲话。这一活动后来改为每两年举办一次。印度还设有"寻根"活动,帮助海外印度人回到印度寻找自己的"根",在找到亲戚后,政府和承办单位还会安排其前往访问。

海外华人的认同是一个复杂的存在。王赓武教授将现今正在变化中的东南亚华人身份认同状况分成历史认同、中国民族主义认同、国家认同、文化认同等。他指出,可以通过多种认同这个观念来处理华人的认同问题。[1] 沈玲在对泰国近500名新生代华裔及其家庭成员的调研中发现,从国家认同来看,他们已完全倾向于居住国,从文化认同来看,祖辈更多的是情感型认同,新生代华裔更多的是理智型认同。华人家庭中老一代华人对中华传统文化有一种强烈的自豪感,有着较为浓厚的中国情结;新生代华裔与祖辈相比,虽还保留着本民族的文化认同,但认同程度呈减

---

[1] 王赓武.东南亚华人的身份认同之研究//华人与中国:王赓武自选集.上海:上海人民出版社,2013:304-306.

弱趋势，并且越来越隐性化与复杂化。[①]加强文化纽带建设，增强海外华侨华人的认同感，迫在眉睫。鉴于海外华人认同情况的复杂性，可考虑从多个方面同时着手，例如：开展侨民探亲之旅；充分发挥华侨华人专业人士社团的作用；成立侨民研究中心等资讯研究机构，对不同国别的华侨华人群体进行分类研究，减少信息不对称引发的政策措施的盲目性和滞后性；等等。

华侨华人在海外生根多年，是中外经贸合作、文化交流、科技交流的纽带，是中国走向世界的第一座桥梁。从地理和文化的接近性来说，中国与东亚和东盟的各个国家和经济体有着千丝万缕的历史联系，以及无法切割的密切经贸往来。中国推动全球化发展，应该以经济和贸易为现实纽带，以共同文化背景为呼应，在实现中国与东亚、东南亚区域一体化的基础上，推动整个亚洲走向联合，进而将目光投放到更远处。

---

① 贾益民.华侨华人研究报告（2015）.北京：社会科学文献出版社，2015：276，304.

第五章

在"筷子文化圈"基础上推动建立亚盟

第五章 在"筷子文化圈"基础上推动建立亚盟

在全球化走到十字路口的关键节点，以区域一体化发展带动全球多边主义合作，亚洲无疑潜力巨大。亚洲开发银行预测，到2030年，亚洲将会贡献全球近60%的经济增长，在24亿全球经济中等收入群体新成员中，亚太地区将占90%。[①] 推动亚洲一体化发展，进一步激发亚洲经济潜力，对推动全球化实现新的发展具有重要意义。在这一背景下，再论亚盟既是亚洲发展的必然结果，也对进一步推动亚洲及世界繁荣稳定发展有着现实意义。而且，以欧盟、东盟为鉴可知，打造地区一体化组织，对于减缓甚至避免地区政治军事冲突具有积极作用。在亚洲崛起背景下，缓和亚太地区地缘政治之争，维护地区和平稳定与繁荣发展，可在"东盟+3"基础上打造亚盟，并进一步推进亚太区域一体化。

"儒"元素串起"筷子文化圈"

儒家文化是中国、日本、韩国、越南、新加坡、马来西亚等

[①] 2030年亚洲对全球经济增长贡献将占六成. 经济日报，2020-01-14. http://paper.ce.cn/jjrb/html/2020-01/14/content_410688.htm.

以"箸"(即筷子)为主要食器的国家共同的文化印记。这种不同国家之间存在的文化共通之处,是推动实现东亚、东南亚国家一体化的重要基石。

儒家文化在亚洲的广泛传播

春秋末年,孔子创立儒学,他"删《诗》《书》,定《礼》《乐》,赞《周易》,修《春秋》",全面承继了自伏羲以来一脉相承的中华文化。自秦汉至清朝,儒学逐渐成为中华文化的主导性意识形态,绵绵数千年,上至国家治理,下到百姓日用,无不以儒家的价值理念为准绳。其中虽也经历过碰撞、波折甚至灾难,但儒学最终均能顽强渡过,且在相当长时间内,一家独显,取得了至尊地位。

季羡林先生曾说:"文化有一个很突出的特点,就是,文化一旦产生,立即向外扩散,也就是我们常说的'文化交流'。"[①] 儒家思想在深刻影响中国社会的同时,也远播到世界各地,从东亚到东南亚,从东方到西方,成为世界文化的重要因子。其中,与中国临近的朝鲜半岛和日本是最早受儒家文化影响且影响最为显著的地理范畴。而在宋元以后,儒家文化在东南亚地区的传播也相当迅速。

朝鲜半岛早在1世纪左右就开始接受儒家思想。7世纪,新罗王朝统一朝鲜半岛,统一后的新罗选派了大量留学生到唐都长

---

① 季羡林.《东方文化集成》总序.(1996-03-20). http://www.guoxue.com/Newbook/whjl/ww_2.htm.

安学习儒学,这些留学生成为在朝鲜半岛传播儒家文化的友好使者。10世纪,高丽王朝取代新罗王朝。高丽太祖在建国伊始,即将"惟我东方,旧慕唐风,文物礼乐,悉遵其制"立为国策,旨在学习儒家文化以发展本国的民族文化。958年,高丽实施了科举制,考试内容均为儒家经典,如"三礼""三传"等。科举制自此在朝鲜王朝实行了千年之久。随着《朱子家礼》《小学》的传播,尤其是各地儒家学者纷纷创办私学,儒学影响开始进入"寻常百姓家"。①

直至今天,韩国仍是世界上儒家文化传统保留最多的国家之一。每年春秋两季,韩国著名的儒学研究机构成均馆都要在首尔文庙大成殿以及全国两百多所地方"乡校"举行盛大的"释奠大祭",追悼孔子及众多儒家圣贤。可以说,韩国人强烈的集体意识、爱国精神,追求人格的完善、家庭的和谐等,都是儒学思想的体现。成均馆前任馆长崔昌圭曾说过:"孔子不仅是中国的,也是世界的。韩国有将近80%的人信奉儒教或受过儒教思想的熏陶。"在对中国儒学思想进行学习、借鉴、仿效的基础上,韩国形成了自己独具特色的儒学文化。在2020年应对新冠肺炎疫情期间,中韩两国采用的大规模隔离和检测手段有异曲同工之处,也从一个侧面显示出两国相似的治理思维。

在日本,儒家思想最初传入的时间大约可以追溯到我国的隋唐时期。为了学习中国的优秀文化,7世纪至9世纪间的200多年里,日本多次派出"遣唐使"来到中国。一部分遣唐留学生留

---

① 金成玉.多视角审视韩国儒家文化.光明日报,2013-02-25(12).

在了中国，还有一部分学成后回到日本，无论去留，他们中的大多数都成为儒家思想的传播者，为日本社会发展、中日文化交流做出了重要贡献。在17—19世纪的江户时代，儒家思想在日本的传播到达极盛。江户后期，西学（即兰学）传入，儒家思想在日本的影响力才逐渐降低。直到今天，日本还保留着大量的儒家思想遗迹。日本皇室的年号多取自中国典籍《尚书》和《周易》。2019年日本使用的新年号"令和"刻意取用了该国最早的诗歌集《万叶集》，这部汉诗深受中国古典文学的影响。在2020年新冠肺炎疫情暴发期间，日本援华物资上印刷了大量古代中日交流时流传的诗文，如"山川异域，风月同天"出自1 300多年前日本记录鉴真东渡事迹的《鉴真和尚东征传》，这一做法迅速引发了中国民间和官方的热烈反应。

可以说，今天的日本对西方的思想观念、生活方式已欣然接受，但儒家文化也在日本人心中留下了深深的烙印，尤其当日本不得不面对工业社会带来的诸多严重的社会痼疾时，"诚""和"等儒学价值再次凸显，并将对日本社会产生纠偏和补偿的作用。而汉字作为儒家文化的重要载体，日本人在对其吸收、借鉴与创新的过程中大量保留并运用至今，这也在一定程度上体现了日本人的文化自信和对儒家文化的尊崇。明治维新以来，日本在东西方文化碰撞下掀起了新词翻译运动，在翻译西方思想过程中创造了"文化""法律""革命""自由""权利""物质""哲学"等大量汉字新词，这些汉字新词又随着日本翻译书刊传入中国而在中国广泛传播应用。据中国学者统计，1896—1949年，有1 000多个"和制汉语"被借用到现代汉语中。这些"和制汉语"加上中国人自己翻译创造的新词，构成当今中国社会日常用语中不可或缺的部分。①

儒学在东南亚的传播，最早始于越南，可追溯到秦朝末年。1075年，越南首次开科取士，儒学作为政治思想理论，被国家用来确定朝制与社会制度。诚如越南著名学者潘玉所言，越南文化，不管是文学、政治、风俗还是艺术、信仰、礼仪，没有哪一点不带有儒学的印记。宋元以后，随着海上丝绸之路的发展，侨居南洋各国的华商日益增多，这些移民也成为儒学文化的载体，使得儒学文化在东南亚地区传播更为迅速。华文教育的发展是儒学文化在东南亚传播的一大"副产品"，特别表现为华文私塾和华侨学校的相继出现。19世纪末20世纪初，新加坡、马来西亚以及印度尼西亚等地相继出现了儒学复兴运动——华人移民创办华人社团、创办华文刊物、建立孔庙和孔教组织、兴办儒学教育。

在漫长的传播过程中，儒学先后与佛教、伊斯兰教等教派混合，呈现出多元发展的特点。一方面，在与当地本土和外来宗教的交流中，儒学呈现出宗教化特征，特别是在印度尼西亚、新加坡等地出现的孔教组织，甚至还有"儒道释三教合一"的多神崇拜；另一方面，由于异族通婚和文化融合，儒学文化冲破了本土民族与国家的界限，被其他民族所吸收。由此，在东南亚国家，儒学文化逐渐向本土化方向发展，不同地域呈现出各具特色的儒学特征。

---

① 宋海博.中日近代都热衷用汉字造新词.环球时报，2018-11-01. https://world.huanqiu.com/article/9CaKrnKehtH.

近代以后，西方殖民势力在亚洲不断扩张，朝鲜、越南纷纷沦为殖民地，儒家文化圈危机四起。在中西文化的激烈碰撞下，"向西转"成为集体选择，儒家思想在中国、日本、朝鲜、越南等地的影响减弱。尽管如此，儒家文化在东亚文化圈中留下的烙印依旧存在。例如，20世纪80年代以来，日本、韩国、新加坡以及中国的文娱产品通常能够在东亚文化市场中畅通无阻，获得广泛的欢迎，显示出各方存在着文化、审美上的共鸣。日本思想家沟口雄三曾将这种文化上和思维上的共性总结为"知识共同体"。

儒家思想在明清时期传播到欧洲，这归功于到中国传教的外国传教士们。"利玛窦们"在将西方文明传到中国的同时，也把儒家文化传到了欧洲，他们将四书五经译成《中国的智慧》[1]、《中国的政治道德学》[2]《中国哲学家孔子》[3]等书，向西方初步完整地介绍了中国儒学。培尔、伏尔泰、狄德罗、魁奈、莱布尼茨

---

[1] 1662年，在江西建昌府刻印出版，内有2页孔子传记和14页《大学》译文以及《论语》前部译文，这是《四书》第一次被正式译成拉丁文并刊行，后带往欧洲。译者为意大利耶稣会士殷铎泽（Prospero Intorcetta，1625—1696）和葡萄牙耶稣会士郭纳爵（Ignatius da Costa，1599—1666）。

[2] 该书主要编译者为殷铎泽，但参与者有郭纳爵等17名耶稣会士，其中意籍会士5人、葡籍会士5人、法籍会士4人、比利时籍会士2人、奥地利籍会士1人，可以说是欧洲宗教界和知识界的鼎力之作。该书于1667年和1669年（康熙六年和八年）分别刻于广州和印度果阿，并于1672年重版于巴黎，书末附法文和拉丁文《孔子传》，内有殷铎泽写的一篇短序、54页的《中庸》拉丁译文、8页的孔子传记。

[3] 比利时耶稣会士柏应理（Philippe Coupler，1623—1692）、殷铎泽、比利时耶稣会士鲁日满（F.de Rougemont，1624—1677）、奥地利耶稣会士恩理格（Christian Herdtricht，1624—1684）奉法国国王路易十四敕令合编而成，1687年在巴黎出版拉丁文译本。

等欧洲启蒙思想家都深受儒家思想的影响，他们纷纷从儒家文化中汲取养分，为其所用。在某种意义上可以说，作为一种思想因子，儒家思想成为近代欧洲思想启蒙运动的"启蒙者"。

儒家思想对亚洲一体化的启示

思想共识及文化相通是地区政治经济一体化的文化基础。儒家文化数千年来在亚洲尤其是东亚及东南亚地区的广泛传播和深入影响，为亚洲一体化提供了思想文化上的联结和可能性。在100多年的东亚和东南亚现代化进程中，经过现代化洗礼的儒家思想保留了许多有效的原则，使之能够对应当下现代化的各个主题。地缘环境复杂，政治制度、民族、语言等差异较大，使亚洲地区推进一体化面临较大困难。但以传统对话当下，儒家文化中含有的"和而不同"、"天人合一"、"知行合一"、"推己及人"和"王道"等文化内涵，恰恰能够为亚洲区域一体化提出一些基本的共存与发展原则。

首先，"和而不同"是现代多元文化的共生之道。"万物并育而不相害，道并行而不相悖。"儒家认为，包容精神与和合之道是宇宙万物的法则。多样性是当今世界的客观现实。"和而不同"为多元文化提供了相处之道，为不同文化的对话提供了一种新范式，它以尊重不同文化的差异性为前提，以一种平等、互动的方式"如切如磋，如琢如磨"，在相互对话与交融中产生解决世界性难题的答案。正所谓"各美其美，美人之美，美美与共，天下大同"。21世纪的显著特征之一便是"多元现代性"，不同历史和文化背景的国家有可能以不同路径走向现代化，而具有不同政治体制、发展道路、民族风俗、语言文化的国家之间，可以求同存异、和而不同、和平相处。

其次，"天人合一"，与当下可持续发展理念吻合。1992年，1 575名科学家在一封联合发出的著名信件《世界科学家对人类的警告》中写道："人类和自然正走上一条相互抵触的道路。"《世界自然保护大纲》中也提到："当代社会并存着两大突出特征：人类史无前例的创造性和无与伦比的破坏性都在与日俱增。"中国"天人合一"的古典哲学，则为解决当今"人与自然"的矛盾提供了一种思维模式与思想资源。"天人合一"是儒家对于人与自然关系最基本的理解。儒家学说认为，人处于整个大自然生命体之中，是自然的一部分，与自然形成一种相互依存的关系，由此不能随心所欲地对抗、统治或是支配自然，相反，人与自然是共生、共存的状态。"天人合一"思想与儒学倡导的"仁爱"理念是分不开的。孔子将仁爱的本心推及至宇宙万物。如果说"天人合一"在古代因为科技不发达，存在将人与自然的关系神秘化的倾向，那么在今天，"天人合一"更加容易通过科学获得令人信服的解释，也更具备合理性。

再次，"己所不欲，勿施于人"和"推己及人"，是当代民族国家的共存之道。"己所不欲，勿施于人"的道德观对于协调当代人类的种种矛盾，建立平等和谐的国际新秩序和共生共荣的人际新关系具有重大的意义。[1]"己所不欲，勿施于人"将所有

---

[1] 郭明俊. 论儒家价值观的普世意义及其普世化的可能方式. 理论导刊, 2009（2）: 29-31.

的人，不论是否富贵，是否有权势和地位，都化为"一"，也就是"一致""大同"。它体现的是一种推己及人的思想。如果这样的思维方式能够推及至国家层面，每个国家都能够推"本国"及"他国"，那么"天下可运于掌"，做好全球治理也就变得顺其自然了。正所谓"己欲立而立人，己欲达而达人"，在国际社会中，各国在谋求自己生存与发展的同时，也应该推己及人，倡导国家之间的互助与尊重。

最后，王道思维可为区域一体化乃至全球治理提供道理力量。2015年，中国台湾著名学者朱云汉在回答"谁为21世纪全球秩序的重组提供新思维"这个问题时，直接将答案放在了中国古代文化的"王道"概念上。[①]"王道"一词源于《尚书·洪范》，最初是指尧、舜、周公等古代圣王的治世之道，即先王之道，后经孔子、孟子等儒学大家的总结归纳，演变为君主以仁义治理天下的儒家治世思想。王道思想有着强烈的道德主义和公平色彩，朱云汉认为"王道思想正好可济西方核心理念之穷"。在这套指导思想下，可能构建出全球新秩序理论。台湾企业家、宏碁集团创办人施振荣到访全球化智库（CCG）时指出，王道是东方传统文化的瑰宝，王道本身是为王之道，也就是领导人之道，作为领导人，其责任是不断为社会创造价值，让所有的利害相关者利益平衡。他认为王道的思维是要利益平衡，利他是很重要的思维。霸道也许可以强，但王道才可以做久。

2015年，赵汀阳在其著作《天下体系：世界制度哲学导论》

[①] 朱云汉.高思在云：中国兴起与全球秩序重组.北京：中国人民大学出版社，2015.

中提出，中国古代的"天下体系"，是一个"世界"而不是"国家"的体系。西方理念中，国家是最大的政治单位。超越"国家"而存在的组织形态，则是一个跨国家联盟，是一个自下而上不断粘合起来的拼盘，有些类似今天的联合国。"天下"把世界作为一个最大的政治单位，"使得度量一些用民族/国家尺度无法度量的大规模问题成为可能"，构成一个高度一体化的组织形态。此外，"天下体系"中的"无外"原则，与西方的"非此即彼"观念全然不同。在"天下体系"中，不存在对于异端的排斥，"不包含任何以歧视性和拒绝性原则来否定某些人参与天下公共事务的权利"。故而，在多元化现代性特征越来越明显的全球化时代，"天下体系"对各种文化和经济实体而言，具有良好的兼容性和共存的空间。①

"王道"及在其基础上构建的"天下体系"的应用可以是世界的，也可以是亚洲的。亚洲一体化需要新的思维，如果像欧洲一样过度强调"差异化"，则亚洲联盟就会沦为空谈；如果像北美自由贸易区那样以大国和强国的利益为中心，亚洲一体化便会离心离德，分崩离析。亚洲每一个区域的一体化机制都有不同的内在运行方式，如海湾阿拉伯国家合作委员会（GCC）是以沙特阿拉伯为主导的具有高度文化和经济相似性的区域一体化组织，欧亚经济联盟（EAUE）是以俄罗斯为主导的、具有高度经济互补性和合作传统的区域经济组织。要将这些区域一体化组织作为独立的单元并与之产生密切的联系，不可能走欧盟或者北美自由

---

① 赵汀阳.天下体系：世界制度哲学导论.南京：江苏教育出版社，2005.

贸易区的道路，而是需要在"王道"的道德主义召唤下，基于"和而不同""天人合一""推己及人"等共识原则进行合作。

构建亚盟的实践基础

欧盟、北美自由贸易区、东盟等区域一体化均取得了较大成果，一些亚洲国家和地区也曾对亚洲联合有过一些探索与尝试。如今，随着中国的日益崛起和亚洲国家的整体发展，推动亚洲走向联合的基础更加坚实，中日韩、东盟等亚洲国家和国际组织，可在吸取国际区域一体化经验基础上，为实现亚洲的联合做出更大努力。

区域一体化的全球经验

区域一体化的发展曾经被认为与全球化相矛盾。因为在区域一体化的过程中，区域内国家加强合作则自然意味着它们与区域外国家的合作会相对减弱，进而把世界分裂成条块，不利于世界作为一个整体的发展。然而，在逆全球化浪潮的冲击下，面对全球多边合作动力不足的局面，区域一体化发展为凝聚多边合作的重要方式，有利于提振全球多边主义发展信心，进一步推进全球化发展。

目前，区域一体化首先并主要是以经济一体化的形式来展开，也就是从区域经济一体化开始，再逐步扩展到其他领域的一体化。区域经济一体化一般是指有一定地缘关系的国家或地区之间以条约或协定的方式，协调彼此之间的经济贸易政策，逐步取消各种贸易障碍，实现商品以及生产要素在各国间的自由流动。按照难易程度，区域一体化的表现形式主要包括优惠贸易安排、自由贸易区、关税同盟、共同市场、经济货币联盟和完全经济一体化。①

研究表明，那些深入参与区域经济一体化，与周边国家保持相对开放、自由贸易合作的国家比那些相对封闭的国家更容易实现经济增长。②目前，世界主要区域几乎都已出现区域一体化组织，如欧盟、北美自由贸易区（《美墨加协定》）、非洲联盟、阿拉伯国家联盟、东盟、太平洋联盟③和南方共同市场④等。尽管这些组织的一体化发展程度参差不齐，但已在实现自由贸易等方面

---

① 优惠贸易安排是指成员国之间相互提供比非成员国更低的关税，这是一体化程度较为低级的阶段。自由贸易区是指成员国之间取消贸易壁垒，但每个成员国对非成员国保留自己的壁垒。关税同盟是指成员国之间取消贸易壁垒，并且对非成员国实行统一的关税壁垒。共同市场是指在关税同盟实现商品自由流动的基础上，进一步实现资本、劳动力等生产要素的自由流动。经济货币联盟是指在共同市场基础上，进一步协调甚至统一成员国之间的经济政策。完全经济一体化是指进一步实现经济制度、政治制度、法律制度等方面的协调乃至统一，是经济一体化的最高阶段。
② VAMVAKIDIS A. Regional integration and economic growth. The World Bank Economic Review, 1998, 12(2): 251-270.
③ 太平洋联盟又名拉美太平洋联盟，是拉美地区的一个新兴经济组织，2011年4月成立于秘鲁，2012年6月6日正式签署框架协议，成员国为智利、秘鲁、墨西哥、哥伦比亚。
④ 南方共同市场是南美地区最大的经济一体化组织。1991年3月26日，阿根廷、巴西、乌拉圭和巴拉圭4国在巴拉圭首都亚松森签署《亚松森条约》，宣布建立南方共同市场。此后，南方共同市场先后接纳玻利维亚和委内瑞拉（2016年成员国资格被中止）为其成员国，智利、秘鲁、厄瓜多尔、圭亚那、苏里南和哥伦比亚等国为其联系国，墨西哥和新西兰为观察员国。该组织宗旨是通过有效利用资源、保护环境、协调宏观经济政策、加强经济互补，促进成员国科技进步，最终实现经济政治一体化。

第五章 在"筷子文化圈"基础上推动建立亚盟

发挥了不可替代的作用。

放眼全球,在国际社会已见证的区域一体化实践中,欧盟可谓是最成功的例子,此外,以北美自由贸易区、东盟为代表的区域一体化也曾有一定进展。总的来说,这些区域一体化进程取得了一定的成果,但也并非一帆风顺,依然面临着诸多挑战。

历史上,欧盟模式的形成过程漫长而曲折。在长达500年纷纭不断的内外征战史上,欧洲一直存在着走向一体化的声音。但直到历经了两次世界大战的惨痛教训之后,欧洲联合的契机才真正出现。克服第二次世界大战带来的生存与发展的严重危机,寻求和平发展的出路和欧洲重新崛起的未来,构成了战后欧洲一体化的历史动力。[1] 1993年,《马斯特里赫特条约》生效,欧共体转变成欧盟,由此拉开欧盟由经济实体向经济政治实体转变的序幕,欧盟逐渐向共同外交与安全政策一体化过渡,从一个超国家机构向一个邦联演进。但同时,随着其成员国数量的增加,不同国家对一体化的利益诉求和期待目标差异性也在扩大,导致在某些政策领域难以步调一致。基于此,欧盟创造性地运用了弹性策略,允许差异性安排的存在,建立了欧盟"差异性一体化"模式。目前,欧盟一体化正向政治及军事领域纵深发展,欧盟适时加强了文化欧洲的建设,试图寻求更多的精神共同点和价值取向共识,以推进其政治军事目标的实现。[2]

2008年金融危机是欧盟发展的转折点。成员国各自为政的财政政策和欧元区统一的货币政策步调不一致,缺乏惩罚性约束机

---

[1] 赵怀普. 欧洲一体化对东亚合作的若干启示. 外交学院学报, 2005(2): 42-47.
[2] 赵怀普. 欧洲一体化对东亚合作的若干启示. 外交学院学报, 2005(2): 42-47.

制,也使欧盟成员国出现严重的主权债务危机。难民危机、恐怖袭击、民粹主义崛起、英国"脱欧",以及2020年新冠肺炎疫情等,更加剧了欧盟国家内部的分裂,"反欧""疑欧"情绪也在欧洲蔓延滋长。应对欧盟国家团结危机、加强经济发展不平衡国家间的政策协调、提升欧盟运作效率和协调功能等,是欧盟面临的挑战,也为亚洲一体化提供了借鉴。

北美自由贸易区的成立体现了北美经济一体化趋势。1994年1月1日,由美国、加拿大和墨西哥三国签订的《北美自由贸易协定》正式生效,北美自由贸易区宣告成立。这是发达国家和发展中国家在区域内组成自由贸易区的首次尝试。世界银行研究表明,北美自由贸易区给墨西哥带来了经济与社会效益,有助于墨西哥接近美国与加拿大的发展水平。原因在于,北美自由贸易区可以帮助墨西哥制造商更快地适应美国的技术革新,使墨西哥对美国经济变动的敏感性增强,大大提高了墨西哥、美国和加拿大的商业周期的同步性。[1]同时,除了贸易安排,美国、加拿大和墨西哥还积极寻求其他方面的合作,如成立"北美领导人峰会",就经济增长、能源与气候变化、公民安全、教育提案、地区福利等开展对话合作。

北美自由贸易区模式的成功,主要在于美国以其强大的经济实力在三国中发挥了主导作用,且美、加、墨在经济要素和产业结构上存在互补。但是,越来越多的美国制造商将企业迁往成本更低廉的墨西哥等地,导致美国国内经济结构改变,美国中下层

---

[1] 威廉·库珀. 从NAFTA到TPP(下)——纪念北美自由贸易协定签订20周年. 王宇,译. 金融发展研究, 2014 (10): 55-61.

第五章 在"筷子文化圈"基础上推动建立亚盟

制造业工人难以在本土找到工作，社会贫富差距拉大。由此，美国国内也出现了许多反对北美自由贸易区的声音。2020年7月1日起，被称为《北美自由贸易协定》2.0版的《美墨加协定》正式生效，取代已经实施20多年的《北美自由贸易协定》。表面上看，《美墨加协定》从多个方面对《北美自由贸易协定》进行了更新和修订，然而诸多分析指出，新协定处处体现着特朗普政府的"美国优先"理念和单边主义倾向，难以带来真正的自由贸易。

亚洲区域一体化组织相对碎片化，既有已经在一体化进程中的东盟，也有存在感不强的南亚区域合作联盟（SAARC）；有对全球原油生产影响巨大的GCC，也有强调地区安全的上海合作组织（SCO）以及苏联解体后为维持和扩大原有经贸联系而建立的欧亚经济联盟。2020年年底则出现了包括中、日、韩、澳、新以及东盟十国在内的新型自贸协定——RCEP。这是迄今为止东亚地区规模最大的区域自贸协定。不过，由于亚洲各个国家之间错综复杂的利益关系和矛盾，这些合作机制无法在基本一致的框架内进行协调，执行效率大打折扣。随着亚洲国家的整体性发展及亚洲内部相互联结的加深，建立一个在亚洲更大范围内进行协调的"亚洲联盟"越来越有必要。

东盟是亚洲地区发展相对成熟的经济一体化组织，也是打造亚盟的重要实践基础。东盟诞生于东南亚战火纷飞的年代。20世纪60年代，大多数东南亚国家都卷入了边界争端或内战。[①]与

---

① 当时，马来西亚与新加坡、印度尼西亚、菲律宾之间都有严重冲突，泰国同缅甸、柬埔寨、老挝、马来西亚之间也有潜在冲突，越南和缅甸刚独立就陷入了内战。

此同时，冷战也逐渐弥漫到东南亚，特别是印度支那已变成意识形态的角斗场。东盟诞生的初衷在于部分国家抱团以维持集体安全。1967年8月8日，印度尼西亚、泰国、新加坡、菲律宾四国外长和马来西亚副总理齐聚曼谷，发表了《东南亚国家联盟宣言》，正式宣告东南亚国家联盟成立，之后的30余年间，文莱（1984年）、越南（1995年）、老挝（1997年）、缅甸（1997年）、柬埔寨（1999年）先后加入。

东盟成立初期并未进行重大的区域内经济合作。1972年，联合国提交的《康素报告》中写道，"东盟还未做好以自由贸易区或关税同盟为形式的更紧密的经济一体化的准备"，并因此建议东盟先实施特惠贸易安排。1977年，《东盟特惠贸易安排协定》获得通过，在特惠贸易阶段持续的15年间，东盟区域内贸易占贸易总额的比重从15.84%增长到18.4%，增幅仅为2.5个百分点，可见这个协定的效果并不是很理想。不过，作为东盟区域经济一体化的初级阶段，贸易特惠为东盟建立自贸区打下了基础。

20世纪90年代初，当欧洲和北美经济一体化的大潮来袭时，东盟才开始推进经济一体化。1992年，东盟正式提出要建立"东盟自由贸易区"。2002年，"东盟自由贸易区"终于建成。在建设自贸区的同时，东盟还启动了经济共同体的建设，目标是"创造一个拥有6亿人口的单一市场与生产基地，并在其框架下实现货物、服务、投资和技术工人的自由流动，从而形成一个竞争力强的经济区，平衡区域经济发展，与全球经济接轨"。不同于欧洲强调的身份和政治认同，东盟模式并未刻意强调这一点，而是承认经济、文化和历史政治认同的多样性，并试图在保持这种多样

第五章　在"筷子文化圈"基础上推动建立亚盟

性的前提下，继续发展更加紧密的经济合作关系。

2015年，东盟领导人在吉隆坡签署联合宣言，宣布将于2015年12月31日正式成立以政治安全、经济、社会文化为三大支柱的"东盟经济共同体"，这预示着东盟一体化将达到一个全新的高度。当然，这并不意味着东盟一体化进程的终结，东盟成员国经济发展水平的参差不齐，政治制度、文化、宗教、民族的多样性，都可能影响到未来东盟一体化的进程。正如当时泰国外交部副次长维塔瓦所表示的那样："东盟经济共同体的建成是一个过程，而不是一个转瞬即逝的事件。"[①]

"东盟经济共同体"建设是"东盟一体化"的基础。在"东盟经济共同体"框架中，东盟各国的合作领域十分广阔，特别是占东盟企业总数96%以上的中小企业合作潜力可观。因此，东盟经济一体化在带动就业增长、提高民众收入和实现经济可持续发展等方面前景广阔。2019年《东盟融合报告》指出，在东盟经济共同体建成第五年（2020年）之际，东盟以3万亿美元的体量跃升为全球第五大经济体。[②]

2017年，我参加了新加坡国立大学李光耀公共政策研究院院长马凯硕在北京大学举办的《东盟奇迹》新书首发仪式，那年正好是东盟成立50周年。马凯硕将东盟的成就称为"东盟奇迹"。东盟诞生之初，缺乏欧盟那样同质性极强的文化传统，也没有北

[①] 东盟共同体年底建成 各国准备工作基本就绪.（2015-11-20）. http://www.cafta.org.cn/show.php?contentid=76479.

[②] ASEAN Integration Report 2019, https://asean.org/storage/2019/11/ASEAN-integration-report-2019.pdf.

美自由贸易区中类似美国那样具有绝对影响力的中心国家主导进程。东盟是一个多元文化融汇、各种政治制度并存的共同体，部分国家还存在领土冲突，现代化进程不一。但是，东盟各方在承认差异性问题上达成了共识，从而推动了东盟持续50年的一体化进程，并在50年间发展出了自身独特的模式。2022年1月，我们又应邀与东盟10国大使共进午餐，谈到今年是东盟成立55周年，我们共同见证了东盟发展的奇迹。中国社会科学院学部委员、全球化智库（CCG）学术委员会专家张蕴岭教授曾将东盟模式概括为"渐进推动东盟的扩大与提升，坚持将东盟事务放在东盟框架之下解决，以增强本地区内部的凝聚力；坚持以经济发展为基础，通过东盟机制逐步推进区域内的市场开放，改善发展的综合环境"[1]。

从东盟的发展路径可以看出，在内部差异较大的背景下，东盟模式以"相互尊重"的精神不断深化东盟各国之间的协商、和谐、合作。这种"协商一致"原则具有较强的可行性，也与经历了现代化考验的儒家思想一脉相通。从这个意义上来说，如果要在人口众多、区域广袤和文化多元的亚洲大陆推动建设一个亚盟，有关国家和国际组织可以学习、研究一下东盟模式。

亚洲联合的探索与尝试

亚洲在古代曾孕育了辉煌的文明，但是近代以来，受到西方

---

[1] 张蕴岭.如何认识和理解东盟——包容性原则与东盟成功的经验.当代亚太，2015（11）：4-20.

帝国主义、殖民主义的压迫，长期处于"被动挨打"状态。第二次世界大战后，随着亚洲国家相继取得政治独立，并实现经济发展，关于"亚洲自信""亚洲意识""亚洲价值观"，甚至"亚洲联合"等的讨论越发兴盛。随着亚洲在文化上的主体意识、整体意识及自信心萌发，推动亚洲联合的许多探索与尝试一直在进行着。

日本寻求主导性

在 19 世纪，以中国为中心的朝贡体系[①]解体后，东亚和东南亚的各国关系和区域秩序朝何处去，开始为各方苦苦探寻。西方哲学家从西方中心论的角度出发，对东亚和东南亚的文明进行衡量。马克思提出"亚细亚生产方式"这一概念和理论，马克斯·韦伯从文化的角度来分析，均认为这一区域里资本主义的缺失是亚洲社会经济落后的主要根源。19 世纪末，日本思想家福泽谕吉提出日本"脱亚入欧"，可以说是对以上两位德国哲学家思维的回应。

---

① 朝贡制度是古代中国与他国之间的基本政治关系，主要由中国西周时期的封建制度发展而来。《诗经·商颂》有文"相土烈烈，海外有截"。"截"通"铁"，意为海外国家向商朝贡铁。朝贡制度发端于先秦时期，后来"朝贡—册封"秩序受到西周的五服制度的影响。西周初年，周王通过分封制稳定了王朝内部的统治，在外征的过程中，通过确立五服制度来巩固统治。汉唐为"朝贡—册封"秩序的确立发展阶段，宋元时期进一步维系充实。当时中国为宗主国，周边各国为藩国，外族统治者与中国皇帝接触时，遵守"德""礼"等儒学礼仪。由此，儒家文化在自身成为至尊显学的同时，通过"天下体系"下的大中华核心朝贡制度进一步向外推进，建立了以儒学文化为基础的东亚国家间秩序。在这一国家关系秩序的前提下，儒家文化配合自周朝开始形成的外交模式，使得国内的儒家政治观念逐渐转化为以古代中华帝国为中心的等级制世界观。

日本的"脱亚入欧"引入了欧洲的发展模式，以推进自身现代化，同时也引入了欧洲的殖民主义。20世纪三四十年代，日本军国主义政府提出的"大东亚共荣圈"，与其说是为了建立一个统一的东亚和东南亚区域经济共同体，不如说它意在建成一个以日本为首的殖民帝国。在民族意识高涨、殖民主义走向溃败的时刻，"大东亚共荣圈"不过是受殖民野心驱使的不现实的梦境。在各国的反抗下，它迅速变成了一个人人喊打的口号。

在20世纪60年代之后，日本经济再度腾飞。面对这个经济奇迹，日本人用学者赤松要于1932年提出的"雁行模式"予以解释。赤松要认为，战前日本的产业经历了进口、当地生产、开拓出口、出口增长四个阶段，并循环进行，这为发展中国家提供了经济发展的可行模式：通过国际贸易，利用和消化先进国家的资本和技术，同时利用本国的人力资源优势出口产品，进而获得收益，用于投资扩大再生产。20世纪60年代后期以来，东亚和东南亚经济呈现类似的状态：日本从欧美引进技术，然后向周边国家和地区转移产能，实现东亚和东南亚区域的国际分工，从而带动中国和东南亚国家等发展中国家和地区的经济增长。整个增长趋势呈现出日本领头，东南亚和中韩在两翼前进的"雁行"阵列。

在雁行模式带动下，20世纪80年代东亚和东南亚出现了"亚洲四小龙"（韩国、中国台湾、中国香港、新加坡）的飞速增长。同期，东南亚的印度尼西亚、马来西亚和泰国也出现了经济高速发展的奇迹。整体来看，自20世纪80年代至1998年，东亚和东南亚整体局势和平，贸易和投资自由度加大，经济增长速度普

第五章 在"筷子文化圈"基础上推动建立亚盟

遍较快。这是该地区经济发展的一段黄金时期。

1997年亚洲金融危机以及2001年中国加入WTO，成为东亚和东南亚区域发展中的两件大事。日本在亚洲金融危机期间不顾东南亚货币猛跌，只顾放任日元贬值，将祸水挡在自家门外，在东盟内部引发信任危机。中国则在这次危机中与东盟国家同进退，赢得信任。中国加入WTO后，经济实力大增，2010年中国领先日本，与东盟建成自贸区，夯实了双方的合作基础，从而提升了自身在"10+3"机制中的主动性。随着东亚以及东南亚的权力重心转移，日本的发言权降低，经济上也陷入停滞，造船、钢铁等传统制造业萎缩。区域产业中心从日本转移到中国。由此，日本领导的东亚经济一体化的雁行模式趋于解体。

但日本仍在寻求契机推动亚洲联合。2006年9月，安倍第一次当选日本首相，其外相麻生太郎提出了"自由与繁荣之弧"的概念，试图通过意识形态差异和日美的经济实力，整合出一个包围中国和俄罗斯的欧亚大陆包围圈，其中东盟、印度、中亚五国、南高加索和中东欧诸国是这条弧线的组成部分。"自由与繁荣之弧"的冷战色彩十分浓厚，具有很强的排他性，在国际上未能引起呼应。安倍在2007年9月下台，第二次上台后再未提过。"自由与繁荣之弧"后来在2017年被美国的"印太战略"部分吸收。

在"自由与繁荣之弧"后，日本历任首相如鸠山由纪夫等，继续在区域经济一体化倡议上发力。2009年，鸠山由纪夫在日文杂志 *Voice* 上撰文提出"要与美国对等、要和亚洲亲近"的主张。安倍在第二次出任首相后，在2017年美国退出TPP后仍力推 CPTPP，最后成功将其落地，显示出日本仍是亚太地区外交影响力最大的国家之一。同时，日本还是而且也必然是推进亚洲走向联合的重要力量。尽管由于历史的原因，日本的外交政策独立性有时受到干扰，但其推进亚洲联合的外交传统依旧延续。亚洲联合也有助于日本获得相关的经济和国际利益。中日韩自贸区的推进，中国能否加入 CPTPP，以及未来 RCEP 的运转，都有赖于中国和日本之间的合作。

"亚洲价值观"的提出

20 世纪 80 年代，"亚洲四小龙"等国家和地区取得了经济发展上的巨大成就，创造了令世人瞩目的"东亚奇迹"。经济上的成功促成了亚洲社会文化自信的复苏，"亚洲价值观"风靡一时。比如新加坡前总理李光耀就是"亚洲价值观"的重要倡导者之一。"国家至上，社会为先；家庭为根，社会为本；社会关怀，尊重个人；协商共识，避免冲突；种族和谐，宗教宽容"被称作亚洲价值观的新加坡官方版本。① 1997 年的金融危机后，"亚洲价值观"中的经济合理性似乎失去基础，"亚洲价值观"光芒不再。此后，各国领导人对亚洲价值观的提及有所减少。

2008 年自西方开始的全球性金融危机，让人们重新反思西方价值与亚洲价值。郑永年教授在 2010 年接受《文化纵横》采访时，曾经对亚洲价值进行过深刻阐述，他认为，虽然亚洲的文明和价值体现为多元性，但一般当人们讨论亚洲价值时，往往指的

---

① 吕元礼.亚洲价值观：新加坡政治的诠释.南昌：江西人民出版社，2002：45.

是儒家文化圈。早期日本的发展、"亚洲四小龙"和当代中国的发展都是在儒家文化圈。当然，这并不是说亚洲的发展仅仅局限于儒家文化圈。印度尼西亚、马来西亚以及印度的发展，都说明了不同文化价值都在推进现代化和经济发展。2008年产生于西方而波及全球的金融危机恰恰说明，东西方之间可以互相学习，亚洲国家有植根于其文化之上的最优实践，正如西方有基于其文化之上的最优实践。[①]

新加坡国立大学李光耀公共政策学院高级研究员帕拉格·康纳在与我们的交流中，也曾经提出他对亚洲价值观的理解，他认为亚洲各国有几点共通之处。首先是"技术治理"，亚洲各国倾向于由一个强有力的、有远见的政府机构或领导人来更好地统筹规划社会资源，以实现国家的长期利益和现代化进程。中国在某种程度上是这种治理模式的榜样。其次是"国家资本主义"或"混合资本主义"[②]，国家在引导经济发展和支持创新中扮演着重要角色，通常拥有较强的工业政策来支持国家领先企业的发展。亚洲国家的民众也已适应这种经济治理模式，例如新加坡就是一个高度混合的经济体。最后是新的亚洲价值，他称之为"社会保守主义"。亚洲国家对于许多社会、文化自由相关的议题相对谨慎，强调集体责任，普遍对于社会稳定与和谐十分看重。

虽然亚洲价值观在学界仍是一个模糊、笼统的概念，并未形

---

① 本刊编辑部.全球文明竞争视野中的儒学复兴——专访新加坡国立大学东亚研究所所长郑永年.文化纵横，2010（2）：52-61.

② 中国官方多次公开表示不能将"国家资本主义"或"混合资本主义"等同于中国当前的发展模式。"国家资本主义"是个很有争议而且界限模糊的说法，不宜用于研究中国发展模式。

成一个完整、严密和自洽的体系，但对于亚洲价值观的相关探讨体现了亚洲主体性的增强，是亚洲国家独立发展起来后更加自信的表现。亚洲区域整合的发展还有很大空间，亚洲价值观作为一种亚洲联合的思想基础将得到巩固。

亚洲多国的倡议

1990年，马来西亚总理马哈蒂尔提出建立"东亚经济集团（EAEG）"的构想，后来改称"东亚经济论坛"，这是"亚洲联盟"在后冷战时期最早出现的版本。2001年，由东亚各国专家学者组成的"东亚展望小组"向当时的第五次东盟与中日韩领导人会议提交了题为"迈向东亚共同体：和平、繁荣与进步的地区"的《东亚展望小组报告》，第一次全面系统地阐发了"东亚共同体"的构想和东亚合作蓝图规划。[1]这是东盟国家和中日韩三国首次对"东亚共同体"与"东亚经济共同体"建设的共同认可。[2]

关于亚洲联盟的各种要素构想在世纪之交已经出现。2001年"欧元之父"和诺贝尔经济学奖获得者罗伯特·蒙代尔即提出欧元、美元和"亚元"作为世界货币三足鼎立的说法。这一说法随后在东亚和东南亚引发了创建"亚元"的热议。此时，东亚与东南亚的各个区域合作和对话机制，预示着亚洲联盟的讨论逐渐升温。

---

[1] 刘兴华. 东亚共同体：构想与进程. 东南亚研究，2006（1）：92-96.
[2] 黄大慧. 东亚经济共同体建设的成效及挑战.（2020-02-26）. http://www.rmlt.com.cn/2020/0226/570349.shtml.

第五章 在"筷子文化圈"基础上推动建立亚盟

2004年,在北京召开的"第三届亚洲政党国际会议"上,时任菲律宾总统阿罗约提出"把亚洲从一个纷争、经济分裂的地区发展为一个合作的经济一体化的地区"。2005年12月,首届东亚峰会在马来西亚首都吉隆坡召开,这届峰会一度被解读为亚洲联盟成立的先兆。在关于如何成立亚盟的路径上,基本确立了以东盟十国和中日韩澳新为关键参与者的"10+N"体系。各方以此为互动机制,逐渐建立经济协作、金融协调和文化互动机制。从今天的角度看,2020年年底签署的RCEP是东盟十国与中日韩澳新的组合,"10+N"是RCEP的重要特征。

不论是马哈蒂尔、阿罗约的提议还是东亚峰会,它们体现的亚盟构想,其地理范围大多局限于东亚和东南亚。更广阔深远的、囊括全亚洲的"联盟"构想则是通过亚洲合作对话(ACD)这一机制体现出来的。

2000年,在时任泰国领导人他信的提议下,16个国家外长在泰国南部佛丕府的七岩区举行会议,正式宣告亚洲合作对话机制启动。目前,这一对话机制成员国有34个亚洲国家,首次表示出将上海合作组织、东盟、欧亚经济联盟、海湾合作委员会和南亚区域合作联盟等亚洲主要区域合作机制推向整合与合作的共同努力。ACD的成员国覆盖亚洲绝大部分区域,这一地理框架显示出它具有成立一个范围更大的亚洲联盟的可能性。ACD设想的泛亚洲合作机制构建在相对成熟的区域合作机制联合的基础上,具有一定的可行性。实际上各个区域合作机制之间也有密切的往来和对话,在这些现实的基础上逐步实现联合并非不可能。但经过20年的努力,虽然ACD今天还继续存在并发挥影响力,但在朝着亚盟方向发展方面未能有明显建树。ACD 仍只是一个松散的国际论坛。

"亚太一体化"概念的提出者包括澳大利亚前总理陆克文。2008 年陆克文在总理任上提出"亚太共同体"概念。这一共同体既包括美国，也包括中国、印度、日本和印度尼西亚等国。陆克文甚至提出在 2020 年前完成"亚太共同体"的建设，但因"亚太共同体"概念过于模糊，并没有得到各方的正面回应。

上述种种层出不穷的声音表明，许多国家都有强烈的意愿推动成立一个"亚洲共同体"。日本、澳大利亚、东盟都提出了自己的想法。但是，要将这一意愿凝聚成为共识，亚盟的内涵非常重要，需要各方构建一个可以立得住脚的认同。

2015 年 3 月 28 日，在博鳌亚洲论坛 2015 年年会上，中国国家主席习近平发表了题为"迈向命运共同体　开创亚洲新未来"的演讲，提出了"要积极推动构建地区金融合作体系""加快制定东亚和亚洲互联互通规划"，并强调了亚洲安全问题。[①]

已有相当多的合作和对话机制支持这一理念的推进。除了正在持续的"10+3"合作机制，其余的平台还包括 2019 年首届亚洲文明对话大会、由哈萨克斯坦倡议的亚信峰会、中国倡导建立的亚投行、由东盟主导的 RCEP（10+3+澳新），其合作机制边界已经越过"10+3"的地理疆界，具有越来越广泛的影响力。

习近平主席表示，中国要"通过迈向亚洲命运共同体，推动

[①] 习近平主席在博鳌亚洲论坛 2015 年年会上的主旨演讲.（2015-03-28）. http://www.xinhuanet.com/politics/2015-03/29/c_127632707.htm.

建设人类命运共同体"①。这就是说，亚洲是中国主动推进全球化进程中的重要组成部分。在中国参与和推动全球化的进程中，自身所处的亚洲无疑是至关重要的地缘范畴。

构建亚盟的窗口期

亚洲是当今世界最具发展活力和潜力的地区之一，对全球经济增长的贡献率达到60%。经贸关系的发展为亚洲推进一体化进程，进而构建亚洲联盟奠定了坚实的经济基础。博鳌亚洲论坛旗舰报告《亚洲经济前景及一体化进程2020年度报告》通过大量数据和分析证实，过去几年来，亚洲贸易一体化、投资一体化进一步提升，价值链相互依存增强。2020年暴发的新冠肺炎疫情大流行对世界造成严重冲击。博鳌亚洲论坛发布的《亚洲经济前景及一体化进程2022年度报告》指出，2021年全球经济迎来复苏，即使面临疫情冲击，亚太经济一体化的步伐也并未停滞，无论是经济复苏还是制度建设，亚太地区都为全世界提供了新动力。②

亚洲正承担起全球经济与多边主义稳定器的重任。近年来，全球贸易保护主义和单边主义不断升温，经济全球化进程遭遇逆流。新冠肺炎疫情的暴发进一步加剧了上述趋势，并造成国际贸易和投资大幅萎缩，世界经济陷入深度衰退。在此全球艰难时刻，亚洲各国积极合作抗疫，恢复生产，2020年亚洲经济总量占

---

① 习近平主席在博鳌亚洲论坛2015年年会上的主旨演讲.（2015-03-28）. http://www.xinhuanet.com/politics/2015-03/29/c_127632707.htm.
② 博鳌亚洲论坛发布旗舰报告：预计亚洲经济2022年增长4.8%.（2022-04-20）. http://www.xhby.net/index/202204/t20220420_7511373.shtml.

世界的比重达到47.3%[1]，2021年更是达到47.4%[2]。我们主编的"中国与全球化"系列英文丛书之———马凯硕所著的《亚洲的21世纪》中指出，近期的大流行病突显出了东亚社会的优势与西方社会的劣势。西方在应对疫情上表现不力，这将加速权力向东方转移，昭示着亚洲世纪的黎明即将到来。[3] 作为全球贸易自由化和便利化的重要推动者，亚洲是全球产业链与供应链畅通稳定的主力，通过加强多边双边经贸合作，不断塑造区域经济增长的新动力，成为维护多边主义、推进全球化继续发展的关键力量，也不断为世界经济复苏提供支撑和信心。

亚洲区域合作持续深化，一体化进程不断推进。面对新冠肺炎疫情对全球供应链的严重冲击，亚洲区域内的贸易往来变得更加紧密。比如，2020年，中国和东盟之间首次互为第一大货物贸易伙伴。这年年底，由东盟十国与澳大利亚、中国、日本、新西兰和韩国达成的RCEP正式签署生效，这一世界上人口最多、经济规模最大、最具发展潜力的自由贸易区，将为成员国间的经贸往来提供新机遇。RCEP释放出支持多边主义的强烈信号，为全方位促进亚洲贸易和投资自由化、便利化提供了良好的制度基础，成为亚洲经济一体化的重要里程碑。

可见，无论是从推动世界经济发展的"责任担当"，还是从亚洲经济自身的发展诉求来看，亚盟的构建都进入了历史窗口

---

[1] 博鳌亚洲论坛亚洲经济前景及一体化进程2021年度报告.北京：对外经济贸易大学出版社，2021：3.

[2] 博鳌亚洲论坛预测：2022年亚洲经济增速将达4.8%.（2022-04-20）. http://www.news.cn/world/2022-04/20/c_1128579101.htm.

[3] MAHBUBANI K. The Asian 21st Century. Singapore: Springer, 2022: 73-76.

第五章 在"筷子文化圈"基础上推动建立亚盟

期。此外,从文化角度出发,儒家文化在历史上是通过包容外来文化和制度创造辉煌的,今天也不例外。儒家文化的包容与开放,正在让东亚和东南亚国家互相克服社会政治制度上的差异,达成经济上的整合。①

那么,亚盟应该具备什么样的特征和形态呢?

如果以当前几个区域联盟作为参考对象,亚盟的形态应该介于欧盟和东盟之间,即亚盟的组织形态可能会比欧盟松散,但区域经济一体化程度未来将会超过东盟。鉴于亚盟的核心成员具备强大的经济实力,东亚区域自由贸易程度在 CPTPP 和 RCEP 落地后大幅提升,为亚盟未来建设共同市场提供了源源不断的内生动力,发行亚盟货币乃至建立亚盟央行并非没有可能。如果 CPTPP 与 RCEP 合并,将催生亚太地区的一个大规模、高水平自贸区,这或将成为亚盟的发展方向。亚盟与美国所提"印太"概念在区域上有重合,但美国"印太战略"的政治军事、战略布局与竞争意味较重,与之比较,亚盟主要是一个以文化为纽带推动的经济上的区域合作,是为更好整合发挥亚太地区资源优势、形成协同效应而推动建立的。

总体上,亚盟最重要的特征是经济一体化和共同市场化。同时,由于亚盟各国既有丰富的文化差异性,也有一定的文化同质性(即儒家文化圈及其与周边文化的深度融合),政治体制上则各种情况均有,部分国家在领土主权上存在争端,建立具有合法执行力,需要各成员国让渡行政、司法主权的机构[类似欧盟行

---

① 本刊编辑部.全球文明竞争视野中的儒学复兴——专访新加坡国立大学东亚研究所所长郑永年.文化纵横,2010(2):52-61.

政机构、立法机构（如欧洲议会）以及司法机构（如欧洲法院）]相对较为困难。但当前已有的一些对话机制可以升级发展为协调机构。东亚地区成熟且互动频繁的"二轨外交"机制也能发挥推动作用，从而构建多层次多方位的协商，实现区域问题的对话和解决。实际上，过去50年中，东盟内部已建立了很成熟的协商机制，提供了相当成熟的协商经验。以协商代替主权让渡，应该成为亚盟处理内部各种现实纠纷和历史包袱的主要途径。

亚盟的实现构想

亚洲幅员辽阔，内部复杂多样，区域异质化程度高，推进一体化必然要分领域、分步骤逐步推进。东亚及东南亚地区地理相近、经济文化联结密切，是推进亚盟的核心动力区及重要突破口。所以，首先可依据文化和地理上的接近性构建一个具有共同文化内核的区域一体化机制，包括中日韩三国、越南和新加坡这个"筷子文化圈"，以经贸密切合作作为链接东盟的重要纽带，探索和构建新的区域合作模式，作为亚盟的内核。其次，外层包括印度、巴基斯坦以及俄罗斯等国。这一层次具有多元文化特征，但各方也有较多和平共处与合作的经验。最后，与亚盟保持密切联系的则是西亚GCC诸国以及亚太地区的美国、加拿大、澳大利亚、新西兰、秘鲁、智利、墨西哥等国家。这些国家与东盟、日本、韩国、印度和中国保持着较为密切的经济联系，在文化上也常有互动，且地缘相近，存在诸多合作机遇。

第五章 在"筷子文化圈"基础上推动建立亚盟

亚盟的内核

目前亚洲地区较为成熟的一体化实践——东盟，其与中国等亚洲国家之间磨合形成的"10+N"模式，可以成为亚盟整合的基础。

"10+N"模式的出现和进展

2010年是亚洲经济一体化历史上具有里程碑意义的一年，经过十余年的努力，中国—东盟自由贸易区（CAFTA）全面建成，东盟"10+1"模式确立。中国—东盟自由贸易区的建成，对亚洲乃至世界贸易格局都将产生深远影响，更使亚洲"一极"在全球初见端倪。在"10+1"的基础上，东盟"10+3"[①]"10+6"模式也相继开展。如今，东盟"10+3"已经建立了包括外交、财政、经济、劳动、农林等在内的65个对话与合作机制，在不同领域之中展开纵深对话。

"10+N"模式有效保证了相关各方搭建灵活的合作框架，并在这一框架下衍生出更多的合作模式。从这个意义上来说，"10+N"与欧盟的"差异性一体化"有类似之处。但后者是在联盟内生的差异性，而"10+N"则是在东盟之外的合作关系，两者的重心不同。由于"10+N"模式中已经包括了一个人口规模和经

---

① 1997年12月15日，在马来西亚，首次东盟10国集团与中国、日本、韩国领导人非正式会议举行，各国领导人围绕"21世纪东亚地区的前景、发展与合作"问题，开展了讨论并深入交换了意见，这一会议标志着"10+3"合作模式的正式启动。

济体量都已经十分庞大的东盟，东盟发挥锚定作用，使得"10+N"的稳定性接近双边关系。各方在谈判中肯定会存在分歧，但只要"10+N"达成协议，其稳定性会长时间维持。中国—东盟自由贸易区就是这样的例子。东盟的持续发展不仅有助于地区一体化程度提升，对推进亚洲一体化也具有积极意义。

2022年5月12日，美国-东盟领导人峰会在华盛顿举行，峰会结束后东盟国家发布联合声明，承诺在2022年11月将东盟与美国关系升级为"有意义、实质性和互惠互利的全面战略伙伴关系"。这是在中国与东盟建立全面战略伙伴关系之后，美国与东盟关系升级来应对中国的新举措。但中国与东盟同属亚洲，文化和经济上密不可分，具有超越世界任何区域的战略意义。

作为亚洲近邻，东盟是中国周边外交优先方向和"一带一路"建设重点地区。近年来，中国—东盟命运共同体在双方关系提质升级中日益紧密。2019年，东盟超过美国成为中国第二大贸易伙伴，2020年，又超越欧盟，历史性地成为中国第一大货物贸易伙伴，中国也连续12年保持东盟第一大贸易伙伴地位，充分显示出中国—东盟经贸关系的强大韧性，也为建设更紧密的中国—东盟命运共同体铺平了道路。

中日韩自贸区是"10+3"模式中正在孵化的另外一大产品。从1999年开始，中日韩首脑利用每年举行的"10+3"峰会聚首之际举行三方首脑早餐会。2002年11月，在柬埔寨首都金边举行的峰会上，三方联合提出了设立中日韩自贸区的设想。由于三国之间的复杂关系，中日韩自贸区的首次谈判在10年后的2012年才开始正式进行，其间又因三国不稳定的关系在2016—2017年间接近中断。2018年中日韩自贸区谈判再度重启。鉴于中日韩之间复杂的地缘政治关系和历史纠葛，同时还存在美国等外部势力的干扰，中日韩自贸区短期内达成的可能性不高。但十多年来谈判一直在坚持，充分说明三方确实有持之以恒的动力推动自贸区最终走向现实。2019年12月24日，第八次中日韩领导人会议在四川成都举行，会议发表了《中日韩合作未来十年展望》，通过了"中日韩+X"早期收获项目清单等成果文件，三国领导人在诸多议题上达成共识，有利于进一步推进亚洲区域一体化，释放亚洲的经济发展活力。

"10+N"和亚盟的底层基础设施

多年来，"10+N"模式及其派生的"中日韩三方"模式合作成果累累，为一个内核包含东南亚和中日韩的亚盟构建了众多的底层基础设施，主要涵盖经贸和金融两大领域，以及覆盖安全讨论、文化交流等方面的众多官方和民间对话机制。这是亚盟可能率先从"10+N"起步的根本原因。

在经贸领域，目前东盟和中日韩之间已搭建有东盟与单一国家之间的双边自贸区。2020年年底签署的RCEP则是"10+5"的大型自由贸易区。一个事实上存在的东盟+中日韩共同市场已经建立起来。虽然这个共同市场的贸易标准并不是最高的，资本、劳动力和产品流动之间还有诸多限制，但这些限制已经不构成亚盟建立的主要障碍。未来各方需要做的是拆除各种门槛，推动各个自贸区之间的标准合并统一，逐步加速这一领域里的要素流动，实现在统一标准下共同市场的整合。该整合进程中最重要的部分是CPTPP和RCEP之间实现兼容，将多个双边自贸协定逐渐融入多边协定当中，达到推进贸易便利化的目的。

另外，欧盟模式起步时的一些做法也值得借鉴。欧盟以1951年《欧洲煤钢联营条约》起步，逐步过渡到欧元区单一货币联盟。亚盟也可以考虑以金融合作和能源合作为切入点，完善自身的构建。

在金融合作领域，亚洲的金融合作构想相对较晚，1997年东南亚金融危机前仅存有日本主导的亚洲开发银行（成立于1966年）。[1] 东南亚金融危机后，各国深刻体会到缺乏区域货币合作和金融支持的巨大风险，开始了在金融合作领域的诸多尝试。其中，清迈倡议多边化协议（CMIM）[2] 逐渐成为东亚货币金融合作的核心机制，并成为促进亚洲区域一体化的重要渠道。CMIM目前锚定货币仍是美元。如果亚盟未来需要像欧盟一样创建一个统一的货币，即亚盟市场流通的"亚元"，那么可以考虑像IMF那样设立特别提款权（SDR）作为亚盟的共同货币单位，依托2010年建立的东亚外汇储备库，通过设定一揽子经济体法币的权重确定SDR的汇率，逐步将CMIM发展为亚盟的央行。亚盟的共同

---

[1] 亚洲开发银行的主要贷款国家刚开始是东南亚国家和韩国，20世纪80年代后逐渐向中国、中亚各国延伸。自中国于1986年加入亚洲开发银行以来，亚洲开发银行对中国硬贷款承诺额已经超过百亿美元规模，平均每年贷款额度达15.1亿美元，无论是京九铁路还是北京雾霾治理乃至汶川地震救灾，都有来自亚洲开发银行的贷款或者技术援助。

[2] 2000年5月，以货币互换安排为主要内容的《清迈倡议》获得通过。该倡议旨在解决亚洲区域内短期流动性困难，防范亚洲国家在投机资本攻击下再次遭遇货币危机。2003年10月，在"10+3"领导人会议上，中国首次提出推动"清迈倡议多边化"的建议，得到各国的积极响应。2010年3月，清迈倡议多边化进入正式实施阶段。目前清迈倡议成员包括东盟10国全部成员，以及中国、日本、韩国和中国香港，共14个经济体，基本覆盖东亚绝大部分国家和地区。

货币使用方式应该比欧元更加灵活，可以考虑在单一成员内部与该国法币同时流通，或者也可以仅适用于亚盟成员国的贸易结算当中，以降低金融风险和使用成本。

中国主导的亚投行和日本主导的亚洲开发银行可以加强合作，发挥促进亚洲经济一体化的引领作用。在能源、交通等基础设施领域，随着经济的发展，东盟和中日韩均对能源有较大的进口需求。东盟自身又处在全球能源运输要道上，这一特点为各方的能源及交通合作提供了较大空间。目前中国的"一带一路"倡议中包含有泛亚铁路的建设，将中国与中南半岛国家紧密联系起来。此外，中缅输油管道已经在2015年完成建设。鉴于中国在东亚大陆上的独特地理位置，中国可以在与各方共建能源和交通基础设施网络上发挥更多的作用，提升亚盟共同市场的整合程度。同时，随着应对气候变化的《巴黎协定》落地，中日韩和东盟可以在推动新能源及可再生能源开发创新和商业应用领域合作，例如清洁能源、电动汽车和液化天然气等领域。

在数字经济领域，东南亚和中日韩之间也存在大量的合作关系。目前全球智能手机产业链基本集中在东亚和东南亚地区，这对于在该地区推进数字经济硬件研发和生产一体化极为有利。互联网技术和商业应用在东南亚较为发达，特别是在生活服务（出行、支付和外卖等领域）、跨境电商和数据中心、云服务方面，有很大的开发潜力。东南亚和中日韩可以在数字经济和数字贸易方面规划合作，为跨境数据流动、数字主权等问题制定统一的标准，以促进数字经济领域的一体化。

在人员往来方面，目前东亚人员流动和往来已达到相当高的自由化程度，可以考虑深化东亚之间的人员交往程度，学习借鉴欧盟的申根协定，设立共同的移民政策，在出入境许可、跨国劳务、留学教育和科技交流等方面提供一个合理的框架。

亚盟的外延

外层：中亚、南亚地区

位于南亚和中亚的国家，在亚洲一体化的区域进程中处于外层的位置。而俄罗斯首都及绝大部分人口位于欧洲，超3/4领土位于亚洲，在欧亚大陆具有独特的地缘政治与经济地位，是构建泛亚洲联盟的一个重要枢纽。

与东亚及东南亚地区相比，中亚、南亚地区国家受儒家文化影响较小，种族、民族、宗教、领土等纷争加剧了地区不稳定性，整体发展相对缓慢。就其区域合作而言，南亚国家于1985年成立了南亚区域合作联盟，中亚国家也通过独联体、欧亚经济共同体、上海合作组织、中西亚经济合作组织等区域性组织加强地区联结与合作。随着"一带一路"倡议的落实及与各区域战略发展规划相对接，欧亚大陆各区域之间的联结将更加畅通，俄罗斯及中亚、南亚等地区国家可通过新的合作模式与东盟及中日韩构建更加紧密的关系。

上海合作组织是能够与"一带一路"倡议嵌套在一起的区域性一体化组织。这是因为在地理范围内两者的重叠程度极高，而上海合作组织中的大多数国家在经济发展上存在一定的共性，如基础设施建设不足，缺乏足够融资手段展开投资等。在"一带一路"倡议的引领下，以基础设施建设先行，能源合作为纽带，金融服务跟进，推进多边贸易，这是一条切实可行的路径。中国的经济发展方式已经深刻影响到上海合作组织成员国。这一区域内并不缺乏有效的经济规划，"孟中印缅经济走廊"、"中巴经济走廊"、"中蒙俄经济走廊"和"新亚欧大陆桥"等各项经济合作策略已经提出，丝路基金、亚投行作为亚洲开发银行和世界银行的补充机构已经在上海合作组织区域发挥作用。据全球化智库（CCG）统计，截至2020年2月，亚投行面向全球已发放的70笔总计119.84亿美元贷款中，有26笔面向上海合作组织成员国家，总金额合计47.07亿美元，占已发放贷款总额的39.3%。上海合作组织在经济合作领域的合作机制已经初步成熟。

未来，可推动上海合作组织与"一带一路"倡议各个项目和平台的互动，推动上海合作组织开发银行的成立，以提供更多的公共产品，提高这一地区经济一体化程度。在自贸区的问题上，可以考虑先实现中国与上海合作组织成员国的双边自贸协定，再逐渐展开区域自贸区谈判。

两翼：海湾地区和环太平洋经济区

GCC在亚洲西部，澳大利亚、新西兰、加拿大、美国、墨西哥和智利等国位于太平洋的南部和东部，这两个方向是亚盟的两翼，沟通西亚、北非和整个美洲地区。它们本身并不一定是亚盟的组成部分，但和亚盟的经济与文化交往天然密切。

GCC包括沙特阿拉伯、科威特、阿联酋、阿曼、卡塔尔和巴林六国，是一个有着独特存在的区域合作组织。GCC的GDP在

2018年达到3.65万亿美元,位居世界第七。GCC在进入21世纪后开始推动区域经济一体化,先后建成了统一的海关联盟和统一市场,如今正在建设关税同盟和统一的货币联盟。GCC六国因其经济实力强大而成为中东诸国的核心区域组织,其外围辐射到埃及、伊拉克、约旦和也门,基本实现对中东的全覆盖。中国与GCC的经贸往来主要集中在能源领域。2018年,中国原油进口国中沙特阿拉伯和阿曼分别名列第二和第五,进口额占中国原油进口总额的25.9%。同年,中国从卡塔尔进口的液化天然气占全年进口总额的17.2%。

GCC国家由于经济结构单一,过度依赖能源出口,导致其自2014年原油价格从105美元/桶(纽约WTI价格)腰斩以来陷入严重的经济危机。2020年新冠肺炎疫情在全球暴发,全球经济不景气的预期导致原油价格跌破30美元/桶,大部分GCC国家经济增长预期跌破1%。

GCC已经到了需要进行经济转型的重要时刻。过去多年来,GCC国家一直致力于实现经济转型,在基础设施、教育、科研和能源工业升级换代上有强烈的需求。中国可以在强化业已存在的能源合作基础上,加强与GCC在上述相关领域的联系,以便进一步提升与中东国家的合作关系。

不过,值得注意的是,GCC内部存在众多分歧,区域安全局势变化对其影响较大。2015年,GCC在沙特阿拉伯带领下卷入也门内战,到2020年仍无法从中脱身。2017年,因卡塔尔意欲发展与伊朗的关系,沙特阿拉伯带头断绝了与卡塔尔的外交关系并推行封锁行动。随着2020年美国在中东实现外交上的重大突破，以色列与除沙特阿拉伯之外的GCC国家分别建交，这一地区的权力组合发生变化，伊朗被孤立的程度提高，新的变化出现。这些问题说明，在与GCC国家保持往来时，需要避免卷入任何因地缘政治动荡而出现的政治和安全冲突中。

在亚太地区，虽然美国退出了TPP，但是区域经济一体化的多重机制依旧存在，如CPTPP、RCEP、"10+N"衍生系列……此外，亚太地区还存在着亚太经济合作组织（APEC）这一论坛式的合作组织，该组织先后在2014年北京峰会和2016年秘鲁利马峰会上通过了《推动实现亚太自贸区北京路线图》和《推动最终实现亚太自贸区》宣言。亚太地区存在大量的区域经济一体化机制，在一定程度上显示出区域经济存在较强活力，同时各方有较强的意愿进行合作，通过打造更加自由的贸易机制来提升经济一体化程度。但过多的自贸机制造成了"碎片化"区域合作，容易产生"意大利面条碗"效应。过多的自贸安排容易走向排他性的区域贸易对抗机制，可能会增加出口流程的复杂性，增加出口成本，实际上成为贸易投资自由化、广泛金融合作的一种羁绊。

对此，中国应该一方面以开放的心态面对区域内这些不同的自贸区，积极探讨促成合作的可能性。另一方面，作为WTO等多边贸易体制的坚定维护者，中国应该有自己的一套基于多边主义精神进行区域经济整合的思路，并诉求以更有效、更能促进亚洲区域一体化的方式整合区域内现存的各个自贸区。

目前中国的经济体量和市场容量之大，使中国成为各种区域经济一体化机制中不可或缺的成员。CPTPP方面，2021年9月16日，中国商务部部长王文涛向CPTPP保存方新西兰贸易与出口增长部长奥康纳提交了中国正式申请加入CPTPP的书面信函。

CPTPP是一个自由贸易层次较高的自贸区机制,加入这一机制,能倒逼中国实施改革,为经济发展提供新的驱动力。RCEP虽然在标准上低于CPTPP,但它仍具有强大的影响力。即使不将印度算在其中,RCEP依旧是覆盖22亿人口、GDP总和占全球总量1/4的最大区域自贸区,它将通过削减关税及非关税壁垒,建立15国统一市场的自由贸易协定。东盟是RCEP的主导力量。中国对RCEP寄予厚望,在最近一两年,RCEP将具有比CPTPP更高的优先性。但两者并不对立,在一定程度上是统一的。

2004年,在APEC工商咨询理事会给APEC领导人会议的报告中首次提出FTAAP的概念,中国在近几年的APEC峰会中也多次倡议建设FTAAP。根据全球化智库(CCG)的研究,可以通过两种方式实现FTAAP,一是将CPTPP和RCEP融合成为FTAAP;二是围绕CPTPP和RCEP形成一个"伞形协定"。FTAAP可在关税减让、服务业开放、知识产权规则等方面设定介于CPTPP和RCEP之间的中间标准水平,在亚太区形成一个多层级的自贸体系。[①]

在实践中,亚盟已经进入探索状态。RCEP的谈判已结束,接下来"10+N"模式如何走,中日韩自贸区是否能尽快建成,中国是否能够加入CPTPP,都是考验亚盟能否形成雏形的实质性举措。在中国西部,上海合作组织是否能够成功建立自贸区,并与东盟、中日韩对接,也将成为未来亚洲区域经济一体化的重要看

---

① CCG报告:《FTAAP:后TPP时代的最佳选择?》,http://www.ccg.org.cn/archives/57545.

点。在这些问题上，中国提出"一带一路"倡议，从陆地上沟通上海合作组织成员国，并通过海路连接中日韩和东盟，两者外延可沟通联结欧洲大陆、西亚、东非以及澳大利亚、新西兰等国家和地区。

考虑到文化、地理和经济上的差异性，推进亚洲一体化将需要长期的努力和合理的策略。尤其是当下，国际秩序遭遇新挑战，一些西方人士对中国的崛起尚颇有微词，中国从自身传统中汲取智慧以推动国内乃至全球治理议题的作为，同样面临被一些西方国家乃至中国周边国家错误或过度解读的风险。同时，中美竞争全面升级，两国关系的紧张加剧也给中国及亚洲未来发展增添了不确定性。在这种情况下，亚洲一体化的推进不应是中国"拉火车"式主导，而应是与日本、韩国以及东盟国家等协力推进，层层扩充，由核心区域的试验升级辐射带动周边国家和地区的联结合作。中国推进亚洲一体化的举措需要避免因盲目冒进而给外界造成"文化和经济霸权主义"等错误印象，要平衡好主导性与协调性作用的发挥，充分发扬儒家文化的包容性、开放性，以中国的文化软实力、经济辐射力、政治亲和力，助力亚洲一体化持续推进，实现未来亚盟的形成。

第六章

共建"一带一路"成为多边主义新机制

第六章 共建"一带一路"成为多边主义新机制

2013年，中国提出共建"一带一路"倡议，为世界经济注入了新的活力，为沿线国家和地区提供了发展契机，取得了巨大的成就，举世瞩目。同时，"一带一路"还可成为国际多边合作与全球治理在贸易、人才流动、教育合作、环境保护等众多领域实现创新发展的机制。然而，"一带一路"倡议自提出以来便陷入了争论的旋涡，许多西方国家质疑它是中国开展地缘政治博弈的工具，而一些发展中国家则因债务问题与其保持距离。诚然，"一带一路"倡议的落实推进仍有待进一步完善，但它为世界各国加强"互联互通"、实现全球化再平衡提供了一个创新思路和可行方案，是中国在全球化新发展阶段提出的新倡议，搭建的新平台，为国际社会提供的新的公共产品，是21世纪全球化新的推动力量。机遇总是和挑战并行，通过加强合作、协力共进，多边化发展的"一带一路"可为世界带来更多发展机遇。

"一带一路"倡议

20世纪中后期以来，欧洲、东亚、北美逐步发展出了三大经济圈的雏形。每个经济圈内部都有相对完整的产业结构，初步形成了更为紧密的产业链和价值链，有更多的内部贸易和相互投资，同时具有较高的政治认同，尝试建立共同的安全框架。以中国提出的"一带一路"愿景和建设人类命运共同体的设想为标志，越来越多的国家根据地理环境和发展程度进行紧密合作，推进区域化的合作进程。[①]可以说，这是新型全球化的开端。

缘起、使命与成绩

2008年金融危机后，尽管G20凝聚世界主要国家力量力挽狂澜，但世界经济仍然面临着巨大的下行压力。这种压力既是经济危机造成的后遗症所致，也与世界经济发展缺乏内在动力有着密切联系。传统的货物贸易和投资难以对世界经济形成较大的刺激，而全球化的不平衡又导致发展中国家陷入发展困境。世界银行、IMF等旨在推动各国发展平衡的全球治理机构不仅未能有效缩小全球化带来的分化差异，其自身也面临着改革难题。

2013年9月，习近平主席在哈萨克斯坦纳扎尔巴耶夫大学演讲时，首次提出了共建"丝绸之路经济带"，同年10月在印度尼西亚国会发表演讲时提出与东盟国家加强互联互通建设，共建"21世纪海上丝绸之路"。2015年3月，中国政府发布《推动共建丝绸之路经济带和21世纪海上丝绸之路的愿景与行动》，提出"政策沟通、设施联通、贸易畅通、资金融通、民心相通"的

---

① 王湘穗. 美式全球化体系的衰变与前景. 文化纵横，2016（6）：36-41.

第六章 共建"一带一路"成为多边主义新机制

"五通"合作重点,将两个概念合并后称为"一带一路"。[①] "一带一路"的使命是实现国内经济的可持续发展,同时,探索后危机时代全球经济的增长之道,开创自身发展与全球化发展融合的新格局。

经过八年多的发展,"一带一路"建设成绩斐然。

设施联通方面,"六廊六路多国多港"[②]的总体构架正在破解沿线国家基础设施落后的瓶颈。2020年,中欧班列全年开行超过1.2万列,通达境外21个国家的92个城市[③],在维护全球供应链稳定、促进沿线各国经贸往来方面发挥了重要作用。

贸易畅通方面,"一带一路"建设推动沿线国家间的贸易额不断攀升,贸易增长水平大大高于世界贸易增长水平。2020年,我国与沿线国家货物贸易额为1.35万亿美元,占我国总体外贸的比重为29.1%。[④]

资金融通方面,"丝路基金"、亚投行已在全球范围内得到响

[①] 参见《推动共建丝绸之路经济带和21世纪海上丝绸之路的愿景与行动》,http://www.mee.gov.cn/ywgz/gjjlhz/lsydyl/201605/P020160523240038925367.pdf。

[②] "六廊"是指打通六大国际经济合作走廊,包括新亚欧大陆桥、中蒙俄、中国—中亚—西亚、中国—中南半岛、中巴、孟中印缅经济走廊。"六路"是指畅通六大路网,推动铁路、公路、水路、空路、管路、信息高速路互联互通。"多国"是指培育若干支点国家,根据推进"一带一路"建设的需要,结合沿线国家的积极性,在中亚、东南亚、南亚、西亚、欧洲、非洲等地区培育一批共建"一带一路"的支点国家。"多港"是指构建若干海上支点港口,围绕21世纪海上丝绸之路建设,通过多种方式,推动一批区位优势突出、支撑作用明显的重要港口建设。

[③] 增长50%!2020年中欧班列全年开行12 406列.(2021-01-19).http://www.xinhuanet.com/fortune/2021-01/19/c_1127001191.htm.

[④] 我国已签署共建"一带一路"合作文件205份.(2021-01-30).http://www.gov.cn/xinwen/2021-01/30/content_5583711.htm.

应。截至2020年8月，亚投行成员国达到103个，已在24个成员国投资近200亿美元，覆盖能源、交通、电信、城市发展等诸多领域。

截至2021年1月30日，中国已同140个国家和31个国际组织签署205份共建"一带一路"合作文件，涵盖亚欧大陆、非洲、拉丁美洲及南太平洋等广大地区。[①]加入或者表示愿意与"一带一路"倡议合作的国家和地区越来越多。可见，"一带一路"倡议已产生了巨大的国际影响力。"一带一路"本身也成为今天国际关系和外交事务的关键词。

质疑与挑战

2019年，在第55届慕尼黑安全会议上，全球化智库（CCG）受邀参会并举办了以"'一带一路'：中国、欧盟及'16+1合作'"为主题的官方边会。在我们和国际政要的交流中，有一些重要嘉宾对"一带一路"提出了期待。比如德国前财政部长奥拉夫·朔尔茨（现德国总理）认为，"一带一路"收效良好，为世界提供了大的发展项目。时任IMF总裁克里斯蒂娜·拉加德指出，"一带一路"的愿景是非常好的，很有创意，但是要对外公平、要基于国际认可通用规则运行，中国在这方面说了很多，但在"一带一路"具体的实施方案、项目发包、债务水平、用什么样的规则、多边机构如何参与等方面，还需要进一步提升。同时，我们

---

① 参见中国一带一路网：https://www.yidaiyilu.gov.cn/xwzx/roll/77298.htm。

第六章 共建"一带一路"成为多边主义新机制

也发现,很多嘉宾对"一带一路"在中东和中亚地区的发展充满担忧,看作一种威胁,进行负面解读。

如果我们回看"一带一路"倡议走过的八年,成绩可圈可点。然而,我们也无法回避,这八年里,国际上对"一带一路"的质疑也从未消失过。

2014年11月,在"一带一路"倡议提出一周年之际,《外交》杂志编辑香侬·提耶兹就发表了一篇题为"新丝绸之路,中国的马歇尔计划?"(*The New Silk Road: China's Marshall Plan?*)的文章,将"一带一路"倡议与第二次世界大战结束后美国援助欧洲的马歇尔计划相提并论。提耶兹认为,"一带一路"倡议是中国想要扩大其外交影响力之举。她将"一带一路"倡议与带有浓厚地缘政治色彩的西方经济援助计划相提并论之举,在西方学术界和媒体界引起了很大的反响。[1]

在"一带一路"倡议提出前,西方就习惯于将中国对外投资和贸易行为类比为马歇尔计划。这一做法习惯性地延续至今。2015年10月,《金融时报》在一篇报道中称,中国正在通过类似马歇尔计划的"一带一路"倡议,寻求在亚洲的"主导地位"。2016年,彭博社也将"一带一路"倡议形容为马歇尔计划。《南华早报》更是在2017年的一篇报道中通过引用专家人士的说法,称"一带一路"倡议为"不通过战争(推动)的马歇尔计划"。

中方在多个场合对把"一带一路"倡议与马歇尔计划等同的说法进行了反驳和解释。2015年3月,中国外交部部长王毅在

---

[1] TIEZZI S. The New Silk Road: China's Marshall Plan? The Diplomat, 2014-11-06. https://thediplomat.com/2014/11/the-new-silk-road-chinas-marshall-plan/.

"两会"新闻发布会上表示:"一带一路"诞生于全球化时代,它是开放合作的产物,而不是地缘政治的工具,更不能用过时的冷战思维去看待。2018年,王毅再度重申:"一带一路"是中国向世界提供的国际公共产品。它不是什么"马歇尔计划",也不是地缘战略构想。中方从提出"一带一路"倡议伊始,就坚持共商共建共享原则,秉持透明开放包容理念,遵循国际规则和各国法律,追求绿色环保可持续,致力建设高质量、高标准项目,并注重财政的可持续性。

但是,一些国家对于"一带一路"倡议仍旧心存芥蒂,特别是一些与中国有着较强地缘联系的大国。从地缘政治角度出发来考量"一带一路"倡议的影响,是这些国家的一贯作风。印度就是其中之一。尽管收到了中国的邀请,印度仍两度缺席在北京举行的"一带一路"峰会。印度对"一带一路"的担忧主要来自两个方面:其一,印度与巴基斯坦的敌对关系使其对"中巴经济走廊"建设感到不满;其二,印度认为,"一带一路"倡议可能影响到它对于南亚的影响力。印度现任外交部长、前驻华大使苏杰生在2015年曾表示:"'一带一路'是中国的倡议,为中国的国家利益而设计,其他国家并没有义务去接受它。"

日本对于"一带一路"倡议的看法,更多出自经济利益以及和美国关系的得失考虑。在"一带一路"倡议提出之初,日本国内对之反应冷淡,几乎没有什么讨论。2014年下半年,亚投行开始筹建后,日本在是否加入亚投行问题上犹豫不决,最后放弃了成为亚投行创始国的机会。经过一段时间的观望,受到2015年10月日本在印度尼西亚雅万高铁项目竞争中败于中国竞标者的冲击，日本国内对"一带一路"倡议的讨论大增。总体上来看，中日在"一带一路"倡议问题上既有竞争也有合作。在基础设施建设上，双方存在较为激烈的竞争。在这方面，日本常常和印度联手，在铁路和港口建设上合作以平衡中国影响力。但在亚投行与日本主导的亚洲开发银行的关系上，双方又有所合作。2018—2019年，日本因为需要取得对美国经贸关系的平衡，其官方对"一带一路"倡议的态度又逐渐转向积极。

美国对"一带一路"倡议的看法，最初比较负面。美国认为"一带一路"是对其"亚太再平衡"战略的反制，甚至认为这是打破美国的包围并试图重整欧亚大陆的地缘政治格局，中国试图构建一个"去美国化"的地区新秩序。从这一立场出发，美国对亚投行的创立表示反对，甚至称亚投行没有存在的必要。在"一带一路"推动进程中，美国的观点出现了反复。在亚投行创建后，美国对"一带一路"的认识偏向于务实，认为"一带一路"倡议能够给中亚和中东等地区带来稳定，符合美国利益。2017年6月，特朗普在会见首轮中美外交安全对话的中方代表时，首次表达了美国愿意就"一带一路"的基础设施项目与中国合作的态度。这是美国总统首次就"一带一路"表达合作意愿。随后，由美国总统特别助理、白宫国安会亚洲事务高级主任波廷杰为代表的美国代表团参加了2017年在北京举行的"一带一路"峰会。但是，随着中美经贸关系日趋紧张，美国官方对"一带一路"的态度再度趋冷。2018年8月，美国政治新闻网站"Politico"报道，特朗普对美国企业高管和白宫幕僚表示，"一带一路"可能会干扰全球贸易，具有冒犯性。美国国会也对"一带一路"表示担忧。2019年，美国政府表示不再派代表团参加第二届"一带一路"峰会。

在"一带一路"倡议诞生之初，欧盟以及东盟部分成员国也经历了观望、犹豫和徘徊的过程，引发了成员国内部的大讨论。但近几年来，东盟和欧盟的整体态度逐渐转向认可。东盟表现更为积极，与中国开展了大量基础设施合作和工业园区建设，如老挝的中老铁路、印度尼西亚雅万高铁，与马来西亚共同开展的"两国双园"等建设。但是，由于东盟成员国大多数是发展中国家，政治架构稳定性不够，契约意识不足，法律朝令夕改，"一带一路"在该地区出现的问题往往比较多。

欧洲是现有国际多边政治和经济秩序的积极支持者，并希望中国也能成为现有秩序的维护者。不过，"一带一路"倡议令部分欧洲人错误认为，中国在另起炉灶，从国际秩序的维护者变成革命者。有欧洲学者认为，中国逐渐有能力建立不同于西方偏好的秩序和规则，这也正是"一带一路"倡议提出的重要背景。[1]也有欧洲学者认为，"一带一路"是中国的地缘政治战略，势必要改写旧的国际秩序版图和规则。[2]

除了国际社会的种种质疑，"一带一路"建设过程中还可能遇到因大国博弈、地缘政治、政局起伏、社会动荡、经济衰退等因素带来的种种风险，而新冠肺炎疫情的蔓延更是为"一带一

---

[1] BRESLIN S. Global reordering and China's rise: adoption, adaptation and reform. The International Spectator, 2018, 53(1): 57-75.

[2] PLOBERGER C. One Belt, One Road-China's new grand strategy. Journal of Chinese Economics and Business Studies, 2017, 15(3): 289-305.

路"建设带来了非常大的不确定性。

如何破局？

"一带一路"新思路：多边化

从全球化的视角观察，"一带一路"倡议是中国主动提供国际公共产品的积极尝试，不论是倡议的设计还是理念都是多边的——不过，目前的做法主要还是双边的，"一带一路"主要以中国与其他国家的双边关系为基础，以签订谅解备忘录作为合作协议的主要形式，并发表双方政府的联合声明作为支撑。这在法律层面上对两国约束力较弱。并且，"一带一路"谅解备忘录规定的有效期限较短，谅解备忘录签订方可随时退出。这在一定程度上成为"一带一路"合作的潜在不稳定性因素。

2015年，全球化智库（CCG）成立了"全球化智库一带一路研究所"，发布了国内首份"一带一路沿线列国路线图"。全球化智库一带一路研究所应该算是国内首家针对企业如何在"一带一路"倡议下走出去而成立的研究所。研究所成立后，我们便开展了一系列研究，举办系列研讨会，比如，"一带一路"投资挑战与机遇系列研讨会之东南亚、南亚、非洲等区域篇，"一带一路"与TPP，"一带一路"、亚投行及人才战略，"一带一路"海外园区建设，"一带一路"沿线企业员工安全与海外安保风险等系列研讨会，等等。我们还发布了"一带一路"的国际合作共赢方案及实现路径的中英文研究报告，为推进"一带一路"建设提出智库的观点与思考。

基于我们近几年在慕尼黑安全会议等各大国际会议的参会感受，以及深度剖析外界尤其是西方主流舆论对"一带一路"的偏见和误解，我们认为，推动"一带一路"多边化发展有利于提高"一带一路"规则透明度，加强国际社会对"一带一路"的信任，并加强"一带一路"规则的约束力，是推动"一带一路"实现可持续发展的重要方向。

多边化有助于"一带一路"实现机制化。"一带一路"是中国为国际社会提供的一项公共产品。它不是权宜之计，而是新型全球化与全球治理的实践平台。因此，"一带一路"需要实现机制化，这种机制化至少包含两个维度，其一是倡议本身的机制化，其二则是倡议与各种现存机制的协调。从"一带一路"国际合作高峰论坛成果来看，我国生态环境部与联合国环境署共同倡议建立的"一带一路"绿色发展国际联盟，财政部联合多边开发银行设立的多边开发融资合作中心，中国人民银行与IMF建立的基金组织——联合能力建设中心，中国民间组织国际交流促进会和150多家中外民间组织共同成立的"丝路沿线民间组织合作网络"[1]，这些机制都是通过与多边机构合作共同创立的，说明"一带一路"的机制化已开始起步。不过，总的来看，"一带一路"倡议的机制化程度还较低，尚无类似秘书处的常设机构和稳定的机制安排，未来还需要继续推进，早日实现"一带一路"的多边机制化运作。

多边化有助于"一带一路"实现规则化。"一带一路"倡议

---

[1] 张贵洪.中国、联合国合作与"一带一路"的多边推进.复旦学报（社会科学版），2020（5）：168-178.

第六章 共建"一带一路"成为多边主义新机制

如果可以升级为国际议程,就能够有效减少"一带一路"建设的成本及阻力,推动新的理念和规则的实现。国际机构是现行国际规则的制定者与实施者,加强与国际机构的合作,有助于"一带一路"建设尽快熟悉和适用现有国际规则,并在共建过程中改革创新国际规则。自2016年以来,"一带一路"多次被载入联合国和国际组织的决议文件,"一带一路"精神被写入中非合作论坛、上海合作组织、亚欧会议等重要多边机制的成果文件。此外,截至2020年1月底,中国外交部、国家发改委等政府部门已与30个国际组织签署共建"一带一路"合作文件,可见,"一带一路"已被纳入许多国际组织的战略规划与工作日程。以联合国、世界银行和IMF等为代表的多边机构,正在"一带一路"的舞台上发挥着重要作用。

多边化有助于实现"一带一路"专业化发展。"一带一路"建设项目涉及科学、经济、社会、文化、艺术、教育、卫生等多领域,在专门领域的推进需要专业的知识、技能、人才和标准,多边推进有利于整合领域资源,推动多方互补,实现专业化发展。例如,中国科技部与泰国、俄罗斯、南非、斯里兰卡科技创新部门共同签署《"创新之路"合作倡议》,加强科技创新领域的务实合作,以创新驱动经济社会可持续发展,将"一带一路"打造成"创新之路"。又如,卫生领域合作是共建"一带一路"倡议的重要内容,2017年1月,中国与世界卫生组织签署《关于"一带一路"卫生领域合作的谅解备忘录》,共同落实2030年可持续发展议程。2020年新冠肺炎疫情席卷世界,全球公共卫生面临严重威胁,多国治理能力遭遇危机,以"健康丝绸之路"为主线，加强全球公共卫生治理，对携手打造人类卫生健康共同体具有重要意义。

多边化有助于实现"一带一路"可持续发展。2008年金融危机发生以来，世界经济发展乏力，主要国家在基础设施上的投资不足，一度跌入历史低谷。"一带一路"跨越了诸多人烟稀少、基础建设极不完善的地区，建设前期需要对铁路、桥梁等基础建设进行大量投资，这种大型工程投资时间长，资金缺口大，据测算，2015—2030年，亚洲新的基础设施需求将达38万亿美元，平均每年资金缺口高达1.4万亿美元。坚持多边主义，形成多元化的资金融通格局，是"一带一路"可持续发展的重要保障。坚持多边合作，推动亚投行、丝路基金、南南合作援助基金、金砖国家新开发银行、中国—联合国和平与发展基金等多边机制为"一带一路"保驾护航，不仅有利于建立多元融资模式，实现各方优势互补，提升"一带一路"项目活力及可持续性，而且有助于正确评估项目、投资、融资的风险性，促进有针对性的融资与投资，避免单一国家面临沉重的债务负担。

多边化有助于"一带一路"实现安全化发展。"一带一路"横跨欧亚大陆，东连亚太经济圈，西接欧洲经济圈，沿线60多个国家风土人情迥异，发展水平参差不齐，社会发展需求不同，国家战略各异。政治、经济、民族、文化、领土、产业等各种问题汇集在一起，存在大量难以避免的风险。"一带一路"的多边化将有效化解各种风险。多边框架具有透明性和公平性，给予各国平等参与全球事务的权利，各方在协商和妥协中寻找利益平衡点，避免双边关系中大国对小国的支配，营造相对公平的国际竞争环境，可以有效减少中小国家的芥蒂，避免国家利益、意识形态、政治制度等双边关系中的诸多不确定性。

如何实现"一带一路"多边化

共建"一带一路"倡议源自中国，属于世界，根植于历史，更面向未来。近八年来，"一带一路"经历了从倡议到共识、从愿景到行动、从双边到多边的发展过程，现已成为反对贸易保护主义、维护多边主义和助力自由贸易的重要力量。秉持开放态度，进一步多边化发展，使"一带一路"平台在规则制定、人员构成、组织管理、项目落实等各方面实现标准化、公开化发展，才能吸引更多国家参与建设"一带一路"，拓展发展空间，为世界经济复苏发展创造更多机遇。

多边机制的建立和运行

亚投行代表了全球多边主义在困难情况下的积极发展，对"一带一路"的发展极具启发意义。2019年6月11日，亚投行副行长艾德明在全球化智库（CCG）的演讲中介绍了亚投行的多边化经验。亚投行在组织架构方面尊重多样性，230名全职员工来自44个国家和地区，其中决策层由12个代表不同国家的董事组成；高管团队中，只有总裁来自中国，5位副总裁则来自英国、法国、印度等5个不同国家。通过多边性的组织架构，亚投行在决策时可以最大限度地保证公平和公正。在实际运营中，亚投行善于运用创新方式进行融资、投资。在成立之初，亚投行便与世界银行、亚洲开发银行等机构进行合作，并通过发行证券等方式创新地利用私人资本解决融资问题，使基础设施建设这一全球经济发展"新红利"惠及世界各国。

参考亚投行的多边化模式，我们认为可以从以下几个方面推动"一带一路"多边机制的建立和运行。

一是搭建组织架构和决策管理的多边机制，并将其常态化，强化"一带一路"国际公共产品的属性。例如，建立"一带一路"国际委员会，打造"一带一路"国际治理机制，加强共同治理、政治互信和文化交流；设立各有关国家参与的"一带一路"国际秘书处等多边参与的常设机构，以稳定的机制安排，方便各项工作有序开展和深入推进。建议像 G20、APEC 一样，在各国轮流举办"一带一路"年会，各国定期聚在一起讨论"一带一路"的相关议程，就合作内容开展广泛交流和协商，并通过协议、规划、机制、项目等方式，共同推进"一带一路"在各个阶段的循序发展。

二是拓展联合国框架下的多边合作对象，建立"一带一路"与现有国际秩序框架下主要治理机构的对接。例如，成立联合国"一带一路"机构，充分发挥联合国的桥梁作用和国际影响力，最大限度地利用增效作用，促进"一带一路"参与国之间的对话。同时吸引更多联合国系统下的机构参与进来，把"一带一路"理念与联合国开发计划署、联合国教科文组织等对接起来，将"一带一路"的理念变成这些国际组织的相关议程。可以与世界银行、IMF、国际移民组织、国际劳工组织等国际机构加强合作，充分发挥"一带一路"在全球治理中应有的作用。全球化智库（CCG）在2019年第55届慕尼黑安全会议期间举办了"一带一流"主题官方边会，在会上，时任世界银行代理行长、首席执行官克里斯塔利娜·格奥尔基耶娃认为，有一个很好的方式可以破解国际社会对"一带一路"的质疑和攻击，那就是让世界银行作为第三方机构来为"一带一路"项目做第三方评估，这样可以大大提高"一带一路"项目的可行性和透明性，减少外界误判。

三是吸引更多发达国家参与，拓宽"一带一路"外延。"一带一路"是中国向世界提供的一份公共产品，它不应是一个发展中国家的结合体，还要邀请发达国家参与进来，拓展"一带一路"的外延，寻求具有更多国际经验的合作伙伴。比如在全球化智库（CCG）与第56届慕尼黑安全会议联合举办的主题晚宴上，美国前国务卿约翰·克里就曾表示，中美可就"一带一路"倡议加强合作。2019年，中国国家发改委发布了《第三方市场合作指南和案例》，这是中国与发达国家在第三方市场进行项目合作的新模式。目前，中国已经同法国、日本、加拿大、意大利等发达国家签署了第三方市场合作文件，并陆续开展了系列合作。未来还需要继续拓展第三方市场合作，推进中国、投资所在国和发达经济体及其他经济体企业之间的第三方合作，推动"一带一路"的可持续发展。此外我国需要建立和重点国家在"一带一路"层面的合作，打开国家层面对"一带一路"的引领。如英国积极参与"一带一路"，不仅具有示范意义，而且在一定程度上意味着国际格局的变迁和全球化新模式的开启。

对接现有区域机制与国际规则

几千年前，在张骞开辟"丝绸之路"的几乎同一时期，中东欧也有一条带来了商贸繁荣的"琥珀之路"。"琥珀之路"与"丝绸之路"相连接，共同构成东西方文明互通交流的大通道。几千年后的今天，中国提出"一带一路"倡议，中东欧国家反响热烈，因为它正契合了这些国家复兴"琥珀之路"的愿景。[①] 在中国提出"一带一路"倡议后，蒙古国提出了"草原之路"倡议，土耳其发起了"中间走廊"倡议……"一带一路"的发展是一个需要不懈努力的长期过程，中国在"一带一路"的愿景中提出，期望与认同这个构想的国家一起，以点带面，从线到片，逐步形成区域大合作。

2014年，中国提出将"丝绸之路经济带"同"欧亚经济联盟"、蒙古国"草原之路"倡议对接，打造中蒙俄经济走廊。2016年6月，《建设中蒙俄经济走廊规划纲要》签署，成为共建"一带一路"框架下的首个多边合作规划纲要。同年9月，共建"一带一路"倡议框架下的首个双边合作规划《"丝绸之路经济带"建设与"光明之路"新经济政策对接合作规划》也正式签署。

2018年9月，欧盟发布了欧亚互联互通战略政策文件《连接欧洲和亚洲——对欧盟战略的设想》。文件积极评价欧亚互联互通的意义和对促进欧亚经济增长的作用，提出加强欧亚陆地交

[①] 波兰："琥珀之路"与"丝绸之路".（2017-05-19）. http://v.china.com.cn/news/2017-05/19/content_40851894.htm.

第六章 共建"一带一路"成为多边主义新机制

通连接,倡导"全面、可持续和以规则为基础的互联互通",并表示愿同包括中国在内的亚洲国家加强合作。在欧亚大陆互联互通规划出台之前,全球化智库(CCG)曾先后两次受欧盟委员会之邀参加亚欧峰会亚欧互联互通体系论证会,与各国专家共商亚欧互联互通理论体系,为全球化制定全新的可视性指数标准。我们围绕人文领域提出的多条建议,被欧盟委员会采纳,作为调整框架的依据,并形成新的可视性指数标准。同年12月,中国发布了最新的《对欧政策文件》,文件同样提出推进中欧互联互通平台建设,加强共建"一带一路"倡议同欧盟的欧亚互联互通战略、欧洲投资计划、"泛欧交通运输网络"等发展规划的对接。

"一带一路"倡议契合欧亚互联互通战略,为双方发展战略对接提供了新的切入点。"一带一路"建设未来的顺利推进,要充分利用现有多边/双边合作机制,创新合作方式,深化和利用好现有合作平台,有效进行重大规划和项目对接。在积极推动已签订合作规划的落地实施外,"一带一路"还需要继续加强与其他区域规划的对接,比如土耳其的"中间走廊"、越南的"两廊一圈"、英国的"英格兰北方经济中心"、波兰的"琥珀之路"等,通过与全球规则对接,将其构建成一个国际合作的公共平台。

此外,"一带一路"建设涉及巨额贷款,中国放贷如按照国际通行规则,可大大解除国际社会对"一带一路"倡议存在的质疑。中国作为新兴的债权大国,尚欠缺有效管控外部债务风险的经验。巴黎俱乐部是主要债权国的常规沟通机制,中国可考虑加入巴黎俱乐部,遵循透明、可行、可持续借贷的国际贷款规则,成为负责任的债权国。此举有助于防范中国所面临的外部债务风险，保障全球金融稳定。

2021年6月13日，在美国总统拜登倡议推动下，在英国康沃尔"七国集团"（G7）峰会闭幕式上，一项名为"重建美好世界"（Build Back Better World，以下简称B3W）的倡议被写入联合声明。这是一项预计耗资巨大的"全球基建计划"，以"协助中等收入和低收入国家建设基础设施"为公开宣示的核心目标，聚焦于气候变化、健康安全、数字技术、性别平等这四个"高质量领域"，将在整合包括"蓝点网络"计划在内的各类既有方案基础上，将臂展延伸至拉丁美洲、加勒比海地区、非洲以及印太等地区，并将通过"强劲的战略伙伴关系"来促成具体合作项目。[1] 随后，欧盟在7月也发表声明，表示将从2022年开始实施名为"全球联通欧洲"的战略，构建以欧洲为中心的全球基础设施建设网络。

尽管美西方推出B3W等基建计划存在对冲"一带一路"的意图，但其与"一带一路"并非不可调和，而且必然会出现与中国的合作。全球基建是具有广泛共识且较为迫切、宏大的国际合作领域，"一带一路"可与美西方提出的B3W等基建计划对接合作，通过优势互补、良性竞争及第三方市场合作等路径共同提升全球基建水平。中国也完全可以秉持开放包容的学习和接纳态度，对其所提出的基建计划表示欢迎并寻求合作空间。

---

[1] 杨楠. 如何看美国发起的"重建美好世界"倡议.（2021-07-20）. https://www.thepaper.cn/newsDetail_forward_13670668.

第六章 共建"一带一路"成为多边主义新机制

搭建公共合作与服务平台

从提出至今,"一带一路"建设已经取得了初步成果,获得了越来越多国家与国际组织的积极响应,正在逐步转化为颇受国际社会认可的公共产品。[①] 在此背景下,"一带一路"倡议应在践行多边主义基础上,努力打造一个多层次多角度的公共合作与服务平台,囊括各利益攸关方,推动"一带一路"建设迈向高质量发展。这方面,民间力量或企业力量应承担更多责任。民间与官方的互动和协同,将为推动"一带一路"的有效落地提供保障。

企业平台:建立"一带一路"国际企业联盟。企业是"一带一路"建设的实施主体,建议采取"开放式"的加盟方式,吸引企业响应并积极融入"一带一路",打造最大的"一带一路"企业家平台。联盟企业成员在"一带一路"实施中搭建发展、产业、边贸、科技、物流、金融、旅游以及文化交流八大平台,以搭建平台的方式为"一带一路"有关国家和核心区提供全方位服务。在此基础上,国际企业联盟可以组织国际论坛,比如制造业峰会、中小企业峰会、跨国公司与中小企业合作论坛等,交流企业间在"一带一路"上关于产业、投资、合作等方面的议题。

人才平台:建立"一带一路"专业人士联络服务平台。"一带一路"建设的深入实施,需要各类专业人士、专业服务的支持,只有选择适合的专业伙伴,充分发挥专业人士的优势,才能有效管控各类项目风险。目前,国际上对主要的专业人士都有

[①] 推动"一带一路"建设迈向高质量发展.(2019-09-11). http://fec.mofcom.gov.cn/article/fwydyl/zgzx/201909/20190902897865.shtml.

173

成熟的资质要求，同时也形成了一批跨地区的专业人士国际组织，在相关专业群体中发挥着重要作用。我们可以充分发挥这些专业人士国际组织的作用，设立"一带一路"专业人士联络服务平台，聚焦"一带一路"建设的专业人士。平台可以借鉴国际经验，建立"一带一路"专业人才数据库和系统的服务体系，方便企业及其他机构寻找合适的国际化人才，以及专业人士寻找合作伙伴或发展平台。平台还可以与沿线国家的专业人士社团建立长期战略性合作关系，共同促进沿线国家的共赢发展。

金融平台：成立"一带一路"国际开发银行合作联盟。"一带一路"开发需要巨大的资金支持，目前比较确定的资金来源有丝路基金、亚投行、金砖国家新开发银行和上海合作组织开发银行等。在此基础上，"一带一路"建设还需打造国际资金池，完善金融管理水平，探索担保、审核、风控和保险新机制。在融资体系方面，注重建设多元化的融资体系以及多层次的资本市场，可由亚投行发挥带领作用，并与世界银行、亚洲开发银行、非洲开发银行、美洲开发银行、欧洲复兴开发银行等全球开发银行进行合作，成立"一带一路"国际开发银行合作联盟，打造以国际多边开发银行为主的"一带一路"建设项目贷款共同体，形成国际多边开发银行共同贷款、共同发包、共同招标的国际化、规范化、公开透明运作体系。在充分发挥各国政府融资作用的同时，还要鼓励各国民间资本进入，引导商业股权投资基金和社会资金参与共建"一带一路"。

风控平台：建立预警或信息共享机制，构筑"一带一路"建设的"防火墙"。"一带一路"沿线国家存在的非传统安全问题突出，针对这些问题建立实时且详尽的风险监控和预警平台，对于推进"一带一路"建设至关重要。同时，欧亚腹地是全球地缘政治角逐的重要地区，该地区存在不同的安全结构级别，如区域级的欧洲安全合作组织、上海合作组织，次区域级的集体安全条约组织，以及开放性的跨地区的亚信会议等，可以充分利用这些已有的安全体系，建立多重"防火墙"，建立统一的预警机制或信息共享机制。同时，加强对北极通道的维护和发展，这套通道不仅能够节省海上和航空商业运输的时间和成本，更直接关系中国的军事、政治、资源和经济安全。

非政府组织平台：搭建"一带一路"智库等对话平台。智库是当今世界的重要力量，聚集了大批相关专家学者和原政府、原国际组织高级官员，他们具有丰富的政治、外交、经济治理经验和广泛的人脉，能够发挥较强的政策影响力。智库通过开展"二轨外交"，推动沿线国家和地区各领域专业人士的沟通、交流，有助于消除"一带一路"建设中的经济和政治壁垒，促进政府间共识的形成。智库通过实地调研，也可以充分收集有效信息，更好地提出政策建议。同时，智库还可以通过加强国际交流，增进沿线国家和地区对"一带一路"的理解以及相互间的信任，为合作共赢打下基础。[1] 此外，在"一带一路"沿线，有众多致力于不同领域的非政府组织以及各种社会力量，它们对"一带一路"各类项目实施过程中的相关议题有着巨大的影响力，包括国际性和地区性的标准化组织、环保组织、社区发展组织，以及各种行

---

[1] 全球化智库."一带一路"的国际合作共赢方案及实现路径.(2017-05-10). http://www.ccg.org.cn/archives/58976.

业协会、工人组织等。例如，发挥各种国际、地区的标准化组织的作用，以标准化促进政策通、设施通、贸易通，支撑互联互通建设，助推投资贸易便利化，是各方互利共赢之举。推进国际合作共赢，也需要重视并加强与各种非政府组织和社会力量的对话沟通，促进利益相关方需求的有效实现。

"一带一路"倡议提出八年多来，从倡议到行动稳步落实推进，得到了越来越多国家的支持和认可，已成为全球最大的国际合作平台。2020年，尽管面临新冠肺炎疫情冲击，共建"一带一路"合作仍韧性十足，健康丝绸之路、数字丝绸之路、绿色丝绸之路成为新的合作亮点。作为一项规模浩大的国际公共产品，"一带一路"已经度过了初生阶段最艰难的时期，进入了稳步推进阶段。不同阶段有不同的"成长困扰"，多边化是当前及今后一段时间更好推进"一带一路"建设的一个可取方向，也是推动"一带一路"向高质量发展的重要途径。

从经济和贸易的角度来看，金砖、中非和中拉关系，在很大程度上也是"一带一路"倡议在地理范围内的延伸。加强与发展中国家的合作创新，搭建更具代表性的全球治理平台，才能推动全球化向更包容、更公平的方向发展。

第七章

深化新型南南合作

第七章 深化新型南南合作

南南合作①自第二次世界大战以来已开展数十年，进入21世纪，随着中国等新兴经济体崛起，国际格局发生深刻变化，南南合作也面临着转型与升级。长期以来，中国在处理对外关系方面形成了"大国是关键、周边是首要、发展中国家是基础、多边是舞台"的外交工作布局，与广大发展中国家形成了长期友好合作关系。与传统西方大国不同，中国作为世界上最大的发展中国家及经济发展最快的国家之一，在与亚非拉等地的发展中国家合作中不把中国的价值观和政治制度强加给对方，不是一味追求经济利益，而是主张义利兼顾，以义为先。南南合作有广阔的前景和巨大的潜力，是双边和多边国际合作中重要的、不可缺少的组成部分。在新时期，中国对外开放进入制度型对外开放阶段，经济

---

① 第二次世界大战后，国际合作一般有两种模式，一种是北南合作，另一种是南南合作。由于在地理上，第三世界国家主要集中在南半球与北半球的南部，因此前一种模式通常指向发达国家与发展中国家之间的合作，而后者一般涉及两个及两个以上的发展中国家，在双边、区域内或区域间进行的合作。也正是因为"北南合作"和"南南合作"超越地理概念的内核，一个国家在国际合作中是"北"还是"南"并不由该国的地理位置决定，而是取决于该国的经济发展表现与其人口生活质量。

结构和发展模式也在进行优化升级，这给中国与广大发展中国家全方面合作带来了新的机遇和前景。

南南合作的机遇与挑战

南南合作的历史与发展

南南合作的历史最早可以追溯到1955年，这一年，在印度尼西亚万隆市召开了第一次亚非会议（也称"万隆会议"），这是有史以来亚非国家首次在没有殖民国家参加的情况下讨论本地区事务的大型会议，也是中华人民共和国成立以来首个重要的外交活动。会议发表了《亚非会议最后公报》，提出了建立在中国建议的"和平共处五项原则"基础之上的处理国际关系的十条原则。[①] 万隆会议的成功召开，不仅拉开了世界欠发达地区开展大规模资金和技术合作的序幕，还间接促进了"不结盟运动"的诞生，为新兴经济体引导世界秩序向多极化发展打下了基础。

20世纪70年代，为了在全球范围内进一步倡导和协调南南合作，联合国大会成立了由联合国开发计划署主办的联合国南南合作办公室。1978年9月18日，138个联合国会员国在阿根廷首都布宜诺斯艾利斯签署后来被视为南南合作的主要支柱之一的《促进和实施发展中国家间技术合作的布宜诺斯艾利斯行动计划》，该计划确定了一系列发展中国家多边合作建议。

---

① 回望万隆会议：周恩来率团参加 提"求同存异"促成共识.（2019-06-21）. http://zhouenlai.people.cn/n1/2019/0621/c409117-31173431.html.

第七章　深化新型南南合作

近年来，南南合作成为发展中国家通力合作、共谋发展的实践探索的重要途径，在贸易、投资和国际发展合作等多个领域都对全球发展做出了巨大的贡献，为全球发展与治理提供了新的方案。2019年3月22日，160多个联合国会员国再次在阿根廷参加了第二次联合国南南合作高级别会议，就促进新兴国家和南方国家之间的投资合作做出了新的承诺。[1]

随着经济全球化的快速发展，南南合作已经不局限于"全球南方"携手同行，公平参与全球政治、经济的主要手段和共同繁荣的重要力量[2]，还是发展中国家实现自身发展、经济独立以及拥有充分话语权的主要工具。尤其在以中国为首的金砖国家和南方国家崛起，世界新秩序多极化趋势显著的情况下，南南合作有了新的发展契机，开始进入新南南合作阶段，中非合作论坛、中拉合作论坛等新南南合作机制也如雨后春笋般涌现。新南南合作更加追求共同发展，相较以往以政府间合作为主，在新阶段，政府、企业及个人都积极参与进来，其领域也由农业、林业、牧业、轻工业、少数重工业拓展到贸易、金融、公共卫生、地区安全等方面。同时，随着全球化深入发展，环境、气候、能源、安全等全球性问题与挑战越发突出，需要南北国家合作共治，由此发达国家与发展中国家间的合作也上升到区域治理及全球治理的层面。

---

[1] 参见 https://news.un.org/en/story/2019/03/1035271。

[2] What is "South-South cooperation" and why does it matter? .(2019-03-20). https://www.un.org/development/desa/en/news/intergovernmental-coordination/south-south-coope-ration-2019.html.

南南合作面临新的挑战

新冠肺炎疫情对全球化的发展方式、发展速度甚至发展方向都产生了重要影响。在公共危机面前，原有的合作竞争机制遭到冲击和破坏，国际合作的原有秩序被新秩序替代，且新秩序重构的周期不断缩短，导致各国外交理念在一段时期内处于不稳定状态。世界局势的不确定性加剧了南南合作的难度。

其一，"全球南方"并非一个同质化的整体，各国国情及发展程度相差很大。在南南合作初期，发展中国家都较为落后贫穷。进入21世纪以来，以金砖国家为代表的新兴经济体实现了快速发展，与此同时，一些发展中国家则存在政权更迭频繁、市场发育不完善、法律体系不健全、民族宗教矛盾突出等问题。各国之间的政治、经济及社会文化差异，导致了南南合作主体的复杂性，这使得实现共同目标成为合作过程中的难题。

其二，南南合作机制结构较为松散，不具备完整体系，合作机制间存在竞争性，且容易受到域外力量的影响。从万隆会议开始，"磋商"原则在亚非拉新兴独立国家之间正式确立，发展中国家建立了大量的合作框架，从不结盟运动到77国集团，从中非合作论坛、中拉合作论坛，再到上海合作组织、金砖国家领导人会晤等。尽管这些合作框架都具有广泛代表性，但并未进行有机整合，而且地区合作机制众多也导致区域合作碎片化，各种合作机制间存在功能重复、结构松散、约束力有限以及相互竞争等问题。同时，美、欧传统殖民国家与亚、非、拉发展中国家尚存在千丝万缕的关系，美欧国家对拉美、非洲等地的影响也使南南合作存在诸多变数。

其三，新冠肺炎疫情加剧了不平等现象。从2020年年初起，新冠肺炎疫情逐步席卷全球，给各国的经济、政治、社会发展带来了巨大的冲击，对众多发展中国家来说更是雪上加霜。联合国大会主席班迪谈及南南合作在实施"可持续发展目标行动和交付十年"时指出，仅2020年一年，约有7 100万人陷入极端贫困，1.2亿人营养不良。更重要的是，最易受侵害的贫困儿童群体正因此遭受着生存、健康与教育方面的多重打击，其中发展中国家特别是撒哈拉以南非洲、南亚、拉丁美洲等地贫困儿童受伤害尤其严重。

南南合作面临的主要问题，一方面可以归纳为现代国家进行国际合作时会出现的诸如国与国之间政治互信缺失、多边合作机制存在制度性缺陷、跨国协同仅存在于理想状态之下，以及国家之间缺乏实质上的同盟关系约束等一般性问题；另一方面，则可以归纳为"全球南方"这个集合所带来的地缘政治和地缘经济相关的特殊性问题。这两者并不绝对，且在一定程度上会互相影响，形成共生，使得南南合作的施行状况更加复杂，客观上给促进和发展南南合作增添了难度。

金砖五国：世界秩序新的延伸

金砖国家作为一个跨区域、全球性的国家合作组织，其成员国不仅在文化历史上有较大的差异，在经济发展和全球秩序构建上也都有各自的计划和打算。这种强烈的差异性，使金砖国家未来的磨合和发展对全球化的未来具有样本意义。

金砖五国：差异与磨合

　　长期以来，在美国一超独霸的国际秩序中，多边主义成为许多新兴国家的政策选择。俄罗斯、印度、巴西等区域大国是冷战结束以来多边主义的重要倡导者。2001年，时任高盛资产管理业务主席的英国经济学家吉姆·奥尼尔将上述三国和中国划为"新兴经济体"。奥尼尔从经济发展的角度判断，10年后上述四国的经济总量将在全球经济总量中占据更高份额，四国的货币和财政政策将对全球产生重要影响。因此，G7有必要向上述四国开放，构建更加开放的全球经济决策制度。[①]

　　中俄印巴四国的英文缩写，按照一定顺序排列的话，刚好是"BRIC"，与英文"砖"（brick）读音相同。虽然奥尼尔仅仅是从研究角度看待这四国，但"金砖国家"的说法不胫而走。后来还出现了类似的"VISTA五国"[②]等说法，不过从体量和组织上来看，金砖国家影响力远超后者。金砖国家均有意愿在当下国际关系中发挥更大作用，为构建新的世界秩序做出贡献。正是这个原因促使各方走向合作，使金砖由一个研究概念变成了一个合作机构。2006年，金砖国家召开了首次部长级会议。2009年，四国在俄罗斯叶卡捷琳堡举行了首次领导人会晤，金砖国家正式成为

---

① O'NEIL J. Building Better Global Economic BRICs. (2001-11-30)[2020-02-07]. https://www.goldmansachs.com/insights/archive/archive-pdfs/build-better-brics.pdf.
② VISTA五国指的是越南、印度尼西亚、南非、土耳其、阿根廷五国。

一个国际性组织。2010年，南非成为金砖国家成员，使"BRIC"变成了"BRICS"。目前，金砖国家的总人口超过31亿，占全球人口总量40%以上。五国的GDP总量占全球GDP总量之比，从2001年的约8%上升到2019年的23.2%。[①]

金砖国家之间具有较大差异性。这种差异性体现在文化、经济和地缘政治等领域。五国中，中国的GDP总量是南非GDP总量的37倍（2018年世界银行数据），人口是南非的24倍。宗教信仰上，东正教、印度教、天主教、新教分别是俄罗斯、印度、巴西和南非的主要宗教。在地理距离上，五国分布在四大洲，其中仅有中国分别与俄罗斯、印度接壤，五国的地缘政治利益有较大差异，且中印之间还存在领土争端问题。各国在经济结构上也各有不同。金砖国家组织既有区域性，也有全球性，这使其在全球治理机构中具有独特的地位。

由于五国之间存在差异，金砖国家的合作机制并不寻求建立一个核心领导机制，而是采用协商一致的办法应对共同关注的问题。五国对发展经济有强烈的愿望，对当前的国际经济和政治秩序有较强的改革意愿。金砖国家一方面致力于自身在IMF内部投票权的提升和世界银行股权审议，另一方面则试图构建一个五国内部的金融秩序，其中的两个主要金融合作机制是2016年成立的金砖国家新开发银行和2014年建立的金砖国家应急储备安排（CRA）。值得一提的是，成立新开发银行和CRA，都是来自中国的建议。

---

① 参见 https://www.statista.com/statistics/254281/gdp-of-the-bric-countries/ 。

新开发银行和 CRA 机制既是创新，也是传统的延续。它们的创建借鉴了 IMF 和世界银行的方式，在组成结构和功能上都模仿了这两家机构。新开发银行和 CRA 虽然在机构上独立于世界银行和 IMF，但在很大程度上，它们之间的作用是互补的，甚至金砖机制的推广在一定程度上依赖于现有的国际金融秩序。例如，CRA 的相关规定就显示，如果某一借款国需要提出超过其货币互换额度的 30%，该国就必须与 IMF 达成平行的援助协议。①

在新开发银行的决策权上，中国所提出的"国际关系民主化"方式得到实践。五个成员国均分新开发银行的股份，每国各占 20%，各成员国出资的份额也相同。在 CRA 上采取的做法则有所区别，除了 5% 的投票权由五国均分，其余投票权按照各国出资比例决定。中国在 CRA 中拥有的投票权最高。新开发银行到 2019 年已有 102 亿美元账面贷款，为实缴资本的多边银行中最高。②

新开发银行和 CRA 是金砖国家在西方主导的世界金融体系之外成立的融资机构以及金融机制。此外，五国还在酝酿成立金砖国家跨境支付系统以及评级机构。这套新的金融体系是在"体系外"的新尝试，但并未完全脱离原有世界体系，也并不谋求脱

---

① IMF Policy Paper. Collaboration between Regional Financing Arrangements and the IMF. [2020-02-15]. https://www.imf.org/~/media/Files/Publications/PP/2017/pp073117-background-paper-collaboration-between-regional-financing-arrangements-and-the-imf.ashx.

② BERSHIDSKY L. BRICs is about geopolitics, not economics. (2019-10-29) [2020-02-07]. https://www.bloomberg.com/opinion/articles/2019-10-29/brics-is-about-geopolitics-not-economics.

离原有世界体系独立。不过，金砖金融体系仅适用于五国之间，未经较大的危机考验，实验性质浓厚，普适性还有待观察。

在经济领域之外，金砖国家的多边主义色彩还体现在政治安全领域。为了将金砖政治安全合作推向常态化和机制化，并就重大国际安全问题及时对表、协调立场，金砖国家成立了两个具有代表性的合作机制：金砖国家安全事务高级代表会晤机制和金砖国家外长会晤机制。目前两个机制在地区安全问题（如叙利亚问题）、能源安全和非传统安全领域均发出了自己的声音。2017年金砖国家厦门峰会公报倡议"国际社会建立一个真正广泛的全球反恐联盟"[1]，发出了金砖国家对于遏止全球恐怖主义的呼声。

G20是金砖国家推动全球治理和全球化进展的重要平台。作为国际社会应对全球金融危机的制度性产物[2]，G20在应对2008年全球金融危机以及后来的欧债危机中都发挥了重要作用。2013年俄罗斯圣彼得堡峰会后，G20逐渐演化成了三个集团：发达国家集团（G7+欧盟）、金砖五国集团以及由中等国家组成的MITKA集团（墨西哥、印度尼西亚、土耳其、韩国、澳大利亚）。阿根廷和沙特阿拉伯为游离在各方之间的成员国。圣彼得堡峰会也标志着三方之间在G20平台上就全球治理展开博弈。由于迫在眉睫的问题得到缓解，G20的议题逐渐变得宽泛，其范围从解决全球经济增长乏力到推动性别平等，无所不包，各方利

---

[1] 金砖国家领导人厦门宣言.（2017-09-04）[2020-02-07］. http://www.xinhuanet.com/world/2017-09/04/c_1121603652_2.htm.
[2] G20成立于1999年，从早期的部长级会议（财长和央行行长会议机制）到2008年以后的首脑峰会，其层级不断提高，影响力稳步扩大。

益严重不一致，导致 G20 目前的运行效率堪忧。中方和一些成员国曾建议 G20 设立秘书处作为执行机构，但这一建议未能得到落实。金砖国家在峰会前实现了协调立场，维持了金砖各国在 G20 这一全球平台上的立场及行动一致，这对金砖国家的团结协作来说是重要的考验。由于金砖国家的极力主张，G20 峰会将多边主义（2018 年布宜诺斯艾利斯峰会）和自由贸易（2019 年大阪峰会）写入峰会宣言，这对于继续推进经济全球化无疑有重要意义。

"金砖+"：独特的发展方式

2017 年金砖国家厦门峰会公报上提出了采用"金砖+"模式，"致力于同其他新兴市场和发展中国家建立广泛的伙伴关系"[①]。"金砖+"模式有利于建立更广泛的伙伴关系，把金砖国家合作机制打造成最有影响力的南南合作平台，为金砖国家合作发展注入新动力。同时，金砖国家与现有的联合国体系以及西方主导的金融体系也并不互相排斥，这有利于国际秩序的渐进式改革和创新。

金砖国家在经济金融领域合作取得的实质性进展，比在政治安全领域的进展要多得多。但无论是金砖国家新开发银行还是应急储备安排，目前还未真正受到危机的考验。金砖国家在政治安全领域的表现也仅限于呼吁和声明，缺少协调一致的有效行动。

---

① 金砖国家领导人厦门宣言.（2017-09-04）[2020-02-07]. http://www.xinhuanet.com/world/2017-09/04/c_1121603652_2.htm.

金砖国家协调机制的进一步升级，有赖于五国之间更加紧密的沟通和协调。不过，金砖五国的经济发展存在极度不平衡。自 2000 年以来，除了中国和印度在全球 GDP 总量中的占比上升之外，俄罗斯、巴西和南非的占比实际上出现了下降。这种变化可能影响到五国内部的力量平衡，制约其实施效率。

金砖五国的关系进展还将受制于各国自身的发展趋势以及与西方国家的关系。除了中国外，俄罗斯、印度和巴西都或多或少陷入地缘政治问题中。在 2014 年乌克兰危机后，俄罗斯与欧洲和美国的关系至今无法修复；印度则陷入国内不断升温的印度教民族主义中，与巴基斯坦依旧龃龉不断。印度试图维持自身在南亚和印度洋的"势力范围"，其对于美国的"印太战略"颇感兴趣。中印在领土问题上的冲突，以及印度对于自身地缘政治的浓厚兴趣，可能会导致中印关系出现起伏，从而影响到金砖国家和上海合作组织成员国之间的经济合作关系，这是金砖国家关系中的一个弱点。在巴西，2018 年当选的总统博索纳罗号称"巴西特朗普"，整体上代表了巴西政局向右转的趋势。不过，虽然他持亲美政治态度，但并未减少巴西在国际合作上的注意力。总体而言，金砖国家机制还是一个相对年轻的机制，它保持着新兴市场国家参与国际事务的活跃，但其影响力很难说已经超越了五国本身。金砖国家试图通过"金砖+"而不是通过扩员来提高影响力，就是因为五国本身组成了一个非常复杂的矛盾体，扩员只能增加矛盾，而不能增加影响；"金砖+"的方式则更加灵活，容易为国际社会所接受。

金砖国家机制是中国通过多边主义参与全球治理的尝试之

一，它为中国在当下变化的全球环境中参与公共事务提供了宝贵而且有效的经验，对中国提升参与全球治理的能力不无裨益。

金砖的"核心"和软肋

金砖国家的核心及其主要影响力来源为中、印、俄三国。这三个国家的经济体量、国土面积、人口总量和国防力量单独来看均能进入世界前列，在国际影响力上除美国和欧盟之外几乎无其他类似国际组织可以比拟。这三国之间的关系彼此纠缠而且复杂，也成为困扰金砖国家的重要问题。

近年来，印度已发展为全球经济增速最快的经济体之一。作为世界第二大人口大国，2018年印度总人口达到13.5亿，2019年印度人平均年龄为28.1岁。[①] 快速发展的经济，丰富的人力资源，以及在语言、思维和体制上与西方接近，使印度在西方受到相对正面的认知，因而十多年来，印度"将会成为下一个超级大国"的声音，在西方媒体上不绝于耳。早在2014年，世界银行的报告就认为，按照购买力平价（PPP）计算，印度GDP已经超过日本，成为世界第三大经济体。[②]

在与西方保持较为密切的关系的同时，印度又曾受到苏联计划经济思维影响，并与俄罗斯存在长期合作的历史，因此其能够

[①] 参见 https://www.indexmundi.com/india/demographics_profile.html。

[②] Economic Times: India displaces Japan to become third-largest world economy in terms of PPP: World Bank. (2014-04-30). https://economictimes.indiatimes.com/news/economy/indicators/india-displaces-japan-to-become-third-largest-world-economy-in-terms-of-ppp-world-bank/articleshow/34392694.cms?from=mdr.

与俄罗斯保持非常紧密的军事和政治合作关系。这种罕见的在外交、安全上的东西方的左右逢源，表现在印度既能够加入中俄等主导的上海合作组织，又能和美日澳新等国家的军队联合组织军演，甚至使印度在拥有核武器这一问题上所受到的西方制裁也不过是"板子高高举起，轻轻放下"。印度军队的武器来源更是囊括万家，联合国五常中除中国外其余四常均通过不同方式向印度出口武器。

在良好的国际环境和较为迅速的经济增长背景下，印度近年来进入"印度教民族主义"抬头的时代。2014年，纳伦德拉·莫迪为首的、带有印度教宗教激进主义倾向的人民党击败长期执政的国大党，控制印度政权。莫迪一方面实行对外开放的经济政策，另一方面试图以民族主义情绪整合国内政治力量，维持其基本盘。不过，受到印度开国总理尼赫鲁提出的建立一个"有声有色的大国"的外交传统的影响，莫迪的国内政策向外延伸，为印度的外交政策加上了大国沙文主义色彩。过去数年间，印度在区域外交上表现较为活跃，除了与"宿敌"巴基斯坦保持摩擦之外，印度还插手干预斯里兰卡政治局势，对尼泊尔实施经济封锁。2017年和2020年，中印两国边界洞朗地区和加勒万河谷地区发生对峙和冲突。其中，2020年的加勒万河谷地区冲突，造成印度军人伤亡和被扣押，点燃了印度境内的排华情绪。在这种情绪下，印度政府一方面出台政策，在经济上打击中国在印度的互联网企业和数字产品销售，另一方面逐渐向美国的"印太战略"靠拢。这使中印关系出现了急剧转折的可能，也有可能波及金砖国家的内部团结。不过，鉴于印度外交存在大国思想，强调自身的独立主权，例如在俄乌冲突中保持中立地位，加上印度曾经是不结盟运动的领导者，印度全面转向美国并与其成为军事政治同盟的可能性并不高。但是，印度仍会利用美国"印太战略"为自身获取地缘政治和经济利益。

过去十年里，中印关系大体上处于较为平稳发展的状态。双方各有经贸投资。仅2019年，中国对印度的投资就达到80亿美元。[①] 中国企业在印度有较多投资，其中包括阿里巴巴投资的印度最大的线上支付企业Paytm，中国的手机生产商小米、vivo和OPPO占据了印度智能手机市场半数以上的份额，富士康等企业在印度投资建厂。部分中国企业在电力和桥梁等基础设施建设项目上中标，提升了印度基础设施的水平。2017年洞朗事件发生后，中印双方迅速通过外交渠道予以平息，在一定程度上体现了双方都不愿意看到边境问题影响双边合作的情况。2020年加勒万河谷事件发生后，印度国内掀起反华浪潮。这一次印度政府借机封杀部分中国企业在印度的业务，这一单边行动对中印经贸关系造成了很大损害，中国需要对印度政府下一步行动保持高度警惕。此外，在印度是否成为联合国安理会常任理事国问题上，中国也与其存在着矛盾。这些问题，毫无疑问会损害中印关系，并导致金砖合作机制运行出现不畅。

相对于印度，中俄关系发展较为顺利，没有出现太多的动荡和波折。中俄双方在20世纪90年代结束边界谈判，既稳定了双方的安全格局，也为双边发展区域经济合作和国际协调提供了足

---

① 贸促会. 2019年中国投资印度约80亿美元. (2020-04-26). http://www.ccpit.org/Contents/Channel_4301/2020/0426/1256170/content_1256170.htm.

够的战略信任，为中俄关系的稳定奠定了长期基础。与印度不一样之处是，自苏联解体以来，俄罗斯的战略空间不断遭到——至少俄罗斯认为遭到——北约和西方的挤压。这突出地表现为北约不断东扩，吸纳中东欧国家和原苏联加盟共和国，以及通过"颜色革命"带来政权更迭，强化原苏联加盟共和国与俄罗斯的离心力。从传统地缘政治观点来看，俄罗斯与周边国家的缓冲空间被压缩。这迫使俄罗斯更加强调向东发展，通过稳定与中亚国家和中国的关系，避免出现东西两个战略方向都出现于己不利的情况。2008年俄罗斯与格鲁吉亚的战争，以及2014年乌克兰危机发生后，俄罗斯遭遇西方制裁和国际孤立，迫切需要在国际舞台上改变这一局面。金砖国家在外交上的支持对俄罗斯而言至关重要。此外，2011年叙利亚内战爆发，俄罗斯逐步卷入叙利亚内战。它需要同时维持自身在叙利亚、乌克兰和高加索地区的利益，战线已经过长，因而需要维持其在西伯利亚和远东地区的外部安全环境。

在经济上也是如此。苏联解体后，俄罗斯在休克疗法和自由主义经济政策的影响下出现了明显的去工业化，原有的市场碎片化，高度依赖自然资源和大宗商品出口以保证经济运转，特别是石油和天然气出口。中国快速发展的经济为俄罗斯提供了能源出口的庞大市场，使之在遭遇制裁后获得宝贵的国际硬通货。在这个因素的影响下，俄罗斯与中国先后建成了中俄原油管道和天然气管道[1]，实现了经济上的互补。特别是国际能源价格经历了2014

---

[1] 俄罗斯到中国的原油管道是其"东西伯利亚—太平洋管道"的一个分支，在2010年建成输油。中俄东线天然气管道（又名"西伯利亚力量"）在2018年建成并向中国输送天然气。

年的腰斩之后，至今价格仍旧疲软。俄罗斯与中国在能源方面的合作，降低了其经济发展的不确定性。

近几年来，中俄之间的经贸关系发展较为平稳。中国的跨境电商和数字科技公司大量进入俄罗斯，例如B2C跨境电商平台阿里速卖通最大的海外市场在俄罗斯，中国智能手机在俄罗斯获得了大部分市场份额。俄罗斯增加了向中国出口农产品的总量，2019年俄罗斯农工产品向中国出口总额增长了27%，达到32亿美元，占俄罗斯农工产品出口总额的12.5%。① 双方在经济结构上体现出了较强的互补性，并且在能源开发和研究、航空航天等高科技领域具有较多的合作。

在2022年爆发的俄乌冲突中，中国政府多次表态国家的主权和领土完整应该受到尊重，乌克兰也不例外。中国愿意和国际社会一道，为俄乌冲突的和平解决做出努力，构建均衡、有效、可持续的安全架构。

虽然中俄两国在安全方面和国际政治方面存在较多的共识，但中俄之间并非正式的盟友关系。这是由两国的历史和现实所决定的。波兰学者米哈夫·卢比纳认为中俄友好是"政治权宜婚姻"②，认为两国接近是现实主义国际政治的要求。这一观点显然没有看到两国在投资贸易、经济合作以及科研上面所具备的高度互补。将中俄两国关系置于地缘政治的框架上来看，双方并无直

---

① 2019年俄罗斯农产品对中国出口额增长三分之一.（2020-03-04）. http://sputniknews.cn/economics/202003041030933746/.

② LUBINA M. Russia and China: A political marriage of convenience—stable and successful. Opladen, Berlin & Toronto: Barbara Budrich Publishers, 2017.

接的利益冲突，而且短期内也不存在冲突因素，因此即便从现实主义的观点来看，长期和友好的中俄关系是可以预期的。

中、俄、印之间对于金砖国家的功能和诉求存在不一致的地方。例如，俄罗斯出于反制西方对其战略围堵和拓展自身战略空间的需求，更希望金砖国家能够在政治上发挥平衡西方体系的作用；而印度（包括巴西）因其政治上的左右逢源，不愿意让金砖国家合作机制过度政治化。印度对于金砖国家能否给予自身经济利益，使其在发展过程中不至于过分依赖西方资本和西方经济体系寄予更高的期望。中国对于金砖国家的诉求则介于俄罗斯和印度之间，但更加强调通过合作取得与当下全球秩序的兼容与融入。此外，在网络安全、气候变化、金融波动等非传统安全问题上，中、俄、印的理念也不尽相同。这些差异在一定程度上构成了金砖国家机制的软肋，但由于各成员国对此有较为深刻的认识，反而促成了各国之间的理解，在处理各自关系时极少采取过激的做法。这是金砖国家合作在今天得以存续和发展的重要原因。

中非合作与中拉合作

撒哈拉以南非洲国家在经济上一直是全球产业链、供应链和价值链的洼地，但自然资源和人力资源丰富，有着较为可观的发展潜力。拉美国家与撒哈拉以南非洲国家的情况类似，不过拉美国家中的巴西、阿根廷和智利等已经历了现代化进程的洗礼，经济基础较好，与全球接轨的程度较高。虽然拉美国家因陷入"现代化陷阱"而不得不面对债务陷阱和发展停滞等问题,但其在全球事务中仍有较为积极的参与,这也使它们成为东亚、欧美之外另一股全球化力量。

中非合作:现代化路径的创新

中国与非洲国家的贸易往来最早可以追溯至明朝永乐到宣德年间,当时郑和七次率领船队远洋,最远曾到西亚与非洲东海岸。新中国成立后,中非之间的国际合作与贸易往来可以分为三个阶段,即改革开放之前的"单向支援",改革开放后至20世纪90年代中期的"合作转型",以及21世纪以来的"全面发展"阶段。[1]

新中国成立后,在特殊的国际政治环境下,中国在处理南南合作问题时提出了对外经济技术援助的"八项原则",本着不附加条件、尊重主权和平等互利的精神,根据自己的经济条件对第三世界国家展开了力所能及的援助,并希望以此拓展外交空间。当时的中非合作基本停留在中国单纯地援助非洲以寻求政治联合这一层面上。例如,周恩来总理在1963年访问东北非包括埃及、阿尔及利亚、摩洛哥和埃塞俄比亚等十个国家时做出了建设从赞比亚到坦桑尼亚的跨国铁路的承诺。我[2]的父亲就曾参与修建了坦赞铁路这一中国援建第三世界国家最宏伟的项目。作为新中国

---

[1] 江诗伦,王跃生,夏庆杰.中非贸易投资关系与现状//夏庆杰.可持续的中国对外投资:机遇与挑战.北京:中国经济出版社,2012.
[2] 这里指本书第一作者王辉耀。

第七章　深化新型南南合作

送给非洲人民的一份厚礼，坦赞铁路在 1976 年 6 月 7 日全线通车后，为坦赞两国的社会经济发展，以及非洲南部的民族解放斗争做出了重大贡献。这条被誉为"非洲自由之路"的铁路，联结起中非之间跨种族、跨世纪的真挚友谊，是中非人民友好史上的不朽丰碑。2020 年，我接待专程来全球化智库（CCG）访问的坦桑尼亚驻华大使姆贝尔瓦·凯鲁基阁下，他还专门提到坦赞铁路对中非合作的推动和中非友好的重大意义，并特意赠送我一本由中国外交部编著的《中非关系史上的丰碑——援建坦赞铁路亲历者的讲述》，让我转交给我的父亲。当时，中国在十分困难的情况下，不远万里无私援建坦赞铁路，得到了广大亚非拉国家的高度评价，对扩大在冷战时期被封锁的中国的国际影响，对中国在 20 世纪 70 年代初恢复在联合国的合法席位，均起到了积极的推动作用。

改革开放之初，中国向非洲国家提出了中国对非洲经济合作的"四项原则"。[①] 这一时期，中非合作中原本占据主导地位的政治考量色彩被淡化，取而代之的是以经济合作为重心，注重对外

---

① 1982 年提出的中非合作四项原则：第一，中国同非洲国家进行经济技术合作，遵循团结友好、平等互利的原则，尊重对方的主权，不干涉对方的内政，不附带任何政治条件，不要求任何特权。第二，中国同非洲国家进行经济技术合作，从双方的实际需要和可能条件出发，发挥各自的长处和潜力，力求投资少、工期短、收效快，并能取得良好的经济效益。第三，中国同非洲国家进行经济技术合作，方式可以多种多样，因地制宜，包括提供技术服务、培训技术和管理人员、进行科学技术交流、承建工程、合作生产、合资经营等。中国方面对所承担的合作项目负责守约、保质、重义。中国方面派出的专家和技术人员，不要求特殊的待遇。第四，中国同非洲国家进行经济技术合作，目的在于取长补短，互相帮助，以利于增强双方自力更生的能力和促进各自民族经济的发展。

援助的经济效益，从实际出发满足中非双方的需求。[①] 在此阶段，中国与非洲国家的关系逐渐由纯粹的援助国和被援助国向国际合作伙伴转变。

进入 21 世纪后，经济全球化与建立多边合作机制成为新时期国际合作中的主导思想。中国在这一阶段抓住机遇，在各个层面上实现了国力的迅速提升与社会的快速发展，并积极参与到全球治理之中，为世界提供了现代化发展的新路径。非洲国家同样经历着全球化冲击带来的政治、经济和社会层面的巨变。然而，非洲大陆作为世界上人口第二多的大洲，且是油气资源与自然资源最丰富的地区之一，拥有地球上大约30%的珍贵矿藏以及木材、鱼类和烟草等生态资源[②]，却迟迟无法解放生产力，找到合适的发展道路，至今仍然是全球最不发达的地区之一。在联合国2018 年颁布的 47 个最不发达国家名单中，非洲国家占据了其中的 33 个，为全世界七大洲之最。[③]

因此，如何切实提高对非援助效率，从以"输血"为主逐步转向"造血"，成了新时期中非之间国际合作的主要着眼点之一。2000 年，中非合作论坛作为中非关系的一个重要沟通平台成立。以此为节点，中国对非洲援助工作逐渐完成了机制化、系统化与体制化改革，在更加注重实际效益的基础上，兼顾援助政策根据

---

① 农业部对外经济合作中心.改革开放以来的对非援助演变.（2018-01-03）［2020-04-22］. http://www.fecc.agri.cn/tzgg/201801/t20180103_321821.html.
② 非洲自然资源绘图.（2018-02-22）. https://chinese.aljazeera.net/economy/2018/2/22/mapping-africas-natural-resources.
③ UNCDP. List of Least Developed Countries (as of December 2018). https://www.un.org/development/desa/dpad/wpcontent/uploads/sites/45/publication/ldc_list.pdf.

非洲国家具体需求进行调整的灵活性，同时在传统的经济援助之外，增加了在科教文卫领域和民生领域的援助。[①]

综合来看，过去十多年来，中国在非洲的投资和建设项目有两个重要特点。

其一是高度重视基础设施建设投资。基础设施建设投资制约着非洲工业化进程的开展，非洲开发银行预计每年的基建资金需求在 1 300 亿~1 700 亿美元。但是，由于非洲主要国家的固定资本形成总额（GFCF）占 GDP 百分比普遍在 30% 以下[②]，每年实际的基建投资仅为 680 亿~1 080 亿美元，庞大的缺口严重制约了非洲的基建事业与工业化进程。在过去的 20 年间，作为非洲基础设施建设的最大投资方，中国已经在非洲参与了超过 200 多个项目，参与建设高速公路总里程约 3 万千米，铁路总里程约 2 000 千米，港口吞吐量超过 8 500 万吨/年，输变电线长度超过 3 万多千米，虽然无法完全填补非洲所需的融资缺口，但也在当地收到了良好的效果。[③]

其二是在合作建设领域，中国投资者普遍采用了改革开放之初出现的"工业园区"方式。截至 2019 年，中国已在乌干达建立了中乌国际产能合作工业园、姆巴莱工业园、辽沈工业园、天唐工业园等，为乌干达提供了 3.5 万个就业岗位，带动乌干达外

[①] 农业部对外经济合作中心.改革开放以来的对非援助演变.（2018-01-03）[2020-04-22]. http://www.fecc.agri.cn/tzgg/201801/t20180103_321821.html.

[②] 在非洲所有国家中，仅埃塞俄比亚 GFCF 比例一直高于 30%，处于全球领先水平。

[③] 德勤.2018 年非洲基础设施建设市场动态. https://www2.deloitte.com/content/dam/Deloitte/cn/Documents/international-business-support/deloitte-cn-ibs-2018-africa-construction-trends-report-zh-190220.pdf.

贸出口事业蓬勃发展，为乌干达带来了巨大的经济效益。[1] 此外还建设有尼日利亚莱基工业园、埃塞俄比亚东方工业园等20多个产业/工业园。"园区经济"模式的成功不仅为非洲大陆带去了新的工业化动力，还释放了整个非洲增值行业的增长潜力。

上述两个方面，其实是"中国经济发展模式"在海外落地的生动体现。这一模式的逻辑在于，以政府信用担保展开借贷，投入基础设施建设，创造良好的硬件条件吸引企业投资，通过当地的比较优势，如相对的低成本人力、土地和自然资源等推动具有价格竞争力的产品出口。这样既解决了就业问题，又提供了资本积累，最终拉动经济增长，推动社会发展。[2]

非洲大陆自由贸易区正式启动后，中非经贸合作将迎来更大机遇。2020年12月8日，在全球化智库（CCG）举办的大使圆桌会议上，60余国大使、公使、参赞等驻华使馆代表就如何加强中国与非洲大陆自由贸易区合作等话题进行解读。喀麦隆驻中国大使、非洲驻华使团团长马丁·姆帕纳认为，非洲大陆自由贸易区建设有利于落实2063年议程，会成为非洲国家的机会，推动非洲自由贸易和社会经济发展。要实现自由贸易，需要富有成效的伙伴关系。因此，中非关系非常重要。非洲联盟驻中国代表拉赫玛特·奥斯曼大使表示，非洲大陆自由贸易区建设将与共建

---

[1] 中企在乌干达兴建多座工业园　创造巨大经济社会效益.（2019-05-07）[2020-04-23］. https://www.focac.org/chn/zfgx/jmhz/t1662257.htm.

[2] ZOLL P. Peking exportiert sein Entwicklungsmodell-und sein Werte dazu. Neue Zürcher Zeitung, 2018-04-09. https://www.nzz.ch/meinung/peking-exportiert-sein-entwicklungsmodell-und-seine-werte-dazu-ld.1417054.

"一带一路"形成合力，尤其是在基础设施建设领域。[①]

2020年年初暴发的新冠肺炎疫情给非洲的经济造成了严重冲击。在全球化智库（CCG）举办的"中非对话：疫情下的挑战与合作机遇"线上论坛中，联合国前副秘书长、非洲经济委员会前执行秘书卡洛斯·洛佩斯表示，在应对危机的过程中，"中国将是非洲最合适的合作伙伴"，可以帮助非洲推进工业化进程，同时中非在农业方面的合作潜力也很大。坦桑尼亚驻华大使姆贝尔瓦·凯鲁基认为，在疫情破坏了工业供应链，导致国际贸易和投资萎缩以及商品市场动荡的情况下，中非深化贸易合作尤为重要。

虽然中非之间经济往来已是双方互动的主要领域，但中非合作中的道义色彩从未消失，如中方多次向非洲派遣医疗队，2014年更是成建制派遣医疗队到利比里亚抗击埃博拉疫情；2008年年底中国向亚丁湾派遣护航舰队，为该区域的航行提供安全保证。截至2019年年底，中国向非洲七个区域派遣了维和部队或者观察员，这既是中非合作中传统的国际道义一面的延续，也是全球区域合作中在公共安全领域少见的成功合作。另外，中非合作中，中国的发展模式获得了本地化的机会，成为去殖民地化后非洲发展路径的新选择、新尝试。尽管非洲仍旧深受殖民主义残余困扰，但中非合作为这个大陆的现代化提供了可能的选择。

[①] 参见 http://www.ccg.org.cn/archives/61317。

中拉合作：超越地理距离

在非洲大陆之外，拉丁美洲与加勒比地区同样是南南合作的重要参与者，也是中国深化国际合作的重要对象之一。与中非之间的长久友谊不同的是，由于地理因素的影响，历史上中国和拉美地区的往来不甚密切。新中国成立后，冷战格局的形成导致中拉双方的对外交往政策都受到了意识形态的影响，沟通渠道十分有限。尽管同为发展中国家，但中拉双方发展关系的意愿并不强烈。总体而言，在这一阶段中拉关系进展缓慢，几乎没有进行任何国际合作。[1]

改革开放后，中国外交政策迅速向务实转变，将国际化发展作为第一要务。与之相对的是，拉丁美洲此时也经历了"第三波民主化浪潮"与债务危机，政治、经济与社会层面发生了巨大转变，在外交上逐渐摆脱了意识形态的影响。面对世界多极化发展的趋势，中国和拉丁美洲都将对方视作南南合作的重要伙伴，双方的交流与合作，既满足了后冷战时代发展中国家外交多元化的需求，也成为促进各自经济快速发展的重要途径。[2]

伴随着中国进入 21 世纪后在经济上的迅速腾飞，中拉关系也步入了全新阶段。与中非合作不同，中国和拉美的往来主要以双边贸易的模式存在。在中国工业化和城市化加速发展，制造业

---

[1] 赵重阳，谌圆庭. 进入"构建发展"阶段的中拉关系. 拉丁美洲研究，2017，39（5）：16-30.

[2] 赵重阳，谌圆庭. 进入"构建发展"阶段的中拉关系. 拉丁美洲研究，2017，39（5）：16-30.

出口占全球份额比重逐年攀升的情况下，能源、矿产和农产品等原材料短缺成为制约中国经济发展的重要因素。而拉丁美洲在坐拥大量自然资源的同时，由于自20世纪50年代兴起的"进口替代"工业化模式的局限性，制造业产能不足，急需从外部进口以满足国内需求。因此，中拉双边贸易形成互补。到2013年，双方贸易额相比2000年增加了20倍，同期中国从拉美和加勒比地区进口额占中国总进口额的比重从2%上升到了16%，对拉美的出口额比重则由1%上升到了10%。① 到了2018年，中国已经超过欧盟，成为仅次于美国的拉丁美洲第二大贸易伙伴。

2011年4月28日，智利、哥伦比亚、墨西哥和秘鲁四国总统举行峰会并签署《太平洋协定》，宣布成立太平洋联盟（PA）。这一区域性自由贸易协定旨在加强拉美太平洋沿岸国家贸易政策协调，促进联盟内货物、服务、资本和人员的自由流通，并致力于将联盟打造成为对亚洲最具吸引力的拉美区域组织和亚洲进入拉美市场最便利的入口。太平洋联盟目前已有包括中、美、英、德、日等59个观察员国和6个候选联系国。2021年12月13日，在太平洋联盟成立十周年之际，全球化智库（CCG）就中国与太平洋联盟合作举办了圆桌会议。会上，我与哥伦比亚驻华大使路易斯·迭戈·蒙萨尔维（H.E. Luis Diego Monsalve）、墨西哥驻华大使施雅德（H.E. Jesus Seade）、秘鲁驻华大使路易斯·克萨达（H.E. Luis Quesada）、智利驻华大使路易斯·施密特（H.E. Luis Schmidt）等分别发表演讲并就CPTPP等多边贸易协定、"一带

---

① 路易斯·梅伦德斯·格雷罗，周宸伊.中国在秘鲁的矿业投资：冲突、制度和地方发展问题.拉丁美洲研究，2018，40（2）：59-75.

一路"的未来发展、太平洋联盟2030年战略远景等进行了研讨，为未来中拉合作提质升级开拓了新思路。

在中拉双边贸易飞速发展的基础上，为了推动中拉两个地区的整体合作，打造与中非命运共同体相似的中拉命运共同体，2014年7月17日，中国—拉美和加勒比国家共同体论坛（简称中拉论坛）正式成立，并于2015年在北京召开了第一届部长会议。① 这是中国继成立中非合作论坛以来，再一次与发展中地区携手构建机制化的合作体系。与会的11个拉美和加勒比国家领导人与习近平主席一同确立了建立平等互利、共同发展的中拉全面伙伴关系的宗旨。就此，中国方面提出了打造"1+3+6"的全新合作框架，即制定一个可以实现可持续发展和包容性增长的规划，以贸易、投资和金融合作为三大引擎，以能源资源、基础设施建设、农业、制造业、科技创新、信息技术六大领域为合作重点。②

中拉论坛成立至今，中国和拉美地区在双边贸易、对外投资、能源、环境与基础设施建设方面的合作均得到稳步推进。在双边贸易上，拉美对中国出口保持着重要的贸易顺差的农业产品份额增加，从2010年的20%提升至2016年的30%，为拉美对华出口多元化提供了良好的机遇。而中国对拉美国外直接投资不仅增长显著，从2006年的不足50亿美元上升到了2017年的250

---

① 外交部.中国—拉共体论坛. https://www.fmprc.gov.cn/web/wjb_673085/zzjg_673183/ldmzs_673663/dqzz_673667/zglgtlt_685863/gk_685865/.
② 中国拉美关系将发生六大结构性变革.（2014-08-07）[2020-04-24]. http://www.xinhuanet.com/world/2014-08/07/c_1111981498.htm.

亿美元，且多元化趋势明显，不再只关注能源产业，而是向电信、房产、食品、烟草和金融等领域延伸。①

中拉论坛是中国第一次与整个拉美地区编制合作规划，虽然双方的国际合作在形式和体量上与中非合作存在较大的差异，但是不附加任何条件、互相尊重以及平等互利的原则依然贯彻始终。在当前国际形势下，这种纯粹的、互利的合作关系本身就赋予了全球化新的含义。

中非及中拉合作面临的问题与挑战

在过去的40年中，从整体上看，中非合作和中拉合作在向着一个更具包容性和开创性的未来迈进。然而，无论是输血式援建，还是互惠互利式交流，中非和中拉合作作为南南合作的重要组成部分，亦是当今世界全球化格局的一个缩影，这意味着与金砖国家合作一样，中非和中拉合作也无法摆脱全球格局和双方各自内部环境变迁所带来的影响。中非合作和中拉合作目前遭遇到的挑战，主要是孱弱的社会经济基础造成的基础设施和投资发展不配套、国与国之间发展不均衡、区域一体化程度不够，以及经济和社会发展模式上路径依赖严重带来的投资和营商环境不确定。

就具体的地缘政治经济和社会状况而言，非洲和拉丁美洲两个地区在一定程度上具有相似性。

首先，非洲和拉丁美洲在历史上都长期受到殖民帝国掠夺性

---

① 第二届拉丁美洲和加勒比国家共同体（CELAC）与中国论坛之部长级会议.探索拉美和加勒比地区与中国合作的新空间.联合国出版物，2018.

发展的影响，其原生文明和社会结构遭到了毁灭性打击。其中，非洲在长达 400 年里是黑奴贸易的输出地，直接损失了超过 1 亿的人口，且其中大部分是青壮年劳动力。拉丁美洲则在原住民不断被迫让渡权利，向内陆更加偏远的地区转移的情况下，逐渐转变成了一个融合印第安文明、非洲黑奴文化以及欧洲殖民者文化的大熔炉。这种被掠夺的历史带来的后果之一，就是这两地在整体上较之世界其他地方更为落后。

其次，殖民地的历史对非洲和拉丁美洲现代化之路的影响具有持续性。与同时代亚洲的大量半殖民地半封建社会不同，非洲和拉美本身社会经济基础薄弱，原生文明生命力不强，以至于难以抵挡来自殖民帝国文化和社会秩序的强势输入，这一点在拉丁美洲展现得尤为明显。殖民统治改变了被殖民社会的外部条件，以一种绝对的姿态由上至下地将现代民族国家所需要的包括国族认同、实体边界、外交战略等一系列殖民地土著闻所未闻的概念引入殖民地。更重要的是，宗主国建立起的资本主义生产关系，从根本上改变了殖民地的社会竞争秩序，几乎是以强行拖拽的方式让有关国家被迫卷入现代世界的关系网之中。直至今日，两地大部分国家仍然主要承袭着之前殖民时期的单一经济发展结构，并且每年向前宗主国输出大量劳工和移民。这些都侧面说明了殖民帝国的影响是如此深远，以至于直至今日非洲和拉丁美洲在现代化进程上对于前宗主国依然有着不同程度的经济和心理上的依赖。[1]

---

[1] 参见 https://www.academia.edu/7572221/De_quel_legs_colonial_parle_t_on。

第七章　深化新型南南合作

上述两个历史遗留问题是造成当下非洲和拉美国家在全球化进程中处于被动局面的重要原因。由此，中非合作和中拉合作不仅要在相对贫瘠的土壤上从零开始进行大量绿地投资，还要面临来自前宗主国商业与政治两个方面的竞争。

自1995年中非关系取得飞速发展以来，中国与西方世界在非洲大陆的角力就日趋明显。不仅非洲国家的前宗主国普遍对中国在非洲的投资持怀疑和警惕态度，甚至非洲本土的一些非政府机构和组织也对此抱有疑虑。近年来，随着中国在非洲的影响力不断扩大，国际上对中国在非洲发展战略的曲解和误读也甚嚣尘上，"扩张主义论""新殖民主义论""掠夺式发展论""漠视人权论""援助方式有害论""破坏环境论"等论调不绝于耳，严重损害了中国投资在非洲的形象的同时，也为中非关系未来的发展蒙上了阴影。[1]

而在中拉合作的过程中，中资力量与西方国家在硬、软实力上的竞争更为明显。虽然从时间线上看，拉丁美洲在南美"解放者"西蒙·玻利瓦尔的带领下，早在19世纪之初就摆脱了殖民宗主国的钳制。较之直到20世纪70年代才开始陆续事实独立的非洲各国而言，拉美本应该拥有更加完善和独立的制度。然而，同时代门罗主义的兴起，意味着刚刚摆脱欧洲列强侵扰的拉丁美洲将被长久地置于美国的势力范围之内，成为美国的政治和经济"飞地"。因此，在冷战期间，拉美国家处于另一个阵营，与中国交往甚少。但进入21世纪，尤其是2010年后，在中国经济腾飞

---

[1] 参见 http://ias.zjnu.cn/_upload/article/files/de/5d/142b2f1a49b0ad0b86f9c4bc0ef4/399296c6-d8d1-458f-b8b7-6d6275a23a5b.pdf。

的势头下，国有企业纷纷寻求国际化发展，资源丰富但资本短缺的拉丁美洲自然成为重要目标。随着中国在拉美影响力的不断攀升，加之近年来中美贸易摩擦加剧，美国也采取了很多措施试图遏止中国的势头。例如，在2021年特朗普政府换届前，美国国际开发金融公司同厄瓜多尔签署了一项涉及金额为28亿美元的基建协定，这份协定的附加条件明确要求，厄瓜多尔政府需要对石油工业和基础设施进行私人化，并禁止使用中国科技。

除了非洲和拉丁美洲在社会、经济、文化方面对殖民宗主国具有较强的路径依赖倾向这种外部因素以外，中国和两地的合作还面临着内部环境的制约，其中最重要的就是区域一体化发展程度不足。理论上，区域一体化可以分为政治区域一体化和经济区域一体化，而在具体路径方面又可以分为制度导向型和市场导向型。非洲和拉美都主要以制度导向为基础，发展经济一体化，以求解放本国生产力，发展民族经济，实现国家的工业化转型。这也就意味着，两地在推动一体化手段上，都是以政府政策为动力，而非以市场经济原则为准绳，形成社会动员。如此一来，在具体发展过程中，非洲和拉美的区域一体化均出现了一些问题。首先对非洲而言，虽然经过20世纪漫长的反殖民斗争，泛非主义思想被该地区国家普遍接受，并将非洲联盟建设成了一个集政治、经济、军事等于一体的全洲性政治实体。然而，非洲薄弱的工业化基础和落后的经济发展现状，使得非洲的经济一体化并未能很好地调动市场积极性，缺乏来自民间力量的参与，因而在质量与效率方面都有待提高。拉丁美洲在某种程度上则相反，既缺乏强力的区域一体化思想，在实践方面也不如非洲。同时，巴西和阿根廷是拉丁美洲中工业基础较为强大的新兴经济体，两国在迅速推行双边合作的同时，虽然会带动周边区域的一体化进程，但也会使该进程过多地受到两国政治的干预而陷入困境。

对中国而言，非洲和拉美地区推行多年但收效甚微的区域一体化进程是合作中必须要面临的挑战。两地不成熟的一体化建设，造成了地区内相关组织数量众多，彼此重叠，关系网络错综复杂的局面，"意大利面条碗"效应十分显著。例如，拉丁美洲33个国家之间存在着近20个政府间区域合作组织，许多国家又同时是两个以上区域合作组织的成员国，呈现出分散交叉性特点。而非洲的情况更为复杂，各个次区域均有多个一体化组织并存，非洲联盟55个成员国中，至少有27个国家同时是两个区域经济一体化组织的成员，18个国家为三个组织的成员，刚果（金）加入了四个区域合作组织。[①] 因此，在中非合作与中拉合作过程中，中国若想在区域内建立起一个完善高效的多边主义合作框架，就需要处理好与两个地区现存的一体化组织之间的关系，并研究和吸取两地在过去的区域一体化进程中积累的历史教训，因地制宜，避免重蹈覆辙。

推动南南合作：维护全球多边主义

支持和践行多边主义是中国国际合作的重要基石。中国一直

---

① 参见 http://www.ciis.org.cn/yjcg/xslw/202009/t20200917_7348.html。

主张合作共赢，积极参与和推动南南合作向多领域拓展，本着"平等互利、注重实效、长期合作、共同发展"的原则，在合作中将自身利益同广大发展中国家的利益结合起来，致力于在构建新秩序中发挥大国作用。面对新的全球化时期，南南合作既有机遇也有挑战，我们主要从地缘政治经济发展战略转型以及多边主义合作机制升级角度，提出推动南南合作的建议。

创新基础设施建设投资

基础设施建设投资是中国进行南南合作的一项重要内容。

以中非合作为例，蒙内铁路等一批标志性基建项目就是中非在这一领域合作的见证。2021年1月1日，非洲大陆自由贸易区正式启动，非洲各国改善基础设施、更好地实现互联互通的需求更加迫切，这也为中非合作带来了新机遇。在全球化智库（CCG）举办的大使圆桌会议上，非洲联盟驻华代表奥斯曼就曾经表示，有必要在非洲大陆自由贸易区与"一带一路"倡议之间形成合力，其中非常重要的一项内容就是基础设施建设。[①]

中非在基础设施建设合作方面，需要进一步创新，把基础设施建设当作一个整体系统，做好配套规划和建设，充分发挥基础设施投资的空间溢出效应，更好地带动非洲当地的发展。在具体的工程承包、融资、运营等环节，中非可以创新合作方式，比如引入新的BOT（建设-经营-转让）模式，或以国际开发和其他地

---

① 非盟驻华代表：在非洲大陆自由贸易区与"一带一路"之间形成合力．（2020-12-08）．http://www.ccg.org.cn/archives/60831.

区性银行结合的模式。中非可以以国际机构的模式，引入更多的国际利益相关方，做好风险防控，实现中非在基础设施合作方面的共赢发展。

此外，除了传统的基建项目，数字基础设施建设将是未来中非合作的重要方向。中非在数字基础设施方面的合作，将有助于促进非洲的数字经济发展，有利于非洲中小型企业的发展，提升非洲与国际社会的连接程度。

基础设施同样是中拉合作的重点。拉美和加勒比地区是中国第二大海外投资目的地和第三大承包工程市场。[1] 相关研究显示，在过去的十多年时间里，中国在拉美的基础设施建设投资主要集中在能源领域和交通类项目。从企业类型来看，基础设施项目主要由国有企业实施，民营企业占比不足5%。[2]

在中拉未来的基础设施建设合作上，需要考虑改变目前这种投资集中于少数行业，投资项目由少数企业主导的局面，将基础设施投资进一步拓展到港口、通信、卫生医疗、公共服务等多元领域，并鼓励更多民营企业参与。此外，基础设施项目引发的环境担忧，需要引起重视，中国企业需要深入当地社区，做好与民间社会的沟通。

---

[1] 第六届中拉基础设施合作论坛在澳门举行.（2020-12-03）. http://www.mofcom.gov.cn/article/news/202012/20201203020031.shtml.

[2] Red ALC-China. 2020年中国在拉丁美洲和加勒比地区基础设施项目报告.（2020-07-13）. https://www.redalc-china.org/monitor/infraestructura/images/pdfs/menuprincipal/DusselPeters_MonitorInfraestructura_2020_Chn.pdf.

拓宽南南合作领域

先发国家的历史实践表明，工业化是实现现代化转型的最优途径。

非洲大陆自由贸易区的启动，将进一步激发非洲区域内贸易潜力，而贸易需求的提高将刺激本土制造业发展。可以说，工业化的脚步正在迈向非洲。中国作为非洲最大的贸易伙伴，将在非洲的工业化进程中扮演重要角色。目前在非洲投资的中国民营企业中，有1/3是制造业企业，比如埃塞俄比亚的华坚国际轻工业城，数千名埃塞俄比亚工人生产的鞋子正被销往欧美等海外市场，占埃塞俄比亚鞋业出口一半以上。[①] 在"一带一路"倡议的推动下，更多的中国企业将走向非洲，不断助推"非洲制造"模式创新。未来，中国企业将在非洲的数字经济、绿色经济、低碳经济及有巨大需求的农业科技、卫生科技、金融科技、移动支付、电子商务、电子物流、数字娱乐等领域找到更多发展机会。[②]

拉美的制造业复兴同样将为中拉合作提供机遇。拉美地区未来注重发展高附加值、高技术含量产业，因此，中拉贸易不应局限在传统形式上，要加强在技术研发和教育等领域的合作，推动更深层次、可持续性强的交流。

人才是第一资源，是广大南方国家是否可以发展起来的关

---

① "非洲制造"——非洲经济潜力释放的关键.（2021-05-19）. https://www.xw.qq.com/amphtml/20210519A06CCJ00.
② 记者观察：科技创新合作正在成为中非关系发展的新亮点.（2021-04-26）. https://baijiahao.baidu.com/s?id=1698112277167087322&wfr=spider&for=pc.

键。中国可以与南方国家加强人才领域合作，合作创办教育机构，培养扎根南方国家、具备国际视野的人才。比如在中非合作中，中国可以帮助非洲开展人才方面的培训，建立符合当地发展水平的各类教育机构；可以利用中非教育机构联合办学的形式，将职业教育与通识教育相结合，为非洲发展培养急需人才。同时，设立留学非洲计划，鼓励更多中国学生赴非留学，助力非洲国家开启工业化进程，实现经济转型，促进非洲人才的快速成长。

加快中非、中拉自贸区建设

自贸区建设是中国的国家战略，在与周边国家的自贸协定基本达成后，非洲、拉美等"一带一路"的自然延伸区域可以成为中国未来自贸区建设布局的重点。

非洲大陆自由贸易区的成立显示了非洲国家对区域经济一体化发展的信心，也呼应了中国积极推动的经济全球化。2019年10月，中国与毛里求斯签署了自由贸易协定，这是中国与非洲国家的第一个自由贸易协定，为中国与其他非洲国家商签自贸协定带来了示范效应。此外，考虑到非洲大陆次区域组织众多，中国可以在与非洲国家进行双边自贸谈判的同时，与相关区域组织签订自贸协定。[1] 当然，中非自贸区建设并非朝夕之事，但若有朝一日可以建成中非自由贸易区，将惠及彼此，推动形成更紧密的

---

[1] 朱华友，张帝，陈泽侠.中非自贸区建设的机遇、挑战与路径.中国社会科学报，2020-12-02（10）.

中非命运共同体。

在中拉自贸区建设方面，自 2005 年以来，中国在推动与拉美国家的自由贸易方面已经取得了长足进展，先后与智利、秘鲁、哥斯达黎加签署了自贸协定。2017 年，中国与智利签署了自贸协定升级文件，这是中国与拉美国家签署的第一个自贸区升级协定。[①] 目前，中国—巴拿马自贸协定谈判、中国—秘鲁自贸协定升级谈判也都在进行当中，中拉自贸建设迎来了新局面。虽然中国目前在拉美的自贸版图有限，但随着中国国际影响力的提升，尤其是在新冠肺炎疫情之下展现出的领导力与对多边合作的诚意，预计将会有更多的拉美国家在考虑投资、贸易协定时向中国倾斜。

践行多边主义，深化"一带一路"合作

截至 2022 年 4 月底，中国已与 149 个国家、32 个国际组织签署了 200 多份共建"一带一路"合作文件，其中包括大量亚、非、拉国家。通过"一带一路"深化各方合作，是中国在新时期推动南南合作的重要途径。

截至 2021 年年底，53 个同中国建交的非洲国家中，有 52 国以及非盟委员会同中国签署了共建"一带一路"的合作文件，非洲成为参与"一带一路"合作最重要的方向之一，中国几乎在非

---

① 中国将扩容拉美自贸"朋友圈".（2018-01-30）. http://fta.mofcom.gov.cn/article/fzdongtai/201801/37120_1.html.

洲实现了"一带一路"合作的全覆盖。[1] 凭借着"一带一路"的契机，非洲各国将获得更为广袤的外部市场，并得到更多金融机制的融资支持。在"一带一路"倡议和中非合作论坛框架引领下，中非贸易额由 2000 年的 100 亿美元左右，增长到 2021 年的 2 542.89 亿美元，创双边贸易额历史新高，约占中国外贸总额的 4%[2]，中国连续 12 年成为非洲第一大贸易伙伴。根据商务部数据，截至 2020 年年底，中国对非投资存量已经超过了 434 亿美元，投资遍及 50 多个非洲国家。尽管中国是对非洲投资的后来者，却已成为非洲第四大投资来源国，超过 3 500 家中国企业扎根非洲投资兴业，其中 70% 以上的对非投资企业是民营企业。[3]这些企业不仅填补了当地产业空白，丰富了当地产业模式及产品种类，也带动了东道国的工业经济发展，为非洲经济的持续增长及其现代化发展提供了强劲动力。需要注意的是，在将"一带一路"倡议与非洲国家的发展战略对接时，需要注意非洲不同国家之间的差异性，根据国家的特色与优势因地制宜制订对接方案。

拉美在 2017 年曾被明确指定为"21 世纪海上丝绸之路"的自然延伸，目前中国已与包括阿根廷、智利、秘鲁等在内的 20 个拉美国家签署了共建"一带一路"谅解备忘录。拉美还是仅次于亚洲的中国海外投资第二大目的地。虽然在 2020 年，受疫情

---

[1] 外交部："一带一路"合作在非洲基本实现全覆盖.（2021-11-26）. https://cj.sina.com.cn/articles/view/1749990115/684ebae3020017nst.

[2] 2021 年中非贸易创历史新高.（2022-02-10）. http://africanunion.mofcom.gov.cn/article/jmxw/202202/20220203281601.shtml.

[3] 商务部：二十年来中非贸易额增长 20 倍 中国对非直接投资增长 100 倍.（2021-11-17）. http://finance.people.com.cn/n1/2021/1117/c1004-32284880.html.

等因素影响，中国的两大政策性银行没有向拉丁美洲国家提供新贷款，但中国加大了对拉美农产品的采购力度，并通过合作抗疫等方式开启"口罩外交"和"疫苗外交"，反而提升了中国在拉美的软实力。① 因此，中拉应继续加强在次区域多边层面、三方合作和第三方市场层面以及全球多边层面的合作，进一步深化和发展"多轮驱动"的"一带一路"共建模式，促进中拉合作的稳健发展。②

金砖国家合作机制和"一带一路"倡议在理念、原则和宗旨等方面有诸多相通之处，两者可以互相借鉴，共同发展。"一带一路"倡议是中国为世界提供的一项公共产品，为新兴市场继续推进全球化进程提供了关键抓手。金砖国家一直力求在国际舞台上有所作为，努力打造公正合理的国际秩序。因此，推动金砖国家合作与"一带一路"倡议相互对接，可以帮助新兴国家有效参与国际合作，有利于促进新兴国家和发展中国家的联动发展，是推动南南合作的创新尝试。

发挥智库等的"二轨外交"作用

在当前国际形势深刻调整的背景下，南南合作面临着空前复杂的舆论环境。比如一些西方媒体对中非合作的报道不客观，甚至出现了蓄意抹黑的情况，使得很多非洲民众对中非合作产生误

---

① 参见 https://www.nbcnews.com/news/latino/loans-china-latin-america-dry-region-sgovernments-take-pandemic-n1258508。

② 参见 https://theory.gmw.cn/2019-09/14/content_33157794.htm。

解。而在中国国内,也有很多人对国家的非洲政策产生误解。如社交媒体上经常出现"广州有50万黑人"等谣传并借此宣扬种族主义观点,但根据广州市人民政府的统计,截至2020年4月10日,广州在住非洲国家人员共4 553人。[①]这些都说明中非之间的民间交流亟须加强。正如加纳前驻华大使爱德华·博阿滕在与我们的交流中所谈及的,中国的发展经验对非洲有很多可借鉴之处,但非洲人民对中国的了解仍相对较少,中非之间的交流论坛、中非民间交流也相对不足。这就需要加强智库、媒体等领域的民间交流与互动,为南南合作的大局打下良好的民意基础。

作为金砖国家核心的中国、印度和俄罗斯三国,彼此之间互有战略考量甚至是政治和军事上的摩擦。比如中印之间多次在藏南地区发生的小规模军事对峙和冲突,无疑会引起两国民间情绪的对立,继而动摇两国的合作基础。这种牵涉到政治诉求和国家主权争议的国际政治性问题,在民间交流方面,更需要智库以"二轨外交"的形式破冰。近年来,很多发展中国家都开始重视智库,金砖国家可以通过举办相关的智库峰会,扩大智库在南南合作过程中的影响力,更好地为南南合作的可持续发展贡献智慧。

---

① 广州市政府新闻办疫情防控新闻发布会(第七十三场).(2020-04-12). http://www.gz.gov.cn/zt/gzsrmzfxwfbh/fbt/content/mpost_5815413.html.

第八章

中欧：多边主义合作的基石

第八章 中欧：多边主义合作的基石

自雅尔塔体系建立以来，欧洲国家是当前国际秩序的主要建设者、维护者和受益者。中国作为这一体系的后来者，与欧洲国家间既有融合又有碰撞。欧盟作为全球最大的经济体之一，与中国不存在地缘政治上的矛盾，且中欧经贸合作紧密，长期以来互为重要贸易投资伙伴。中欧在维持多边主义国际秩序等国际问题上有共同或接近立场，但中欧之间也存在价值观上的差异。时代变局之下，中国与欧盟的关系将在一定程度上决定未来欧亚大陆的内部经济互通和整合程度，并为全球治理奠定新的基础，而中欧保持友好也是对中美关系的有效平衡。在此背景下，中欧如何实现有效的求同存异，对全球化下一步的进程具有重要的意义。

走上法制化和规范化

自中华人民共和国成立以来，欧洲与中国的关系，最早主要以国与国之间的双边关系形式展开。早在冷战时期，中国就与英国和法国保持着相对较多的经贸往来和技术交流。中国的第一座核电站——秦山核电站，其基本技术来自法国。而早在20世纪70年代，中国就开始向英国采购"三叉戟"客机。1975年，中国与欧共体建立外交关系，并互派大使，显示出双方的交往逐渐出现超越冷战的去意识形态特点，具有明显的实用主义特征。这对于中欧关系具有深刻的意义。

改革开放后，中欧特别是中国与西欧之间的联系以经贸往来为主，1985年中国与欧共体经贸总额为143亿美元，到1994年增长到456亿美元，增长超过2倍。2004年，中国成为欧盟第二大贸易伙伴国；2020年，中国首次成为欧盟第一大贸易伙伴，双方在经贸领域的依赖程度不断加深。中国从欧洲进口的主要产品包括英法德研发的空客飞机、汽车、高端机械设备，来自荷兰、法国和西班牙等国的高端农产品等。欧洲主要从中国进口通信器材和工业制成品等。

欧盟与中国关系既存在着矛盾也存在着共性。矛盾主要表现在欧盟的对外政策中对中国人权问题的批评，引发中欧关系的停滞。欧盟/欧共体一度将"人权外交"作为欧洲对华政策的主要方式。在20世纪90年代，欧盟一反之前在意识形态方面对中国的超然态度，在人权问题上对中国的指责颇多，曾多次在联合国等平台上就人权问题与中国进行激烈的辩论。欧洲议会也曾多次通过谴责中国人权问题的议案。1999年北约以"人权高于主权"为名发动科索沃战争，战争中的中国驻南联盟使馆被炸事件使中欧关系陷入低谷。但到世纪之交，中国与欧盟成立了人权对话机制，使之成为中欧关系众多常设机制之一，双方就人权问题进行了深入的沟通。欧盟也意识到自身的社会制度并不适合中国，认识到"不同社会制度的国家也能够良好合作"[①]。2003年10月，欧盟发布第一个安全战略文件，将欧中关系定位为战略伙伴关系，随后又以官方《通报》和政策文件的方式出台多个规范文件。至此中欧关系基本走上了法制化和规范化道路，但以"人权"为主的话题仍多次以不同表现方式出现在中欧关系当中，不时制造一些麻烦。比如2021年3月，欧盟宣布就新疆问题对中国的四名公民和一个机构进行制裁。这是时隔近30年之后欧盟首次对华实施制裁措施，说明欧盟仍旧没有完全放弃对华实施"人权外交"的思路。双方还会在人权问题上进行较量。

由于欧盟是一个超国家机构，中欧关系存在着三个层次的交互。

第一个层面是中国与欧盟的双边关系。第二个层面是国别关系，包括中国与法国、德国、意大利等单一国家的双边关系。中方既同布鲁塞尔建立了双边领导人定期会晤机制，也和法国、德国等主要欧盟国家领导人建立了定期会晤和战略对话机制。第三个层面是中国在欧洲这一地理概念之下的次区域层面的关系，最直接的例子是中国与中东欧16国建立了"16+1"合作机制。2019年，随着希腊的加入，这一机制变成了"17+1"。值得注意的是，"17+1"机制中包括5个非欧盟国家，这让欧盟对"17+1"机制充满怀疑，担心中国可能会"分裂并征服欧洲"[②]。2021年5

[①] 钱其琛.外交十记.北京：世界知识出版社，2003：196.
[②] HUTT D, TURCSANY R Q. No, China has not bought Central and Eastern Europe. Foreign Policy, 2020-05-27. https://foreignpolicy.com/2020/05/27/china-has-not-bought-central-eastern-europe/.

月，立陶宛宣称该国已退出中国与中东欧国家的跨区域合作机制"17+1"，声称该机制在欧盟"制造了分裂"，还敦促欧盟其他国家一同退出。① 从当前外交关系和经贸合作的紧密程度来看，中国与德国的经贸关系最为紧密。德国是欧盟成员国中与中国贸易额最高的成员国，2021 年，中国连续 6 年保持德国最重要贸易合作伙伴。数据显示，两国进出口贸易总额比 2020 年增长 15.1%，为 2 454 亿欧元（约 2 791 亿美元）。② 同时，中国与匈牙利、希腊、西班牙、葡萄牙等东欧和南欧国家的经贸往来也在增加。

中国与欧洲的三层关系，在各个层面反映出的利益关系并不一致。中国与欧洲国家和次区域的关系，往往使欧盟成员国和次区域国家更加倾向于实用主义，更愿意在经济领域开展合作。但如果这种关系上升到北京—布鲁塞尔层面，欧盟就会从整体上表现出对华政策的两面性。一方面，由于成员国整体上享受到了对华贸易的红利，欧盟在对华贸易关系上采取了较为灵活的态度；另一方面，由于在价值观上各成员国具有同质性，这种同质性随着东欧剧变和苏联解体上升为身份认同，成为欧盟增强凝聚力的重要支柱，这也使欧盟习惯于从意识形态的尺度来衡量欧中关系，以此来凝聚欧盟内部认同。以上种种因素加深了中欧关系的复杂性，使欧盟对华决策更为慎重。

自 2021 年中欧相互进行制裁和反制裁以来，中欧关系遇到

---

① 立陶宛退出中国中东欧 17+1 合作 .（2021-05-23）. https://baijiahao.baidu.com/s?id=1700545938388374021.
② 中国连续第六年成为德国最重要贸易伙伴 合作"疫"中攀新高 .（2022-02-23）. http://finance.people.com.cn/n1/2022/0223/c1004-32357804.html.

诸多挑战。2022年2月俄乌冲突爆发使欧洲安全秩序面临重置，中国与俄乌两国关系及应对俄乌冲突的立场举措成为影响中欧关系的又一变量。但同时，随着欧洲面临经济社会危机加深，欧洲一方面希望中国介入调停俄乌冲突，另一方面对中国经贸合作需求也在增加。

与中美关系相比较，中欧双方所追求的目标似乎更加一致。2022年4月1日，中欧领导人年度会晤时隔近两年再次举行，习近平主席在北京以视频方式会见欧洲理事会主席米歇尔和欧盟委员会主席冯德莱恩。在视频会见中，习近平主席再次谈到中欧"两大力量、两大市场、两大文明"这三个定位，并注入新的内涵。习近平主席指出，中欧要做维护世界和平的两大力量，以中欧关系的稳定性应对国际形势的不确定性。中欧要做促进共同发展的两大市场，以中欧开放合作推进经济全球化深入发展。中欧要做推动人类进步的两大文明，以中欧团结协作应对全球性挑战。[1] 此次会晤双方达成很多共识，就是要用中欧关系的稳定性，来共同应对现在我们面临的国际上的危机，用中欧关系的务实合作来推动世界经济全球化发展。[2]

首先，欧洲国家和欧盟本身的经济、政治和文化具有高度的多元性。这使欧洲在维持当今国际秩序时更加强调多极化、多边合作，并反对单边主义。这与中国对于国际秩序和全球治理的理

---

[1] 习近平视频会见欧盟领导人，重点谈到这四个关键词.（2022-04-02）. http://politics.people.com.cn/n1/2022/0402/c1001-32390861.html.
[2] 大外交丨中欧峰会传稳定信号，专家：中方可在俄欧间扮桥梁.（2022-04-03）. https://baijiahao.baidu.com/s?id=1729039114704396238&wfr=spider&for=pc.

念高度重合。

其次，欧盟是现有世界秩序的维护者和改革倡导者，这与中国的态度是一致的。欧盟在全球公共议题上参与更加活跃，并希望在减贫、环保和国际安全上扮演重要角色，也更加需要在国际上寻找合作伙伴。中国愿意承担力所能及的国际义务，被欧盟视为可以接受的合作者。

再次，欧盟成员国与中国不接壤，也不像美国那样，存在可以投放全球的军事力量，双方不存在领土、主权和地缘政治上的冲突。随着1997年香港回归和1999年澳门回归，中欧双方的历史问题已解决，完全可以放下包袱，轻装前进。

第四，欧盟与美国在经贸往来和全球许多公共议题上，特别是数字安全问题上存在着结构性矛盾。近年来，欧盟成员国以及欧盟本身先后在气候变化和伊拉克战争等问题上与美国出现龃龉。2018年以来，双方在空中客车补贴、数字税以及德国与俄罗斯联合修建的"北溪-2号"天然气管道上的纠纷也日渐突出，而剑桥数据丑闻以及更早的"棱镜"事件让美欧在数据安全问题上矛盾重重。① 美国的主要科技公司如谷歌、高通、亚马逊和苹果均在欧洲遭遇高额罚单，谷歌更是遭遇到若干次罚款，总额高达近百亿美元。此外，欧盟与美国还存在其余大大小小

---

① 2016年社交媒体脸书被曝光泄漏8 700万用户数据给政治咨询公司剑桥分析，并用于2016年美国总统大选时支持特朗普。2020年脸书缴纳50亿美元罚款给美国联邦贸易委员会并成立一个独立隐私委员会，从而与联邦贸易委员会和解。2013年的"棱镜"事件指的是由前中情局人员爱德华·斯诺登曝光的美国国安局代号为"棱镜"的秘密监控项目，被监听人员包括德国前总理默克尔等欧洲领导人。

的矛盾，例如美欧双边的跨大西洋合作伙伴协议（TTIP），因特朗普上台而中止，目前尚未见到重启态势；又如2011年美国用性丑闻赶走IMF主席多米尼克·卡恩等此类事件，更是数不胜数。

最后，欧盟以及欧洲在国际关系史中以维持国与国之间的"均势"而知名。"均势"思维对欧洲决策者影响深远。在当下中美欧的三角关系中，欧盟有理由通过保持与中国的密切往来，维持三者之间的"均势"状态。

上述因素决定了，虽然欧盟主要国家与中国有过历史上的纠葛，但就现状而言，双边均不构成对方的安全威胁，因而有理由建立更加良性的合作关系。事实上，尽管面临严峻复杂的国际形势，中欧经贸合作近年来仍在持续深化：2021年，中欧货物贸易额创历史新高；2022年前两个月，中国与欧盟贸易总值为8 746.4亿元，增长12.4%，占中国外贸总值的14.1%，欧盟反超东盟重新成为中国第一大贸易伙伴。①

新时代的中欧关系

欧盟在过去数年的转折存在着变与不变的两面。就其基础认同和意识形态来说，支持欧盟得以建立和发展的价值观不会发生变化，即在同质性极强的文化认同基础上强调的多样性、多元化不会变化。在经历了多次危机冲击后，欧盟意识到它在政治、安

---

① 新闻分析：中欧贸易两位数增长印证双边合作互利共赢．（2022-04-03）．http://www.gov.cn/xinwen/2022/04/03/content_5683311.htm．

全、经济、公共政策上的脆弱性，在未来将会致力于提升这些领域的自主性，不会轻易选边站。这或许导致它在未来的对外关系上采取更加平衡的做法，从而在一定程度上恢复19世纪欧洲外交哲学中的"均势"思维。这两方面对中国—欧盟关系的影响将越来越明显地表现出来。

欧盟"战略自主"陷困局

2016年6月2日，欧盟发布了《欧盟外交与安全政策的全球战略》。[①] 这份文件带有预见性地表示，欧盟需要在安全政策上实现"战略自主"。仿佛是对欧盟新政策的回应，三周后，英国完成了让全球震动的脱欧公投。这使欧盟区域一体化努力遭遇重要挫折，也使"战略自主"成为欧盟在当下的一个紧迫任务。"战略自主"后来的含义延伸到外交和经济领域，与英国脱欧共同标志着欧盟内外政策开始出现重大调整。

欧盟内外政策的调整诱因最早来自2010年欧元区主权债务危机。欧元区流行统一的货币（欧元）并具有统一的央行（欧洲央行），但缺乏统一的财政政策，导致各国在预算和税收方面差异较大，在金融危机来临后资本撤离，南欧国家陷入债务陷阱，不得不向欧洲央行提出纾困请求。整个主权债务危机直到2018年才基本结束。在这一背景下，欧盟内部要求统一财政政策的呼声渐长。2017年，法国总统马克龙提出建立欧洲财政联盟的具体

---

① European Union. Shared Vision, Common Action: A Stronger Europe. (2016-06-02). https://eeas.europa.eu/archives/docs/top_stories/pdf/eugs_review_web.pdf.

措施，这意味着联盟成员国将财政主权部分让渡到布鲁塞尔。统一了货币和财政政策，也意味着欧盟经济独立性的增强，如果再加上"战略自主"在欧盟安全和外交政策中日益增强的作用，欧盟将成为一个经济一体化程度更高，内外政策上更具备独立性和自主性的政体。

欧盟这一调整是对其内外部环境改变的一种主动反应。自1993年从欧共体改名为欧盟以来，欧盟经历了一连串的扩张过程。[①] 在这一段急剧扩张的时间里，欧盟在政治、立法和经济等领域进行了大刀阔斧的改革，其中包括2002年在欧元区发行欧元，以及通过有"欧盟宪法"之称的《里斯本条约》等。

一个生机勃勃、富有活力的欧盟是20世纪90年代以来全球化发展的重要成果和经济一体化的模范。然而，它迅猛的一体化进程在2008年遭受重创。2008年6月，86万爱尔兰人否决了为4.9亿欧洲人设计的《里斯本条约》。随后，面对席卷全球的金融危机，各国采取的各自为政的政策损害了欧盟的凝聚力，再加上法德轴心运转"失灵"、美国等外部力量的暗中阻挠等，可以说，欧盟既有先天不足，又有后天扩张过快带来的新问题。例如，在安全问题上，欧盟过度依靠美国，从20世纪90年代的波黑战争、科索沃战争到2014年的乌克兰危机，再到当下的俄乌危机，欧盟均无法表现出有效的干预和解决能力。在经济领域，欧盟需

---

① 1995年奥地利、芬兰和瑞典加入欧盟。2004—2007年，欧盟吸纳了绝大部分原东欧社会主义国家，包括波罗的海三国，波兰、匈牙利、捷克和斯洛伐克四国（后来四国成立了欧盟内部的小团体"维谢格拉德集团"），罗马尼亚、保加利亚和南欧的斯洛文尼亚、塞浦路斯以及马耳他。2007年后，欧盟的猛烈扩张基本告一段落，不过在2013年仍吸纳了克罗地亚。

要IMF的介入才能够解决主权债务危机问题。在社会领域，在应对因叙利亚和利比亚内战带来的难民危机问题上，各成员国难以达成统一的意见。最后，不断兴起的民粹主义不仅借助难民危机成为话题，还在英国脱欧和东欧部分国家民粹主义外交政策中扮演了推波助澜的角色。民粹主义和利益分配上的争执，使欧盟内部离心力加强。而在2020年暴发的新冠肺炎疫情大流行过程中，欧盟束手无策，其公共卫生机制未能发挥基本的协调作用，导致各个成员国在政策沟通、资源分配和追踪研发上各行其是。民族国家始终在欧盟这个邦联式体制内扮演重要的角色，甚至"僭越"欧盟，这让欧盟经常以孱弱状态出现在世人面前。

欧盟如何继续生存和发展下去，成为许多欧洲政治家所关注的重要话题。从这个意义上来说，"战略自主"给出了一个明确而且清晰的指向。英国脱欧在一定程度上去除了欧盟决策进程中的重大不确定性，提升了欧盟主要成员国的内部凝聚力。从2018年出现的中美贸易摩擦到2020年的新冠肺炎疫情，面临战略选择的欧盟，其主要成员国领导人均表述出"欧盟要走独立自主的道路"这一观点。2020年6月10日，欧盟外交事务与安全事务高级代表兼欧洲委员会副主席何塞普·博雷利，以及负责欧盟内部市场和防务工业的欧洲委员会委员蒂埃里·布雷顿，在欧洲若干媒体上联合发表了一篇名为"建立团结、有韧性的主权欧洲"的文章，虽然该文主要介绍了欧盟对冠状病毒危机的反应以及有关的经验教训，但它的内容更像是一篇檄文，既提出"欧洲已经到了可以运用其影响力来实现其对世界的愿景并捍卫自己利益的时候"，也提出"需要一个有韧性和自治的欧盟，坚持自己的价值观，坚定信念，富有雄心并对其体系富有信心，(成为)一个做好准备为明天世界的伟大平衡做出贡献的欧洲"①。

2020年8月5日，经过艰难的谈判，欧盟推出总额高达7 500亿欧元的经济复苏协议。这一措施在主权债务危机和难民危机中都未能达成一致。该措施的推行标志着欧盟内部在经济发展方面的合作程度达到了一个新的高度，也意味着欧盟朝着它所构建的"独立、韧性和主权"愿景迈出了第一步。

中国与欧盟在2020年年底结束谈判的CAI是欧盟"战略自主"策略的重要产物之一。CAI结束谈判之际，正是美国新旧政府更迭之时，美国对欧洲的影响力降至低点。

然而，2022年俄乌冲突爆发后，欧洲安全受到俄罗斯威胁。随着俄乌局势持续恶化并出现长期化趋势，欧洲各国不得不更紧密地依赖于美国，欧盟追寻的战略自主再次遇挫。多年来，欧盟在安全上离不开美国，在能源上离不开俄罗斯，这在俄乌冲突加剧的背景下体现得淋漓尽致。美国不断激化与俄矛盾导致俄乌冲突升级，并使紧邻俄罗斯的欧洲首当其冲。在跟随美国制裁俄罗斯的过程中，对俄能源制裁使欧洲面临严峻的能源短缺问题，不仅无助于俄乌冲突解决，也使欧盟经济受到严重冲击，经济滞胀风险加剧。

在地缘政治和安全博弈回归的背景下，欧盟实现"防务自主"显得尤其迫切，但要实现真正的"战略自主"似乎还有很长

---

① BRETON T. For A United, Resilient and Sovereign Europe. (2020-06-10). https://ec.europa.eu/commission/commissioners/2019-2024/breton/announcements/united-resilient-and-sovereign-europe_en.

的路要走。就此而言，奉行自主对华政策，推进与中国合作便是摆在欧盟面前的一条显而易见的可选之道。

中美欧大三角关系

欧洲国家在国际关系史中注重维持国与国之间的"均势"，"均势"思维对欧洲决策者影响深远。在中美欧三角关系中，欧盟在重新审视西方联盟时更加注重以整体发声，并保持与中国的友好密切往来，从而维持三者之间的"均势"状态。2020年2月，全球化智库（CCG）在慕尼黑安全会议上也提出，欧盟应该成为调解或者平衡中美关系的一方，从而形成中美欧三极之间的互动，以此维持国际秩序的相对稳定，并共同探索当下国际秩序的良性改革路径。

中美欧三极关系不同于美欧之间"跨大西洋联盟"这种建立在相近的意识形态和共同的对手之上的关系，也不同于中国和美国之间"利益攸关方"这种以利益为合作尺度的关系。其出发点应基于大国关系稳定有益于保持国际秩序相对稳定，有益于三方自身的利益。为此，三方应该确定明确的层次关系。最低层面是中美欧三者之间不应是对抗性的，或者对抗性应维持在较低程度，以此来保持三方关系的稳定性，在其中两方可能出现对抗时，第三方应该致力于降低对抗的程度，并参与促成合理的解决方案。中间层面是合作层面，即三方之间彼此应该在各自的经济、安全和政治领域寻求合作，获取相关的利益。最高层面则是共建，三方共同参与国际议题的协商讨论，以及国际机构的组织和运营，最终形成相对稳定且公平的国际秩序。

中美欧三极关系之间的互动，将是未来国际关系演变的重要因素。中美欧可考虑建立三方对话协调机制，协调解决内部矛盾问题，推动构建更加包容和公平的全球化体系。中欧、中美及美欧之间均有沟通协调峰会，在此基础上建立中美欧峰会有助于中美欧保持常态性、机制性对话，就国际事务高效率达成多边共识。

中美欧合作可以选择三方有着共同利益交集的领域。从近年以及未来很长时间来看，公共卫生、气候变化和数字经济三大领域概率最大。在拜登当选美国总统后，中美欧更具有多边合作基础。

一是公共卫生领域。新冠肺炎疫情在全球引发了巨大的公共卫生和经济危机，也为人类敲响了国际合作的警钟。在应对疫情等全球公共卫生危机方面，需要全球合作，也需要中美欧在合作研究、科学发现以及分享公共卫生实践等方面发挥引领作用。

二是气候变化领域。欧盟对于气候变化议题高度重视。《巴黎协定》是欧盟和法国的重要外交成果，也为其在国际舞台上带来了话语权。同时，美国重返《巴黎协定》为三方合作提供了条件。三方可加强合作，加速全球范围内针对气候问题改革的进程，推动资源友好型经济发展，促进新能源及清洁技术等走向成熟并广泛应用，从而使全球气候问题解决进程快速稳步开展。

三是数字经济领域。随着数字技术的发展，数字经济与数字贸易日益发展为推动全球经济增长的新动力。美国、中国和欧盟的数字经济规模排在全球前三位，并由此形成以中、美、欧为核心的亚太、北美及欧洲三大数字经济活跃区域。在数字经济治理规则体系与制度安排方面，目前主要体现在区域贸易协定中，比如，欧盟在《欧盟与日本经济伙伴关系协定》，美国在《美国-新加坡协定》《美墨加协定》中添加了关于数字经济与电子商务的内容。2021年11月1日，中国正式申请加入《数字经济伙伴关系协定》（DEPA）[1]，彰显了中国参与制定全球数字经济规则的开放姿态。中美欧作为数字经济大国，应该共同探讨全球数字贸易的话题，通过建立行业性组织如全球数据联盟等方式，逐渐推动行业与决策层达成相关共识，打造全球数字经济治理与合作机制，共同营造开放、公平、公正、非歧视的全球数字经济环境，推动数字经济在全球的长期良性发展。

中欧未来合作前景

从整体上看，中国与欧盟的经贸合作基础并未发生根本性改变，在未来一段时间里也不会发生改变。中国有望与欧盟在国际事务上，特别是在联合国框架下进行更多合作，维持世界秩序的稳定。同时，中国的"一带一路"倡议中欧洲是主要目的地，双方在经济合作、促进欧亚大陆经济融合方面有很大合作空间，合作模式也在不断创新中。例如，从2015年开始，中国与法国、意大利、西班牙、比利时和荷兰等国签署协议，共同推进在两国

---

[1] DEPA由新加坡、智利、新西兰于2020年6月共同签署，2021年1月生效。协定涵盖商业和贸易便利化、数据问题、新兴趋势和技术、创新与数字经济、中小企业合作等16个模块，对国际数字经济活动和交流提出了比较全面的规则安排。

之外的第三方（如在非洲国家）进行合作。通过合作模式的创新，中欧可以携手构建开放型世界经济，并为国际合作探索新的路径。

以 CAI 为契机，开启中欧合作新机遇

2020 年年底，经过七年艰苦谈判后，CAI 终于达成。从目前公布的信息看，中国在高端制造业做出了更多开放的决定。而制造业占欧盟对华投资总额的一半以上，其中汽车行业占 28%，基础材料行业占 22%。在服务业领域，中方承诺扩大在电信、金融、医疗、环境、研发和航空运输领域的服务。[1] 如果 CAI 能够获得双边立法机构的批准，就意味着中国在欧盟的投资将有更加明确的法律依据，而欧盟企业也将获得更多对华投资机遇。[2]

在反全球化盛行，自由贸易受阻之际，CAI 将有力拉动后疫情时代世界经济复苏，为构建国际经济新秩序做出重要贡献。CAI 的达成，是中欧双方的历史性突破，也是中国全球化新的里

---

[1] European Commission: Commission publishes market access offers of the EU-China investment agreement. (2021-03-12). https://trade.ec.europa.eu/doclib/press/index.cfm?id=2253.

[2] 2021 年 3 月，在欧洲议会审议 CAI 前夕，因欧盟追随美英加等国，就新疆问题制裁中方机构，中方随即反制，宣布制裁 10 名欧洲人和 4 个欧洲实体，其中包括欧洲议会人权分委会和 5 名欧洲议会议员，欧洲议会因此临时取消审议 CAI，并提出中方撤销对欧洲议员的制裁，是重启审议的先决条件。5 月，欧洲议会正式冻结 CAI。在全球化智库（CCG）举办的第七届中国与全球化论坛上，谈及相关问题，与会中欧政商学界人士表示，尽管短期来看各方对 CAI 的审批不持乐观态度，但从长期来看中欧之间需要 CAI。当前，中欧双方应着重于建立信任，如在劳工标准、WTO 改革、市场准入及公平竞争等方面增进协商及互信。

程碑，不仅展现了中国推进高水平对外开放的决心和信心，还将积极促进贸易自由化、投资便利化，为经济全球化注入新动力。实际上，中国和欧洲在历史上都有过辉煌的文明，深厚的文化积累使双方均拥有丰富的智慧去面对区域和全球的各种挑战，应该充分利用这种人文上的渊源与积累，在气候环境、数字经济和全球治理等多方面展开合作。比如欧洲关于全球治理的三大论坛：巴黎和平论坛、慕尼黑安全会议和世界经济论坛，中国的学者和智库应积极参与。全球化智库（CCG）曾在巴黎和平论坛上推动国际人才组织联合会的成立，也曾在慕尼黑安全会议和世界经济论坛上举办全球治理议题的边会。更多的中国社会机构以及学术界的参与，将为构建良好中欧关系提供更多的智慧和思路。

中欧绿色合作前景广阔

欧盟一直是全球气候治理体系的重要参与者。2019年12月，欧盟委员会发布了《绿色新政》，描绘了实现欧盟经济社会绿色转型的长期愿景，提出到2050年在全球范围内率先实现碳中和，推动企业在清洁产品和技术方面取得世界领先地位。习近平主席也在第75届联合国大会上明确提出："中国将提高国家自主贡献力度，采取更加有力的政策和措施，二氧化碳排放力争于2030年前达到峰值，努力争取2060年前实现碳中和。"[1] 面对人类的共同挑战，中国和欧盟分别作为世界上最大的发展中国家和成员最

---

[1] 习近平在第七十五届联合国大会一般性辩论上的讲话.（2020-09-22）. http://www.xinhuanet.com/politics/leaders/2020-09/22/c_1126527652.htm.

多的发达国家集团,双方均主张多边主义,支持合作应对挑战,坚定推动经济绿色可持续发展。中欧早在20世纪90年代就开始在环境与气候变化方面进行合作,欧盟帮助中国开展节能培训,推动了中国可再生能源事业的发展。2005年9月5日,中国与欧盟在北京峰会上发表了《中欧气候变化联合宣言》,正式建立气候变化伙伴关系。2010年4月,根据《中欧气候变化对话与合作联合声明》,中欧建立部长级气候变化对话机制与部长级气候变化热线。2018年7月,中欧正式签署《关于为促进海洋治理、渔业可持续发展和海洋经济繁荣在海洋领域建立蓝色伙伴关系的宣言》,正式建立蓝色伙伴关系。2020年9月14日,中欧领导人决定建立中欧环境与气候高层对话,打造中欧绿色合作伙伴。

我们认为,中欧绿色合作前景广阔,未来可以从以下方面着手。

首先,应推动形成绿色合作制度框架,为中欧绿色合作提供支撑。一是完善绿色发展合作机制与平台,着眼于中欧具有差异性、多样性、互补性的绿色发展需求与能力水平,以灵活而科学的机制设计促进多层次、差异化绿色合作策略。二是推动形成多主体、多层次、多形式的合作机制框架。在政府层面,深化政府间的环境和气候合作,不仅推动与欧盟整体层面的合作,而且持续深化与各欧盟成员国的环境合作,鼓励中欧地方政府间开展环境与气候合作,建立"姐妹省"。以现有的中欧环境政策部长对话会、中欧部长级气候变化对话机制为基础,建立中欧环境与气候高层对话。在社会层面,加强企业间在环境产业和低碳技术方面的交流与合作,加强环境和气候智库合作,推动中欧高校间建立中欧环境和气候学院、智库间建立中欧环境政策联合研究中心等机构，通过课题联合研究、组织召开交流研讨会等方式，为中欧可持续发展建言献策，丰富中欧环境合作的内容。[①]三是通过绿色合作机制对合作相关方形成一定外部约束力，将中欧绿色合作与双方兑现相关国际承诺相结合，增强双方民众绿色发展观念，进一步夯实民意基础，深化防范环境风险共识，提高违约国成本。

其次，要拓宽绿色合作领域，共同打造高质量的绿色低碳发展模式。经济发展是绿色发展的物质基础，深化经济合作，一方面要积极开展中欧绿色产业技术合作。欧盟在智能电网、氢能网络、碳捕集与封存，以及建立安全、可循环和可持续的电池价值链等方面拥有领先的技术和实践。[②]中国工业门类齐全，产业链强大，基础设施完善，配套优势明显，市场巨大，具有突出的产能优势和资金优势。深化中欧绿色产业技术合作，要充分利用双方互补优势，加强中欧在绿色金融、光伏产业、绿色投融资、"无废城市"建设、海洋垃圾和微塑料、污染防治、环境大数据、新型城镇化建设、土壤污染防治与修复、碳市场等领域的沟通对话及务实合作，进一步深化环境技术、循环经济、清洁能源等领域的合作。另一方面要加快绿色贸易合作步伐，加强中欧在绿色贸易和投资方面的对话与交流，积极推动CAI绿色化，设立环境条款，对自贸协定实施情况进行生态环境评估，形成高标准、绿色

---

① 李丽平，李媛媛，姜欢欢.绿色合作将成中欧全面战略伙伴关系新亮点新引擎.中国环境报，2020-09-25（03）.
② 雷曜，张薇薇.欧盟绿色新政与中欧绿色金融合作.中国金融，2020（14）：39-41.

化的自由贸易区网络。①

第三，稳定的社会环境是实现绿色合作的重要前提，要强化绿色民生合作，促进绿色发展理念传播和人才培养。在充分考虑双方民众利益和风土人情的基础上，开展改善民生的绿色合作，推动民众对绿色合作的广泛支持和理解，建立青年交流计划，充分发挥民间组织作用，广泛开展学术往来、志愿者服务等人文交流，为深化绿色合作提供民意支撑和舆论动力。从近期看，新冠肺炎疫情影响下世界经济面临较大下行压力，可在稳定经济民生的政策中尽可能加大绿色化程度。同时，基础设施是绿色合作的重要保障，要加强中欧基础设施合作，实现技术合作和提升能源效率，加强绿色标准的对接，构建绿色合作有效监督机制，落实基建生态环保规范要求，保障工程生态效益，形成区域绿色合作新模式。此外，中欧环境和气候合作并非局限于中欧双方，在充分尊重其他国家意愿的基础上，还可积极推进中欧双方与第三方开展环境和气候合作。例如，中欧可以援助非洲国家开发绿色能源，防止这些国家陷入环境污染加剧的困境，还可结合"一带一路"倡议，有针对性地推进与"一带一路"沿线国家的生态环境合作。在合作中，充分利用欧盟先进的技术、中国的制造和资金，结合东道国的生态环境保护和应对气候变化的需求，达到"1+1+1>3"的效果。②

---

① 李丽平，李媛媛，姜欢欢. 绿色合作将成中欧全面战略伙伴关系新亮点新引擎. 中国环境报，2020-09-25（03）.
② 李丽平，李媛媛，姜欢欢. 绿色合作将成中欧全面战略伙伴关系新亮点新引擎. 中国环境报，2020-09-25（03）.

保护生态环境、推动可持续发展是各国共同的责任。打造中欧绿色合作引擎，不仅可完善国际绿色多边合作机制，推动构建人类命运共同体，促进全球实现联合国2030年可持续发展议程，为全球化进程注入绿色发展动力，还可助力疫情后世界经济复苏，创造新的就业市场，缓解人口压力与各国发展压力，促进国家间新能源、新技术跨境合作和增进国家间友好交往，推动各国从"负担分担"转向"机遇分享"，从"零和博弈"走向"互利共赢"。

中欧数字合作方兴未艾

近年来，中欧基于各自的竞争优势，不断加强政策沟通与对接，在数字产业发展上已经建立起了相关合作机制。

首先是通过官方机构交流合作。2015年，在中欧经贸高层对话框架下，中国和欧盟共同成立了中欧数字经济和网络安全专家工作组，开展了数据隐私保护、数字化转型等领域的交流。[①]双方签署了关于在第五代移动通信领域开展战略合作的联合声明，次年即启动了"中欧物联网与5G"联合研究项目。2019年中英互联网圆桌会议达成了《第七届中英互联网圆桌会议成果文件》，在数字经济、网络安全、儿童在线保护、数据和人工智能等领域达成多项合作共识，并重申每年召开一次圆桌会议。其次是依托非政府机构的交流平台，比如中欧数字协会，通过举办论坛及会

---

① 王鹏，魏必，刘思扬.中欧数字经济合作的现状、不足与启示.互联网经济，2020（3）：12-19.

议加强与中国企业的交流合作。最后是借助已有合作框架或者倡议，推进相关商贸合作项目，如中国—中东欧"17+1合作"机制。2020年9月，习近平主席与欧盟高层进行视频会晤期间，双方商定建立数字领域高层对话，打造中欧数字合作伙伴关系。

虽然中欧双方已形成一定的合作渠道，但仍存在合作广度与深度不足等问题。深化中欧数字合作，仍然大有可为。

建立以中欧数字合作高层对话为引领，多主体、多层次、多形式的数字合作机制。目前我国与欧盟成员国的"点对点"合作数量较少，与欧盟主要机构的合作尚未实施，合作广度不足。中欧双方应采取灵活务实的对接策略，针对欧盟各国数字经济发展的客观实际及其数字技术定位，采取点对点战略，形成差别化的合作发展格局。拓展合作广度，吸纳更多主体参与，以多种形式助推中欧数字合作。充分发挥市场主体、学术专家和智库等民间主体的作用，单独或者联合召开智库层面的专题研讨会或举办较高层次的专家会议，将专家学者和高级从业者的注意力引导到我国数字经济发展策略及对外合作上。由专门牵头单位形成并建立包含法律、经济、国际关系领域在内的多元的专家咨询委员会，定期召开会议，提出适合我国国情的数字经济发展及对外合作建议。[①]

拓宽数字合作领域，加强数字经济人才培养。数字经济具有典型的资本和技术密集型特征，数字经济的发展离不开在高速宽带、通信卫星、信号基站、数据存储、算法应用、高性能计算机等领域进行的大规模基础设施建设和研发投入。深化数字合作，

---

① 王鹏，魏必，刘思扬．中欧数字经济合作的现状、不足与启示．互联网经济，2020（3）：12-19.

中欧政府需要加强网络基础设施和平台建设，加快云网协同等技术发展，加强各领域与信息技术融合，支撑海量数字经济数据需求，发挥数字经济对经济社会的全方位辐射带动作用。完善数字经济人才培养体系，是满足当前飞速发展的数字经济的人才需求的必要前提。中欧应共同建立数字经济和相关治理的知识体系，探索培养的方式、方法及途径，研究适应数字经济发展趋势的人才培养模式。

参与规则构建，推动国际合作。构建数字经济时代的国际规则逐渐成为各国关注的焦点。中欧作为世界两大力量以及数字经济领域的先行者，加强双方合作，推动数字经济规则谈判，共建数字经济领域信任机制，对发展世界数字经济规则具有重要意义。双方应就数据流动与安全、数字化基础设施互联互通、数字经济监管政策等核心议题加强互联互通，在平等协商的同时为弥合国际社会的分歧注入向心力，从而让数字经济成果普惠全世界。①

中国与欧盟的关系，将决定未来欧亚大陆的内部经济互通和整合程度，并为全球治理奠定新的基础。除了中欧关系，中美关系在全球主要经济体中无疑是最具重量级的一对。中美如何重新定位两国关系，将成为世界秩序稳定与否、全球化顺利与否的关键。对欧盟而言，美国是其传统盟友，而中国已成为欧盟第一大贸易伙伴，欧盟作为利益相关第三方可在中美之间发挥调和作用，推动打造更具稳定性、建设性的中美及中美欧大三角关系。

---

① 王鹏，魏必，刘思扬.中欧数字经济合作的现状、不足与启示.互联网经济，2020（3）：12-19.

第九章

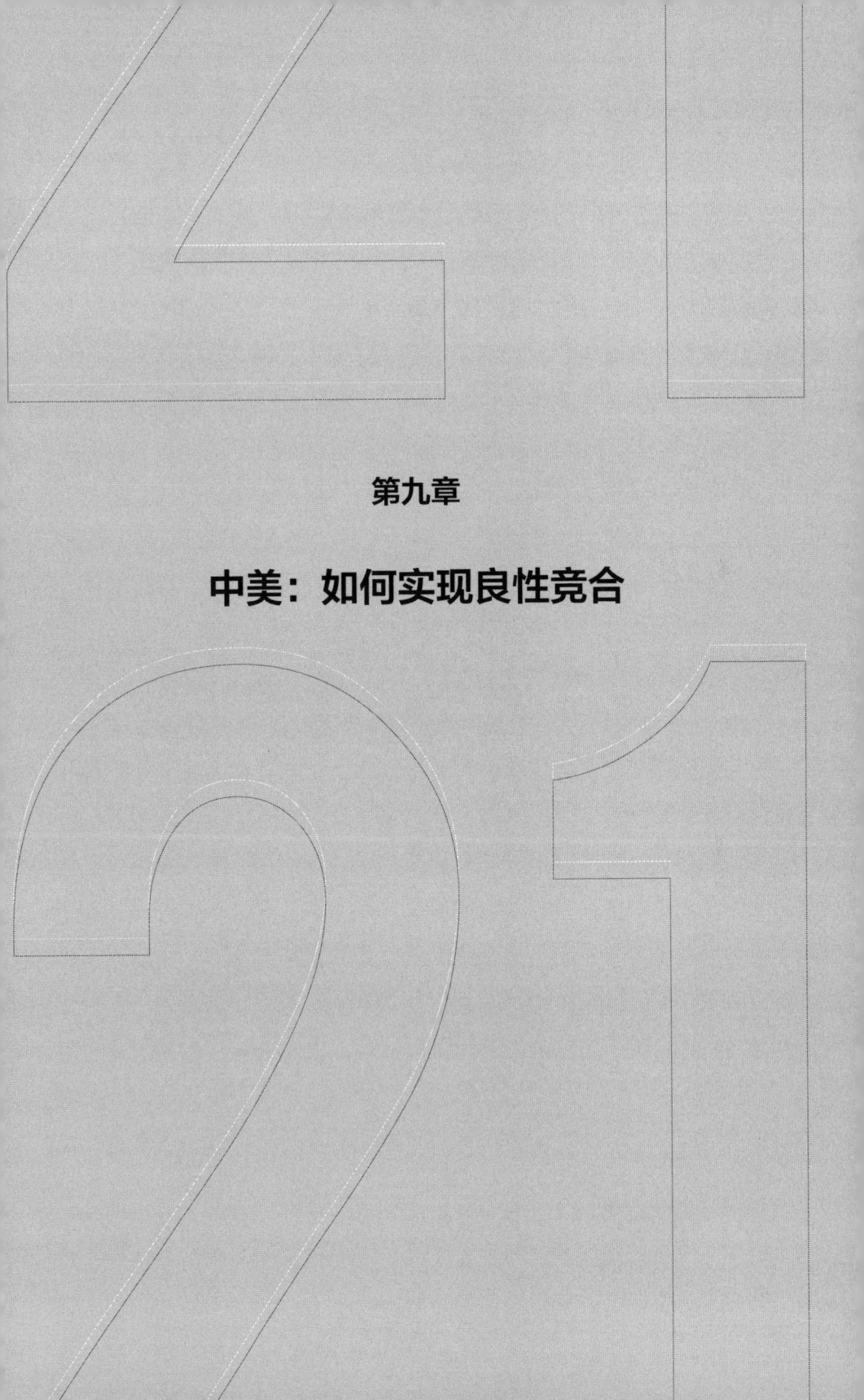

中美：如何实现良性竞合

第九章　中美：如何实现良性竞合

当全球化遭遇挫折时，中美关系也在经历着巨变。在美国总统特朗普执政的四年中，两国关系急转直下。贸易战以及科技、人文交流等方面的重重阻碍，成为这一时期中美关系的重要特征。拜登入主白宫后，中美双方开始寻找新的定位。当前的中美关系既不是 20 世纪 80 年代的"准同盟"关系，也不完全是 21 世纪之初在国际产业链和供应链上的"互补"关系，而是趋向于新型的竞争与合作关系。[①]

中美关系的变迁

中华人民共和国成立以后，在美苏冷战格局下，中美关系曾长期处于对峙状态。20 世纪 70 年代前后，冷战格局发生变化，美国深陷越南战争泥潭，苏联开始处于战略攻势，对美国造成很大压力，美国亟须借助更多外部力量，以平衡苏联的影响力。美国总统尼克松入主白宫后，想通过改善中美关系，开展"均势外

---

① 王辉耀. 中美有望达成新共识形成竞合关系, 既竞争又合作.（2021-03-12）. http://www.ccg.org.cn/archives/62559.

交",于是在1971年7月,时任美国国家安全事务助理的亨利·基辛格作为总统特使秘密访问中国,为尼克松总统访华探路。随着中美两国建交,在20世纪80年代的绝大部分时间里,中美处于"蜜月"期,美国视中国为可靠的合作伙伴,在美国媒体的报道中,中国是一个神秘的、平和的、未开发的东方古国。美国视中国为未正式签署盟约的盟友,不仅在中国投资设厂,还在军事安全领域与中国进行了大量合作,中方也引进了美国和西方的许多先进科技及装备。冷战中唯美国马首是瞻的欧洲和日本,也迅速与中国建立了稳定的经贸关系。

中美在20世纪80年代迅速靠近,冷战发挥了很大的作用。美国借此加深了对中国的认识,将中国视为大国并考虑在美国主导的世界秩序中寻求与中国的合作。但是对于中国究竟是一个什么级别的大国,美国各方的看法不一。一些观点认为中国将是一个区域大国,不会成为一个具有全球影响力的国家。但美国布鲁金斯学会的中国问题专家乔纳森·波拉克在20世纪80年代就表示"(中国)不但是战后许多重要的政治和军事冲突的参加者,而且是一个不为随便形成的政治或者意识形态组织所动的国家……其实,凭中国的分量,它在一定意义上应被看作候补超级大国——并非仿效苏联或美国的那种超级大国,而是反映北京在全球政治中的独特地位的那种超级大国"[1]。这一观点在华盛顿智库中引起了一定关注和反响。以《大国的兴衰》预测冷战结束的耶鲁大学教授保罗·肯尼迪大体认同这一观点。但他同时

---

[1] 保罗·肯尼迪.大国的兴衰.陈景彪,王保存,王章辉,等译.北京:国际文化出版公司,2006:449.

认为中国在利用"柯尔培尔式的国家干预主义的方式促使经济发展……具有强权政治的含义"①。保罗·肯尼迪在大部分时候是个糟糕的预言家，但他对于中国"强权政治"的态度以及波拉克的"候补超级大国"的认知，在华盛顿精英中被广泛接受。这些观点在20世纪90年代以来成为美国对华决策的重要出发点，也成为美国对华思维的两条相互纠缠的主线。

20世纪90年代，中国与美国之间的经贸和人文往来不断增长。虽然两国关系因各种原因出现了不少波折，甚至出现冲突的苗头，但在双方有识之士的共同努力下得以解决。②中美关系在20世纪80年代末到90年代初出现一系列波折的原因是两国利益关系因苏联解体和冷战结束发生了结构性变化，此前的"均势"体系基础不再。中美双方缺乏意识形态的共识，文化差异性较大。冷战结束使双方失去了共同的对手，出现龃龉不足为奇。但经过十多年的经济往来，经贸合作超越地缘政治，成为两国关系的主要推动力量，并逐渐变成中美关系中的"压舱石"和"稳定器"。20世纪90年代初，中国大陆与美国的贸易总额仅为中国台湾地区与美国贸易总额的一半左右。到20世纪90年代末，中国大陆对美贸易总额翻了两番，中国大陆对美出口总额增长了6倍。③

---

① 保罗·肯尼迪. 大国的兴衰. 陈景彪，王保存，王章辉，等译. 北京：国际文化出版公司，2006：450；柯尔培尔，法国路易十四时期财政大臣和海军国务大臣，他通过采用国家干预和重商主义的做法，极大地推动了法国的经济发展。
② 其中包括1993年"银河号"事件、1995年和1996年台海危机、1999年中国驻南联盟使馆被炸事件以及2001年4月南海撞机事件。
③ 亨利·基辛格. 论中国. 胡利平，林华，杨韵琴，等译. 北京：中信出版社，2012：488.

冷战结束使美国对未来国际关系做出了较为乐观的判断。"人权"等意识形态因素在美国对华关系中的影响力增加。在克林顿总统时期，美国国内就对华是实施"遏制"还是"接触"战略展开激烈辩论，而影响这一策略制定的因素被总结为"5T"[①]，并为美国制定对华政策提供长期的参考依据。"5T"反映出在冷战结束后，美国对中国的发展方向进行系列评估，以消除中国发展带来的战略上的疑问：中国究竟要走向何方？这一不确定性在冷战结束20年间一直困扰着华盛顿的精英们。2001年，芝加哥大学教授约翰·米尔斯海默出版了著名的《大国政治的悲剧》，系统阐述了他的"进攻性现实主义"理论，为美国长期存在的"中国威胁论"提供了理论基础。米尔斯海默认为美国应该对中国采取遏制战略，站在他的对立面的则是前美国总统国家安全顾问、地缘政治学家布热津斯基。布热津斯基提出，中国"并非全球性而是地区性国家……关于'中央王国'必然复兴而成为主要的全球性大国的预测都存在种种缺陷"[②]。对于美国未来的对华政策，他认为，不应该遏制，也不应该抚慰中国，应该让中国在欧亚大陆发挥更大的地缘政治作用。他提出，应该让中国加入七国集团。很明显，当时的美国学者的共识是，在政治上，通过"接触"政策

[①] 5T分别指当时影响中美关系的5个重要因素的英文首字母，分别是Taiwan（台湾问题）、Tiananmen（人权问题）、Tibet（西藏问题）、Trade（贸易问题）以及Tariff（关税问题）。这些重要因素一直影响着美国政府的对华政策制定。即使到了2018年，仍有观点认为5T的影响力依旧存在，只是把其中的Tariff改为了Thucydides's Trap（修昔底德陷阱）而已。

[②] 兹比格纽·布热津斯基.大棋局：美国的首要地位及其地缘战略.中国国际问题研究所，译.上海：上海人民出版社，2007：132.

推动中国发生政治上的改变,从而将中国纳入美国主导的世界秩序,即所谓"美国治下的和平";在经济上,接纳中国进入美国主导的全球分工体系,即为美国提供位于产业链低端的工业制成品和物美价廉的消费品。

在布热津斯基等人的推动下,最终美国内部形成共识:将中国纳入美国主导的全球体系是可行的,以此促进中国内部发生"自由化"改变也是可能的。克林顿时期的对华政策虽然同时具有"接触"和"遏制"两面,但在大体上仍以接触为主。1999年,虽然经历了"中国驻南联盟使馆被炸"事件和美籍华裔科学家李文和被指控为中国"间谍"两个重大事件,美国最终仍与中国就后者加入WTO达成了协议。

2001年,中国加入WTO,标志着中国获得了国际经济体系的接受。同年的"9·11"事件,使美国的注意力转向应对国际恐怖主义。中美双边关系平稳发展。在中美建交30周年之际,双方大体上维持着合作与发展的关系,并均从中受益。在国际秩序上,中国不是美国主导秩序的挑战者,并乐于在美国维持的全球安全体系下获得经济利益;美国则通过大量进口廉价的中国生产的消费品,得以对冲美元增发带来的通胀风险,有利于美国经济维持高增长、低通胀和充分就业的状态。中美关系的平稳发展,也制造出一种认知:不论美国总统的竞选者在竞选期间如何表示出对中国的负面看法,不论他们提出何种负面的对华措施,在他们当选后,一定会对中国采取现实主义的态度,这也就意味着他们暂时放下此前的反华立场,在具体事务上,尤其是在经贸问题上采取对华友好的态度。最典型的是小布什总统(任职时间为

2001—2009年），在2001年上任之初，他一改克林顿时期的中美关系"战略伙伴"定位，将中国定义为美国的"战略竞争者"。但在他的大部分任期里，对华政策基本保持了现实主义的风格。

2003年9月5日，小布什政府的国务卿科林·鲍威尔公开表示："美中关系处于尼克松总统访华30年以来最好的时候。"① 2004年，在美国佐治亚州举行的八国集团峰会（G7+俄罗斯）上，意大利总理贝卢斯科尼透露，八国集团有意邀请中国加入。这意味着该时期西方对中国的基本态度是"接纳"并"融入"。在这一背景下，中美双边经贸关系迅速发展。按照美国官方统计数据，2006年中国成为美国第二大贸易伙伴，2015年中国成为美国第一大贸易伙伴。这一位置直到2019年因中美贸易战才重新让位于加拿大。

随着中国经济实力的迅速增长，中美双方都试图对这一背景下双边的动态关系进行重新定位。2005年，中国学者郑必坚提出了"和平崛起"说，认为"中国不走'一战'时的德国、'二战'时的德国和日本那种以暴力手段去掠夺资源和谋求世界霸权的道路，也不走'二战'后那种冷战对峙、称霸争霸的老路"，中国寻求建立的"国际政治经济新秩序"可以通过渐进改革和国际关系民主化来实现。② 同年9月，时任美国副国务卿的佐利克在一次关于中美关系的演讲中提出了"负责任的利益攸关方"这一概

---

① Powell Says US-China Ties the Best since 1972. (2003-09-07)[2020-03-04]. http://en.people.cn/200309/07/eng20030907_123883.shtml.

② 郑必坚：中国的和平崛起与亚洲的新角色.（2006-02-16）[2020-02-05］. http://www.china.com.cn/zhuanti/115/hpdl/txt/2006-02/16/content_6125421.htm.

念，对中国的"和平崛起"说予以回应。佐利克在演说中表现出了对中国的现实主义态度，赞同保持对华接触政策，并邀请中国和美国以及其他国家共同应对新世纪的挑战。[①]基辛格对"利益攸关方"概念的解读是，华盛顿要求中国遵守规范和限制，承担与其不断增长的实力相适应的更多责任。[②]

随着2008年全球金融危机的爆发，原有的全球治理体系出现动摇，美国维持其全球影响力的能力迅速降低，中美关系也因此再度发生结构性变化。在上任之初，奥巴马尚对中国保持合作姿态。美国学者柏格斯坦提出的"中美共治"（Group of Two，缩写为G2）概念在2009年获得了美国不少学界和政界人士如布热津斯基、尼尔·弗格森以及时任世界银行行长的佐利克的支持。弗格森甚至发明了"中美国"（"Chiamerica"）这一词语，表现出迫切希望在美国主导的世界体系下，中国分担更多的国际责任的意愿。

与此同时，美国政界和学界又表现出对中国崛起的不安。实际上，在佐利克的"利益攸关方"演讲中，"人权"已经不是美方对中国最关切的问题。佐利克提到的对中国的担忧包括"军事透明度"以及不对外开放市场的"重商主义"——这实际上延续了20世纪80年代保罗·肯尼迪对中国崛起的担忧。这种焦虑和担忧，从未在美国对华政策考量中消失，而且影响越来越大。2011年10月，因为担心中国在亚太地区的影响力迅速增长，时

[①] ZOELLICK R B. Whither China: From Membership to Responsbility. (2005-09-21) [2020-02-05]. https://www.ncuscr.org/sites/default/files/migration/Zoellick_remarks_notes06_winter_spring.pdf.

[②] 亨利·基辛格. 论中国. 胡利平，林华，杨韵琴，等译. 北京：中信出版社，2012：488.

任国务卿的希拉里·克林顿在《外交政策》上撰文指出，美国需要"重返亚洲"，亦即通过在亚洲特别是东亚增强军事存在的手段，改变冷战结束后美国在亚太地区军事影响力不断下降的状态。① 随后，"重返亚洲"战略先后被美国总统奥巴马和国防部长帕内塔等人提起，显然已经获得美国政界的接受。

"重返亚洲"的策略在奥巴马政府中后期成形，意味着美国对华决策思维发生了根本性转变。如果说"重返亚洲"体现的是在安全领域美方立场转向强硬的话，它在更深的层次上也反映出美国政界和学界对中美关系的认识开始转向保守。这种认识的共识从安全蔓延到经贸和全球秩序上，其核心认知是中国在上述领域对美国构成了挑战和威胁。之前通过"接触"策略将中国成功纳入美国主导体系这种设想，基本被美国政界和学界否定。特朗普政府中的美国贸易代表、中美贸易战的主导者莱特希泽就曾说，指望中国加入WTO后变成第二个加拿大，这种构想是非常错误的。

这并不是说中国的崛起导致美国的经济利益受损。实际上，在2010年到2019年间，美国的经济增长率平均达到了2.25%，保持10年连续增长。2020年1月，《福布斯》杂志报道称，美国本轮经济扩张期已经持续126个月，打破了1991年3月到2001年3月为期120个月的扩张期的纪录。② 中国的经济增长并未对

---

① CLINTON H. America's Pacific Century. Foreign Policy, 2011-10-11. https://foreignpolicy.com/2011/10/11/americas-pacific-century/.
② MAROTTA D J. Longest Economic Expansion in United States History. Forbes, 2020-01-21. https://www.forbes.com/sites/davidmarotta/2020/01/21/longest-economic-expansion-in-united-states-history/#2b9a4d4d62a2.

美国经济增长构成负相关，并非零和博弈。在 2018 年经济继续维持增长的局面下，美国对华政策转向保守，美国国内政治风气变化以及对中国的认识发生改变是直接原因。

从特朗普到拜登

到了特朗普执政时期，中美关系的一个显著变化就是爆发了贸易战。围绕着经贸关系的调整，中美关系要素调整包括中美在科技和人文交流上的"脱钩"，并辅以美国对华在南海、台湾、香港、新疆、西藏问题上的指责，此前建立的双边合作机制中有效的所剩无几。这既是因为美国和中国实力此消彼长引发双边关系结构性的改变，也是因为美国国内政治倒向保守化和孤立化带动其对外政策发生质的改变。拜登当选美国总统迄今，基本维持了特朗普时期的经贸和关税政策。拜登政府一方面致力于寻找中美合作的共同领域，另一方面则试图巩固与西方的联盟，从而形成在意识形态领域对中国的围困之势，这使双方的关系出现了既有竞争、又有可能合作的特点。

中美贸易摩擦由来已久

中美两国之间的贸易摩擦在双边关系中是一个正常存在的问题。小布什和奥巴马时期，美国曾指责中国操纵汇率、对美倾销产品、违反知识产权规则以及盗窃商业情报，并对中国进行多次反倾销制裁。但双方均通过对话或者诉诸 WTO 贸易仲裁组织等方式解决这些问题。

到了特朗普时期，中美贸易关系再次被提上台面。从表面上看，双边存在的最大问题是不断增长的中美贸易赤字。2020年1月30日，美国经济政策研究所发布的一份调查报告称，2001年美国对华贸易赤字为840亿美元，但到2018年已达到4 195亿美元。报告认为，大量中国商品的涌入导致美国工厂倒闭，总计370万美国人失去了工作。[①]

但是，事实并非如此。

1960年，美国经济学家罗伯特·特里芬在《黄金与美元危机——自由兑换的未来》一书中指出：由于美元与黄金挂钩，而其他国家的货币与美元挂钩，美元虽然取得了国际核心货币的地位，但是各国为了发展国际贸易，必须用美元作为结算与储备货币，这样就会导致流出美国的货币在海外不断沉淀，对美国国际收支来说就会发生长期逆差；而美元要作为国际货币核心的前提是必须保持美元的币值稳定，这又要求美国必须是一个国际贸易收支长期顺差国。这两个要求互相矛盾，因此是一个悖论。这个悖论也被称为"特里芬难题"。[②] 可见，美国的贸易逆差从某种程度上是美元作为国际核心货币的必然结果。

美中贸易出现巨额逆差，还有一个重要原因是统计口径的不同。由于全球产业链的存在，美国进口的大量中国产品，特别是

---

① The growing trade deficit with China eliminated 3.7 million U.S. jobs between 2001 and 2018. Economy Policy Institue, 2020-01-30. https://www.epi.org/press/growing-china-trade-deficits-eliminates-us-jobs/.
② 数字货币，能否解开特里芬难题？.（2019-11-11）. https://column.china-daily.com.cn/a/201911/11/WS5dc8f3caa31099ab995eb246.html.

加工产品，原产地遍布全球。但是美国把这些产品通通计入中国原产地，这就让中国对美国贸易顺差的总量显得十分庞大。另外，外资公司在华设厂，其贸易额也被美国贸易代表办公室计入中国对美顺差当中。据中方统计，中国货物贸易顺差的 61% 来自加工贸易，59% 来自外资企业。[①] 双边对贸易顺差/逆差的统计方式不同，导致美国统计的美中贸易逆差数据最多时比中方数据高出近 1 000 亿美元。例如，2018 年美国统计部门计算的美中货物贸易逆差高达 4 195 亿美元，而中国商务部统计的货物贸易顺差为 3 233.3 亿美元，两者统计总额相差 962 亿美元之多。[②] 而且，美国对中国的服务贸易产生的 405 亿美元的顺差没有计入其中。[③] 美国对于美中贸易赤字计算方式采取的是从宽的做法，因而出现了显著的夸大。而且据中国商务部数据，在华美资企业仅 2018 年销售收入便达到 7 000 亿美元，大大高于 2018 年中国对美货物贸易顺差 3 233.3 亿美元。

贸易逆差争议实际上反映的是美国对中国经济实力增强的警惕。这种警惕在 2008 年全球金融危机前后开始逐渐成形。2008 年年初，美国加入新西兰、新加坡、智利和文莱组成的 TPP，奥巴马政府在其全部任期内大力推动 TPP 成员国的谈判，试图将其

---

① 商务部. 关于中美经贸关系的研究报告.（2017-05-25）. http://images.mofcom.gov.cn/www/201708/20170822160323414.pdf.
② 2018 年中美贸易投资简况.（2019-05-02）. http://www.mofcom.gov.cn/article/i/dxfw/nbgz/201905/20190502859509.shtml.
③ Office of the United States Trade Representative: U.S. - China Trade Facts. (2020-04-29). https://ustr.gov/countries-regions/china-mongolia-taiwan/peoples-republic-china.

打造成为一个高标准的、排除中国的自贸协定，从而在区域经济合作上占据优势。这有可能影响到中国在亚太区域的经济一体化策略。但 TPP 的标准定得过高，后来的特朗普政府认为美国付出成本太多，加之特朗普将双边关系置于多边关系之上，美国最终退出了 TPP。

总的来看，特朗普时期的中美经贸关系经历了几个阶段。最早是 2017 年 5 月中美达成的"百日计划"。中国承诺在 3 个月内开放金融和农业市场。但美方的战略耐心不足，从"百日计划"的命名中就可以看出。不久，美方再度表现出对中方行动不认可的态度。第二阶段出现在 2017 年 11 月，特朗普访华期间，中美签署了价值 2 500 亿美元的经贸合作文件，中方承诺大量进口美国农产品和能源产品，以此来实现双方贸易的平衡。美国很快就对这一合作成果进展表示不满。2018 年 3 月，特朗普的战略耐心再度耗尽，着手对中国输美产品加征关税。这一政策以极高的效率落地。2018 年 7 月 6 日，美国对价值 340 亿美元的中国输美产品征收 25% 的关税。随后中方宣布实施对等措施进行反击，双边贸易战全面爆发。

中美贸易战的发展及评估

截至 2019 年年底，中美贸易战双方涉及加征关税的产品金额超过 4 000 亿美元，计划加征关税总额超过 3 000 亿美元。两组数据相加，已经超过美国商务部公布的 2017 年中美货物贸易总额（6 364 亿美元）。我们可以认为，至此中美贸易战覆盖了双

第九章 中美：如何实现良性竞合

方贸易的绝大部分领域，也使之成为有史以来全球最大的一场贸易战。

美国启动的这场贸易战一度得到了其国内政界、商界和保守派智库的大力支持，但在华盛顿内部并非没有争议。2019年7月3日，美国《华盛顿邮报》网站刊登了一封由95位知名学者和前政府官员联名签署的公开信。[①]这封名为"中国不是敌人"的公开信签名者包括戴维·兰普顿、约瑟夫·奈和乔纳森·波拉克等知名学者。公开信认为，美国对华政策出现定位和判断错误，并认为"对中国将取代美国成为全球领导者的担忧被夸大了"。公开信还认为，中国并不寻求推翻现存全球秩序中至关重要的经济秩序。2020年4月3日，美国90多位学术界领袖和前政客，包括前国务卿、财政部长、国防部长、首席贸易谈判代表，以及至少三任驻华大使再度联名发布公开信，希望美国在应对新冠肺炎疫情问题上与中国进行合作。以上事例充分说明美国政界、学界和企业界对美国现有强硬对华政策感到不满。

在经济领域，美国的征税政策和围堵中国高科技公司的做法也为自己的企业制造了空前的麻烦。大量美国商品的供应链上游来自中国，这迫使美国贸易代表办公室在贸易战刚刚开始15个小时就对个别征税产品启动豁免申请。2019年9月，美国贸易代表办公室宣布了437个税号产品获得豁免。在针对华为的制裁过

[①] TAYLOR FRAVEL M, STAPLETON ROY J, SWAINE M D, et al. China is not an Enemy. The Washington Post, 2019-07-03. https://www.washingtonpost.com/opinions/making-china-a-us-enemy-is-counterproductive/2019/07/02/647d49d0-9bfa-11e9-b27f-ed2942f73d70_story.html.

257

程中，美国商务部应高通和博通等相关公司的请求，在2019年到2020年5月期间以连续六次颁发临时许可的方式，将华为与美国公司的业务总计延期450天。这说明美国与中国的经济联系并不能通过行政命令和法案轻易切断。

2019年12月，中美双方在经过了13轮谈判后达成第一阶段经贸协议，暂时中止了这场浩大且损耗严重的贸易战。但是，截至拜登宣誓就任总统当天，美国依然对中国2500亿美元商品征收25%的关税，对中国1200亿美元商品征收15%的关税。[1] 根据美国知名智库彼得森国际经济研究所的分析，美国对中国商品的关税税率已经从2018年1月争端升级前的平均3.1%上升到第一阶段协议签署后的19.3%，与协议签署前的21%相比仅有小幅下降。中国对美国商品的平均关税也显著上升，从贸易战前的8.0%上升到现在的20.3%。[2] 不论是拜登本人，还是拜登政府的首席贸易谈判代表凯瑟琳·戴（中文名为戴琪），均曾表示在短时间内没有取消关税的意愿。[3]

中美贸易战对全球经济产生了诸多溢出效应，其影响将会在

---

[1] 拜登时代的中国与美国：趋势与应对.（2021-01-20）. http://www.ccg.org.cn/archives/61723.

[2] BOWN C P. US-China Trade War Tariffs: An Up-to-Date Chart. (2020-02-14). https://www.piie.com/research/piie-charts/us-china-trade-war-tariffs-date-chart.

[3] KARABELL Z. Trump's China tariffs failed. Why isn't Biden dropping them? Washington Post, 2020-12-04. https://www.washingtonpost.com/outlook/2020/12/04/trump-biden-china-tariffs-trade-interview/; DAVIS B, HAYASHI Y. New Trade Representative Says U.S. Isn't Ready to Lift China Tariffs. Wall Street Journal, 2021-03-28. https://www.wsj.com/articles/new-trade-representative-says-u-s-isnt-ready-to-lift-china-tariffs-11616929200.

很长时间里继续改变全球经济格局。其中最深远的溢出效应是全球分工被强行改变，主要体现在贸易战对全球产业链、供应链和价值链的冲击。虽然美国对中国产品征收关税，但这些产品背后的供应商遍布全球。据中国商务部估算，美国首批340亿美元征税产品中，大约有200亿美元（约占比59%）产品是美、日、韩、欧的公司在中国投资生产的。① 大量原来布局在中国的产能，出于人力资本和税收成本考虑，开始向东南亚、日韩和欧洲转移。中美贸易战对中国和全球产业分工产生了双向的影响。部分产业迁移至全球其他国家和地区，中国内部也在重构其价值链，加速产业升级以实现进口替代，从而增加中国在全球价值链中相对独立的地位。对于难以实现的进口产品，中国将转向寻求其他的供应方，推动中国与非美国市场的进一步深入联系。在美国市场逐渐关闭大门的情况下，中国将提升与其他区域，特别是与"一带一路"沿线国家和地区的合作。深化"一带一路"倡议中的经济合作程度，已经成为迫在眉睫的事情。此外，随着部分产业从中国转移布局到东南亚，整个东亚的经济分工重新分配，有助于东南亚经济发展，提升东亚和东南亚经济一体化。在RCEP签署后，该区域经济一体化程度进一步加深，有望成为全球经济发展中最重要的一极。

面对不确定的国际发展环境，中国政府提出了构建"以国内大循环为主体、国内国际双循环相互促进"的"双循环"战略，

---

① The Facts and China's Position on China-US Trade Friction. (2018-09-24). http://www.scio.gov.cn/ztk/dtzt/37868/39004/39006/Document/1638352/1638352.htm.

以缓冲中美贸易战影响，推动经济可持续发展。同时，中国政府灵活应用货币政策和财政政策止损，特别是2018年以来实施大规模减税，降低企业压力，提高中国产品出口能力。在高科技领域尤其是ICT（信息与通信技术）领域，加大扶持力度。正如2001年加入WTO，迫使中国加速与全球贸易规则对接一样，中美贸易战也产生了倒逼效应，让中国政府在更多领域加速了其改革与开放的步伐，如进行了建设海南自贸港和深圳社会主义先行示范区等新尝试。

中国政府应对中美贸易战以及中国在抗疫领域取得的成功，确保了中国成为2020年唯一实现经济正增长的经济体。中美贸易战的结果也没有达到美国政客原有预期，美国并未达到消除其贸易赤字的短期目标。2019年美国对华贸易赤字同比下降了17.6%，总额降至3 456亿美元，约相当于2015年的水准。[①] 但2020年中国对美出口产品又出现增长，据海关总署数据，2020年，中美双边货物贸易增长8.8%。中国对美货物贸易顺差达到2.19万亿元，创下中美贸易史上第二高的顺差纪录（以中方海关总署数据为准）。[②] 美国商务部发布的报告显示，2021年中美贸易逆差达到3 553亿美元，包括商品和服务在内的整体对华贸易逆差更是高达8 591亿美元，再创历史新高。

事实上，中美贸易战持续三年多来产生的输家比赢家多。对

---

① US Trade Deficit Shrinks in 2019 for the First Time in Six Years. (2020-02-05). https://www.cnbc.com/2020/02/05/us-trade-deficit-december-2019.html.
② 2020年中美双边货物贸易总值4.06万亿元，增长8.8%.（2021-01-14）. http://zw.china.com.cn/live/2021-01/14/content_1118572.html.

美国来说，美方既没有明显促进就业回流，也没能轻易实现中美"脱钩"，而且美国全球贸易失衡也持续扩大，美国农民倍受打击，美国消费者也不得不承受中美贸易战带来的支出增加、收入减少。

美国于2018年依据所谓"301调查"结果对中国输美商品加征关税的两项行动将分别于2022年7月6日和8月23日结束。美国总统拜登于2022年5月10日表示，美国政府正在讨论是否取消特朗普政府时期对华加征的关税，但尚未就此做出决定。在美国面临40年来最严重通货膨胀及俄乌危机冲击下，华盛顿智库彼得森国际经济研究所发布的政策简报指出，如果取消特朗普政府对中国输美产品加征的关税、以"国家安全"为名加征的钢铁关税等，可以降低美国CPI（消费者物价指数）约1.3个百分点。①

然而，尽管特朗普时期已经过去，但贸易战并没有完全过去，西方媒体的共识显然是中美贸易战将会长期化。中美贸易战影响逐渐向全球扩散，全球产业链的重新布局已经开始，并因新冠肺炎疫情和俄乌危机加速。美国国会两党对于中美贸易战的态度高度一致，只是在具体做法上有所不同，不管美国总统是谁，短期内都不会进行大规模的调整。中国虽然在贸易战中处于被动反应的一方，但并非消极地等待局势改变。在未来，双方短兵相接和长远布局的情况将会同时存在。

---

① 拜登表示正讨论取消对华加征关税.（2022-05-11）. http://www.news.cn/world/2022-05-11/c_1128641263.htm.

中美关系的"第二战场"

除了关税，美国还在尝试使用"脱钩"的办法，切断中美之间除经济之外的联系。科技领域成为中美贸易战的"第二战场"。美国采取了包括"长臂管辖"的办法对中国高科技产品进口和中国科技公司进行空前的打压。[①] 2018年年初，美国以中兴公司向伊朗出售相关信息通信产品为由对其实施制裁。2018年7月，美国国会通过出口管制法案，并由美国商务部工业安全署发布14类核心前沿技术出口管制清单。这14类技术主要包括生物科技、人工智能和芯片制造等。随后美国采取的措施还包括限制外国对美国高科技企业的投融资，以及限制中美之间技术人才的交流。其中，华为在这场贸易战中承受了来自美国集中火力的打击，损失巨大。截至2020年8月底，已经有300多个中国实体机构（包括公司、院校等）被列入制裁清单。

在人文交流领域，美国政府将主要目标对准中国新闻机构、高校和孔子学院，主要做法包括将总共15家中国媒体列为"外国使团"，将中国13所高校列入"实体制裁清单"，禁止来自中国的持有F类和J类签证的、与中国"军民融合战略"有关的中国高等院校留学生、研究人员、访问学者进入美国。此外，拥有70多年历史的中美高水平国际学术项目——富布莱特交流项目，

---

① "长臂管辖"在本书中特指美国根据其国会通过的《反海外腐败法》、《出口管制条例》和《上市公司会计改革与投资者保护法案》（简称《萨班斯法》）对使用美元结算、在美国上市的公司以及出口产品中使用了美国技术的非美国公司实施海外监督和管理的做法。

第九章 中美：如何实现良性竞合

也在2020年7月被美国政府叫停。美国方面陆续关停孔子学院。自2005年至2017年4月，中国先后在美国48个州设立103所孔子学院。截至2021年3月，共有74所孔子学院被关闭。[1]

特朗普政府的各种措施对中美之间的交流造成了极为严重的影响。根据美国国务院在2020年11月公布的2020年4—9月发放签证数据，在这半年内美国仅向中国内地发放了808张F1学生签证，2019年同期则发放了90 410张。[2]而且中国留学生选择专业受到限制，部分留学生需要接受额外的安全背景调查。

同期，大批华人华裔学者受到调查甚至迫害。在缺乏明确证据披露下，美国政府逮捕了多位华裔教授，如麻省理工学院工程系教授陈刚、埃默里大学生物学教授李晓江、克利夫兰临床医院心血管遗传中心主任王擎等，罪名几乎均为"欺诈美国科研经费，隐瞒与中国机构关系"。

至此，美国在中美关系"第二战场"上采取的单边行动，对中美两国科技和人文交流造成了事实上的"脱钩"。其效果和影响还很难用数据予以衡量。

美国对华贸易战只是美国对中国采取经济遏制战略的一部分。在多边贸易体系问题上，特朗普一直尝试通过双边谈判的方式取代多边谈判，使之在谈判中获得绝对主导权，从而迫使对方

---

[1] National Association of Scholars：How Many Confucius Institutes Are in the United States?.(2021-03-25). https://www.nas.org/blogs/article/how_many_confucius_institutes_are_in_the_united_states.

[2] LOIZOS C. Report: US visas granted to students from mainland China have plummeted 99% since April. (2020-11-03). https://techcrunch.com/2020/11/03/report-u-s-visas-granted-to-students-from-mainland-china-have-plummeted-99-since-april/.

接受更加有利于美国的条款，并塞入他想要的"毒丸条款"。例如，在2019年年底，美国与加拿大和墨西哥签署《美墨加协定》，代替已实施26年的《北美自由贸易协定》。《美墨加协定》包含了汽车领域和自贸区协议的排他性条款——"毒丸条款"，这将会给中国与加拿大、墨西哥签署自贸协定以及中国的汽车企业的销售制造障碍。在美国与英国的自贸区谈判中，美国也打算塞进"毒丸条款"，防止英国与中国签署自贸协议。目前美国还在与欧盟和日本进行相关谈判，不排除美国以此构建一个"经济北约"，以便将中国排除出区域贸易体系。

随着美国和日本以及欧盟继续延续其贸易战，叠加2020年新冠肺炎疫情对全球供应链的影响，这场已经延续两年的贸易战对全球经济和中国经济的影响变得更加深远。美国并没有因为两年的贸易战未能达到目的而放弃，反而还追加各种措施，让企业制裁和脱钩变成一个长期存在的现实。即使美国政府出现更迭，也难以在短期内改变这种局面。

在中美"脱钩""新冷战"等说法甚嚣尘上之时，我们也注意到，中美利益交织密切，完全"脱钩"的概率非常小。正如2020年美中贸易全国委员会发布的年度会员调查报告所言，尽管近年来贸易摩擦不断，一些强硬派人士也大力鼓吹经济"脱钩"，但无论是调查数据，还是与会员企业的交流都显示，美国企业对中国市场保持长期承诺。83%的美国企业将中国视为其全球战略中最重要或排名前五的重点之一，近70%的美国企业对中国未来五年的市场前景抱有信心。关于中美第一阶段经贸协议，美中贸易全国委员会称，88%的受访企业对该贸易协议整体上持较为积极的态度。受访企业认为,该协议"让双边关系更加稳定,并降低了关税战进一步升级的风险"①。

拜登政府时期的中美关系:现状与预判

中美双边关系在特朗普任期内的恶化被称为"自由落体式",有人认为,中美关系"已经永久改变"。2020年11月,美国布鲁金斯学会名誉主席约翰·桑顿在全球化智库(CCG)举办的"全球化的十字路口"线上研讨会上表示,美国外交政策思想家和行动家或多或少达成了对中国的七点共识,美国对华战略的竞争性倾向是基于两国实力对比的必然变化,当前美国面临国内民粹主义的严峻挑战和一个日渐强大的中国,对华遏制的主基调不会因为政党的执政交替发生根本性改变。②

拜登政府执政一年多的情况很好地验证了桑顿的上述判断。

一方面,拜登政府延续了特朗普政府的对华强硬态度,保留了大部分特朗普政府的对华政策。

首先,拜登政府上任后并未放弃特朗普时期的对华关税政策。虽然拜登在美国总统大选中曾批评特朗普发动对华关税战,认为此举伤害美国甚于伤害中国。然而,在执政后,拜登政府仍保留了特朗普发动对华贸易战所施加的关税,并未提出新的对华

---

① 美中贸易全国委员会年度报告:中美经贸关系有挑战仍可期.(2020-08-13). http://www.cankaoxiaoxi.com/china/20200813/2418265.shtml.
② 约翰·桑顿:今日中美关系更加真实、坦诚、前瞻而有建设性.(2020-11-27). http://www.ccg.org.cn/archives/60522.

贸易政策。直到 2021 年 10 月，美国贸易代表戴琪在美国战略与国际问题研究中心透露，行政部门将调整对华贸易政策，在评估中国执行第一阶段经贸协议成果的基础上，将启动有针对性的关税排除程序，并对以国家为中心、非市场化的贸易行为这类未出现在第一阶段经贸协议中的问题加以持续关注。同月，美国贸易代表办公室（USTR）宣布，拟重新豁免 549 项中国进口商品的关税，并就此征询公众意见。2022 年 3 月 23 日，USTR 发表声明，宣布重新豁免对 352 项从中国进口商品的关税。

其次，延续特朗普时期对两国科技文化和教育交流等方面的阻碍。拜登政府延续了特朗普政府制裁中国高科技企业的做法，并将更多的中国实体列入美国商务部的"实体清单"。同时，将对中国高科技领域的打压延伸到留学领域。2021 年年中，500 多名中国留学生联名致信中国驻美国大使馆，反映他们赴美留学签证申请被美方拒绝。这 500 多名被拒签学生均为申请赴美攻读博士或硕士学位的研究生，大多学习电气电子工程、计算机、机械、化学、材料科学、生物医学等理工类专业，绝大部分学生办理签证的时间是在拜登政府上台后。①

另一方面，拜登政府高举意识形态旗帜，加强联盟战略，推进制度模式竞争。特朗普政府时期"退群""毁约"等单边主义外交政策，一定程度上动摇了美国盟友体系的根基以及对国际机制的影响力。与特朗普政府相比，拜登政府对华政策更加重视同盟的作用，强调合作、结盟等政策，试图以多边主义合作来约束

---

① 管筱璞，韩亚栋. 至少 500 名中国留学生申请赴美被无端拒签 被拒签者准备起诉美国政府.（2021-07-11）. https://m.gmw.cn/baijia/2021/07/11/1302399315.html.

中国，通过七国集团、北约、美国—欧盟"跨大西洋伙伴关系"框架、"五眼联盟"、美英澳三边安全伙伴关系、印太四国合作机制、美国—东盟伙伴关系等平台拉拢盟友伙伴以支持美国对华战略，塑造中国的战略环境。

不过，与特朗普政府最后一年对华"全方位脱钩"政策形成鲜明对比的是，"竞争""合作""对抗"等字眼在拜登政府对华政策基调中得以凸显。美国国务卿安东尼·布林肯（Antony Blinken）就曾明确表示，新一届美国政府对中国的态度将是"应该时竞争，可能时合作，必须时对抗"。虽然拜登政府在执政的第一年里未能与中方一道建立工作机制，也未能确定共同的议程，不过，双方高层保持着对话与沟通。从2021年2月拜登与习近平主席的首次通话，到中美两国代表在安克雷奇的高层战略对话、中美天津会晤、中美两国元首应约通话以及视频会等，一年中多次的中美高层对话，显示出双方探索建立理性、可控与公平竞争的两国关系的努力。

相比特朗普政府那种颠覆性的对华政策下，中美关系呈现出的高度不确定性，拜登政府更符合建制传统，强调对话与盟友合作，规则意识和底线思维使其政策延续性、可预判性更强。不过，考虑到新冠肺炎疫情、俄乌战事等因素影响，以及美国国内严峻的政治和社会对立与分裂、贫富差距等问题仍将持续，未来数年内，国际、国内格局仍旧会掣肘其政策实施，也将会给中美关系走向带来影响，综合来看，或将呈现以下特点。

首先，拜登政府将优先国内议程，着眼于弥合社会分歧、恢复和发展经济，提升自身实力，并基于这个目标制定对华战略。

拜登虽然入主白宫并且其所在的民主党在国会中有微弱优势,但他的政府还是一个弱势政府,连内阁成员安排都需要刻意突出政治正确,这使新一届美国政府政策贯彻能力减弱,对华政策决策将会变得审慎。特别是考虑到2022年国会中期选举将至,预计拜登政府在对华政策上不会有太多调整,而中期选举后,如果民主党失去对国会当中一院或两院的控制,将会使拜登政府在对华问题上更趋保守。

其次,局部领域的合作将中美关系控制在"斗而不破"的状态。拜登在竞选期间和当选之后均表现出多边主义合作倾向,并将其作为自身的重要执政纲领。这既是中美关系的机会,也是中美关系的挑战。特朗普政府时期在全球公共事务上的不断"退群",导致全球多个公共事务平台瘫痪或影响力大减,对全球秩序也构成了极大的冲击。一个有美国积极参与的全球秩序,总体上要比美国不断退出的全球秩序能够为全世界带来相对的稳定,这一点在第二次世界大战以及第二次世界大战之后的国际关系史中可以确认。拜登未上任即确认任命奥巴马时期的美国国务卿约翰·克里为气候变化大使,清晰地表现出了美国"重返"全球秩序的意愿。但是,特朗普主义在美国尚有很大市场,拜登如何协调多边主义合作与美国利益之间的关系,将是一个艰巨的问题。中国在气候变化、公共卫生、核不扩散等全球治理领域一向持有积极态度,存在与美国合作的可能性和可行性,多边主义是中美关系在未来数年中最具动能和潜力的互动领域。

再次,经贸关系作为中美关系框架中最重要的元素,仍存合作空间。对中美两国商界而言,彼此之间仍有利益上的需求以维护相对稳定的经贸关系。从对待贸易战的态度来看，美国商会、全美制造商协会、美国零售联合会及一部分美国中小企业，期待贸易战能够在新一届美国政府上任后得到缓解。制造业和零售业是希望中美经贸关系能够复苏的两个经济行业。另外，受到中国政府开放金融市场政策的影响，美国金融机构有望全面进入中国市场，因而其对中美经贸关系复苏也持有较高期待。总体而言，美国部分企业界人士起初支持特朗普使用强硬行政手段和法律政策，推动美国从中美贸易中获得更多利益。但全球化智库（CCG）的调研发现，美国商界人士逐渐转向通过改变或者构建国际规则，如 WTO 和 CPTPP 等多边贸易组织的规则制定，将中国约束在一个对美国相对有利的贸易框架中。在这一问题上，美国商界和拜登竞选时期的"多边主义合作"纲领是不谋而合的。经贸关系仍将在中美关系中发挥重要作用，但在地缘政治、区域安全、科技研发、公共卫生等诸多问题在中美关系议程中的比重逐渐加大的今天，这一关系能否具有压倒性的权重，还有待观察。

最后，鉴于美国对通过科技脱钩遏制中国已达成了共识，除了一些必要的领域为了维持美国企业的利益会稍有放松，拜登政府很难放松对华高科技出口管控，中美之间的科技脱钩仍会继续。技术标准是行业发展的基础性架构，直接影响到企业在产业链、价值链中的地位。拜登执政后，一个重要政策动向就是重新调整与国际经济体系的关系，联合意识形态相近的国家/地区推进经济一体化[1]，强势推进技术标准的全球制定权，以此来推进尖

---

[1] 王帆. 拜登政府的对华战略：竞争性共存与新平衡.（2021-09-19）. http://www.aisixiang.com/data/128655-2.html.

端科技"脱钩",限制中国高科技产业创新的发展。此外,在人文交流领域,由于美国高校存在着利益需求,拜登取消了上任政府颁布的《关于暂停部分中华人民共和国留学生和研究人员以非法移民身份入境的公告》,但由于延续了特朗普政府时期签署的第10043号总统令[①],出现拒签中国理工科留学生签证等现象,使国际学术交流的价值遭遇挑战。

综上,拜登政府执政以来虽然尚未能使中美双边关系得到显著改善,但给两国关系一定程度的缓和与调整提供了机遇。尽管竞争无可避免,但中美两个大国若因误判而滑向冲突,必定会损害两国根本利益,也会给国际秩序和全球体系带来撕裂的压力。如果两国能够共同努力,增加中美关系的稳定性与可预测性,提升竞争的良性,降低冲突的风险,将是一个积极和建设性的尝试,也可望取得有价值的阶段性成果。[②]

新时代中美关系：合作还是斗争

中美关系已出现结构性变化,20世纪80年代双边的"准盟友"关系,在90年代演变成了为经贸关系奠定基础、多领域合作的"双赢"关系。这种关系在经历了2008年的全球金融危机冲击以及美国贸易保护主义和民粹主义兴起之后,其根基(即经

---

① 第10043号总统令是美国前总统特朗普于2020年5月签署的一项行政令,规定签证官可以以学生(学者)就读专业及研究方向、毕业于特定高校或接受CSC(中国国家留学基金管理委员会)资助等为由拒发签证。
② 吴心伯. 塑造中美战略竞争的新常态. (2022-04-07). http://www.aisixiang.com/data/132492-2.html.

第九章 中美：如何实现良性竞合

贸关系）已经被侵蚀。在未来一段时间，中美既相互竞争，又存在彼此合作的可能。当前，由于中美综合国力的差距不断缩小，中美竞争的现实已不容回避，两国间的竞争或博弈不断向纵深发展是一个长期趋势。但同时，在维持联合国和WTO体制上，在核不扩散领域、公共卫生领域以及气候变化领域，双方具有共识的基础；在网络安全和打击海外避税行为上，中美仍存较多合作可能。

权力转移时代的中美关系"陷阱说"

与全球化的时代变局相伴而生，并使之更为波澜起伏的，乃是作为崛起大国的中国和作为主导性大国的美国之间悄然进行的权力转移，这种大国实力对比的变化在经济领域表现得尤为显著。目前，中国已经是世界第二大经济体和世界第一大贸易体，各方分析热衷于预测中国名义GDP超过美国的时间点。甚至有些机构基于购买力平价（PPP）计算，认为中国的GDP已经超过美国。与此同时，中国在国际事务中日盛的话语权和影响力，也越来越符合人们对一个大国的认知和期待。正是在此背景下，中国的崛起让美国部分人士感觉受到威胁，中美对抗成为国际社会所担忧的情境。

萨缪尔森陷阱

2004年，美国经济学家保罗·萨缪尔森以中国崛起为背景对国际贸易提出一个新观点："自由贸易和全球化有时可以把技术

271

进步转变成双方的收益,但是有时一国生产率的提高却只带来该国自身的收益,并通过减少两国间本来可能有的贸易收益而伤害另一国家。"学术界将这一观点总结为"萨缪尔森陷阱"。

"萨缪尔森陷阱"实际上反映的是在全球经济不断发展的进程中,全球分工发生变化的情况。随着产业升级换代,中国在劳动密集型、资本密集型和技术密集型产业上都获得了国际贸易竞争力,由此改变了国际贸易格局。由于中国还没有找到及时有效地调整与他国贸易利益分配的方式,因此进入一个与他国矛盾和冲突的多发期。[①]"萨缪尔森陷阱"在某种程度上为贸易保护主义者看待中美关系变化提供了理论依据。部分美国企业无法从中美经贸往来中获益,或者获益降低;部分美国企业认为中国市场准入困难,中国在知识产权和法律法规执行上存在问题。这种情绪随着美国转向保守化而变得愈加浓烈,使之对中美经贸往来的态度由支持转向了摇摆和反对。比如2017年中美关系发生转折的关键时刻,部分美国企业和相关行业协会公开表示支持针对中国的"301调查",在政府对华贸易政策强硬化过程中推波助澜。

修昔底德陷阱

中国的日渐崛起让美国部分人士感觉受到了威胁,中美对抗成为国际社会所担忧的情境。我[②]在哈佛大学担任高级研究员时,曾与著名政治学家格雷厄姆·艾利森教授就此交换了意见。

[①] 高柏. 走出萨缪尔森陷阱——打造后全球化时代的开放经济. 文化纵横,2020(6):45-58.

[②] 这里指本书第一作者王辉耀。

艾利森于2015年9月在《大西洋月刊》上发表了《修昔底德陷阱：中国和美国正在走向战争吗？》，正式抛出了"修昔底德陷阱"这一概念。2017年，艾利森出版了《注定一战：中美能避免修昔底德陷阱吗？》，将中国崛起是否会挑战美国这一话题呈现给公众。艾利森本人其实并不是一个持保守派立场的学者。"修昔底德陷阱"只是一个学术概念，但目前已经成为形容中美关系走向的一个专用术语。艾利森借用了古希腊历史学家修昔底德的观点，论证自古以来16次大国崛起的过程当中，有12次最终诉诸战争。由此得出结论：当一个崛起国威胁到守成国的主导地位时，会引起后者意想不到的反弹。在这种情况下，不仅仅是非同寻常、未曾预料到的事件，哪怕是外交事务上一丁点的寻常摩擦，都有可能引起大规模的冲突。该论证被应用在当今国际关系领域，很容易导致预设中国的崛起必然对美国产生威胁的立场。

艾利森的观点正中美国保守派政客和学者的内心诉求。保守派学者对于中国崛起所带来的影响早有判断。1996年，亨廷顿就在他的"文明冲突论"中认定，中国和西方国家的思维很难调和和折中。2017年特朗普当选美国总统前后，美方连续发布的《国家安全战略报告》和《国防战略报告》中就把中国定义为"修正主义国家"[①]，并重拾小布什时期将中国定义为"战略竞争者"这一论调。自此，特朗普时期的美国对华政策开始决定性地向强硬和保守方向发展。

2017年12月，白宫发布的《国家安全战略报告》首次提出

---

① "修正主义国家"是1958年美国学者奥根斯基在其权力转移理论中提出的一个概念，意思是指意欲颠覆或者推翻现存秩序的国家。

了"印太战略"这个概念。随后两年,美国国防部和国务院也发布了相关政策文件,对其内容进行修订和充实。"印太战略"实际上是奥巴马政府的"亚太再平衡"战略的缩水版,同时还残存着安倍晋三 2007 年首次出任日本首相时提出的"自由与繁荣之弧"的印记。它的成员只包括美国、日本、澳大利亚和印度四个主要国家,同时寻求区域其他国家的支持。美国的"印太战略"强调的主要内容包括:中国是"修正主义国家",破坏印太地区各国的自主权;美国要增加在该地区的军事力量投放,保护美国的利益,并保持美国对"该地区稳定的永久性承诺";美国要和其余三国建立"四边安全对话"机制,并建立"航行安全计划"。

然而,对于"印太战略",美国究竟应该投入多少预算,官方却没有给出详细的数据。就目前来看,美国很难就其海外地缘政治合作再投入大量的资金,过度的军事行动消耗它的预算,也使美国的其余海外战略在很大程度停留在口头上。不过,该战略试图通过将印度以及周边国家纳入美国的地缘政治体系,以构成对中国"一带一路"倡议的挤压,同时以此牵制中国的海外贸易路线,这一思路是非常清晰的。值得关注的是,印度在 2020 年下半年对"印太战略"做出了靠拢的姿态。

中美双方都有相关人士在试图改变中美走向对抗的趋势。2018 年 9 月 26 日,全球化智库(CCG)与美国哈德逊研究所联合在华盛顿举办了"中美经贸关系 40 年回顾与展望及政策建议"智库研讨会,试图以民间智库交流这种"二轨外交"方式为中美走向合作做出一些积极贡献。但是,这次智库研讨会过去仅仅 9 天,时任美国副总统迈克尔·彭斯就在同一个地方发表了一篇火药味极浓的演讲。彭斯除了在演讲中指责中国的"人权"问题外，重点提到"中国正在干预我们的民主（制度）"，并表示将对中国采取强硬态度。彭斯的表态，让人想起1946年3月5日英国著名政治家丘吉尔在美国富尔顿做的著名"铁幕"演说。在那次演说后，美国和西方正式与苏联进入冷战状态。彭斯的演讲是否也具有这样的意义，还有待时间观察，不过，彭斯是第一位在公开场合表示中国成为美国制度威胁的高级政客。

金德尔伯格陷阱

与艾利森对中美"硬实力"的聚焦相比，同样来自哈佛大学的约瑟夫·奈教授基于自身理论，更侧重"软实力"面向，并从全球治理的角度抛出另一个问题。他认为很多国际关系学者在讨论21世纪国际秩序时，都担心中美关系会掉入"修昔底德陷阱"，其实我们更应该问的是世界经济是否会掉入"金德尔伯格陷阱"（Kindleberger's trap）。他目睹特朗普政府急于抛弃国际公共产品主要提供者角色，开始担心中国是否有能力与意愿填补这个真空，否则世界经济将出现公共产品供给短缺的危机。

"金德尔伯格陷阱"，指的是在曾经具有世界领袖地位的大国衰落之际，由于新兴大国无力提供必要的全球公共产品，从而造成世界治理的领导力真空的局面。金德尔伯格最早提出这个命题，认为正是美国取代了英国成为世界霸主，却未能跟进发挥英国提供全球公共产品的作用，因而导致20世纪30年代"灾难的十年"。

事实上，"修昔底德陷阱"和"金德尔伯格陷阱"正是当今国际体系面临的两大关键难题。前者关乎中美关系这组全球最重要的双边关系的走向，牵动国际体系的"基本盘"；后者对于全球治理体系的健康与否，本身就是绕不过的问题。作为新兴大国的中国，一方面需要把握中美关系的大局，避免滑入"修昔底德陷阱"，引发中美冲突的"双输"局面；另一方面，又需要回应既有体系主导者美国对中国在全球治理中"搭便车"、疏于提供国际公共产品的质疑。从某种程度上说，中国对这两个陷阱的回应是密切关联、相互嵌套的。因而，中国应该有系统性的解套方案，同时应对全球化的宏观变局与中美关系的双边动态。

中国对近年外界热议的"修昔底德陷阱"高度重视，多次展示和强调其和平发展、维护国际社会繁荣与稳定的诚意。2014年1月，美国《赫芬顿邮报》旗下《世界邮报》创刊号刊登了对习近平主席的专访。针对一些人对中国迅速崛起后必将与美国发生冲突的担忧，习近平主席指出，我们都应该努力避免陷入"修昔底德陷阱"，强国只能追求霸权的主张不适用于中国，中国没有实施这种行动的基因。2015年9月习近平主席访美时也提到："世界上本无'修昔底德陷阱'，但大国之间一再发生战略误判，就可能自己给自己造成'修昔底德陷阱'。""度之往事，验之来事，参之平素，可则决之。"[1]

中美之间路在何方

中美关系是当今世界最重要的双边关系。拜登政府上任后，

---

[1] 习近平在华盛顿州当地政府和美国友好团体联合欢迎宴会上的演讲.（2015-09-23）. http://www.xinhuanet.com/world/2015-09/23/c_1116656143.htm.

中美关系面临新的机遇和挑战,竞争大于合作已不可避免。但与此同时,全球性问题与挑战也迫切要求中美增进合作,这一点是我们与诸多国际知名学者交流对话后得出的共识。

比如约翰·桑顿认为,拜登政府的上任,不仅对中美两国领导人和人民之间的交流有益,更对21世纪有益。两国政府必须建立信任和互相尊重,展开大量对话。① 托马斯·弗里德曼指出,中美在价值观上有冲突,但中美是两个有影响力的大国,应共同努力使冲突可控,需要在贸易等问题上采取真正有力的措施。② 格雷厄姆·艾利森认为,中美虽然是竞争对手,但两国只有在自然、科技等领域合作才能共存,中美要寻求避免冲突和战争的方法。③ 哈佛大学教授托尼·赛奇④表示,目前中美关系非常具有对抗性,但从华盛顿的角度来看,人们必须接受中国的发展现实和大幅增长的国际影响力。以这样的共识为基础,中美需要明确在哪些方面是可以进行合理竞争的,哪些方面是存在冲突的,哪些领域是可以阻止双边关系下滑至危险境地的。⑤

软实力概念提出者,哈佛大学杰出教授、肯尼迪政府学院教授和前院长约瑟夫·奈将中美关系看成是"合作式竞争"。他表示,中美之间会有竞争,但当涉及比如生态问题时,各国人民都想生存下来,所以中美必须实现生态上的相互依赖,这是全球化

---

① 参见全球化智库(CCG)官网:http://www.ccg.org.cn/archives/60522。
② 参见全球化智库(CCG)官网:http://www.ccg.org.cn/archives/62916。
③ 参见全球化智库(CCG)官网:http://www.ccg.org.cn/archives/62981。
④ 被誉为美国的"中国通",常年负责中国官员在哈佛大学的培训项目,对中美关系有十分深入的研究。
⑤ 参见全球化智库(CCG)官网:http://www.ccg.org.cn/archives/63419。

的一种形式,是一种必要的合作。约瑟夫·奈还认为,中国不会对美国的生存构成威胁,中国并没有试图取代美国,同样美国也没有对中国构成生存威胁,美国也不想取代中国。中美想要建立良性的竞合关系,就需要从整体上管控中美关系,在相互依赖的领域继续加强合作,在竞争激烈的领域保持战略审慎、相互沟通以避免误判形势,必须避免使中美国家间关系变成零和博弈。①

中国要顺利实现和平崛起,就需要在深刻把握中美关系变局的基础上,引导中美关系向好发展。我们基于多年来对中美关系的持续观察与研究,尤其是与美国政界、商界、智库等的长期接触与广泛交流,提出以下建议。

坚守中美关系三条底线

战略互信、经贸合作、人文交流是支撑中美关系大厦的三大支柱。全球化智库(CCG)学术委员会专家王缉思教授曾发文表示,不论事情如何恶化,中美关系应该守住三条底线:第一,无论分歧多么严重,都需要以和平的方式进行处理,而不能诉诸战争;第二,保持一定规模的经贸合作,维护金融稳定;第三,维护中美人文交流和社会交往。著名中国问题学者傅高义教授辞世之前,也曾经跟王缉思提出过一份倡议。这份倡议就如何避免两国两败俱伤、制裁不断升级的恶性循环问题,提出了三个建议:第一,在明确符合双边利益的领域合作;第二,采取措施避免双边关系进一步恶化;第三,在国际治理制度的一些基本原则上达

---

① 参见全球化智库(CCG)官网:http://www.ccg.org.cn/archives/63394。

成共识。毋庸置疑，中美合则两利，斗则两败，以和平方式解决两国纷争，保持经贸及人文交流，推动构建良性竞合关系，应是中美两国政府及民间社会共同努力的方向。[①]

继续推动双边经贸谈判

2020年2月14日，全球化智库（CCG）在慕尼黑安全会议上主办了一场圆桌会议，邀请美国前国务卿约翰·克里主题发言，他表示，美国和中国的贸易最早在1783年就已经开始了。彼时，刚刚赢得独立战争的美国，紧锣密鼓地筹划向中国派出一艘货船"中国皇后号"。次年2月，满载皮货的"中国皇后号"从纽约港驶出，半年后到达中国广州黄埔港。这说明延续两百多年的中美贸易关系，在双方并未建立正式外交关系之前就已经出现，并为推动两国关系的深化提供了持久的动力。

中美应在相互尊重、平等互利的基础上开展经贸磋商，化解中美经贸摩擦。中美第一阶段经贸协议的达成，是双方在博弈中寻求理性与求同存异的结果。拜登政府上台后，双方应继续完成第一阶段经贸协议的执行，在经贸领域展开务实合作。同时，中美可适时开启第二阶段经贸协议谈判，继续协调巩固中美经贸关系，为拜登时期中美关系向好发展奠定基础。

知识产权议题是中美经贸谈判的重点，在中美第一阶段经贸协议中已经有所涉及，在第二阶段谈判中仍将是聚焦点。

在知识产权保护上，中美两国高层没有认识上的分歧，都希

---

① 专访｜王缉思：傅高义最后遗志，倡议中美管控分歧加强合作.（2021-02-06）. https://www.thepaper.cn/newsDetail_forward_11175995.

望保护包括中美企业在内的知识产权,反对强制技术转移。中国在过去几十年的发展中,也发展了大量自主的专利,拥有了自身的知识产权资产。中国在知识产权法律法规的制定水准上并不落后。在当下大量的区域性贸易协议(如TPP)中,知识产权谈判的最终结果,决定了这些贸易协议水平的高低。因此,中美的知识产权谈判将决定全球最高水准的知识产权标准。中国可抓紧增强落实知识产权保护的措施,可以考虑成立一个中美知识产权保护协商机制或协商委员会,或者由世界知识产权组织成立一个第三方监督机制。此外,中美可在知识产权保护方面达成新的协议,建立知识产权方面的长效双边合作机制。同时,中美均为WTO的成员,两国应在《与贸易有关的知识产权协定》的框架下进行双边协商,在知识产权保护上进一步合作。

中国还需要进一步完善《外商投资法》实施细则,加大吸引外商投资,并以此回应美国对中国法律问题的担忧。加快《外商投资法》细则的制定和落实,一方面可以通过法律的手段更好保护外商投资,加大吸引美国企业来华投资运营,拉近美国企业界与中国的联系,使中美企业无法"脱钩",进而推动中美两国贸易协定的达成,使中美关系真正做到斗而不破。另一方面,还可利用《外商投资法》中的具体实施条例,回应美方在中美贸易谈判中提到的对中国法律问题的担忧。在制定《外商投资法》实施细则时,可邀请世界知识产权组织作为第三方监督,对美国担心的知识产权、强制技术转移等问题做出更详细的规定,为保护外商在华经营投资的正当权利提供具体可依的法律监督,打消美国的疑虑,从而推动中美双方达成一个平等公正、符合两国利益的贸易协定。同时，也可考虑制作一个法律提示说明附录，放于协议正文后，将中美双方的疑虑均列出，各取所需对内解释，以此来打破双方在法律问题上陷入的谈判僵局。

此外，疫情之下全球经济的复苏和全球经贸规则的完善，需要中美两国的合作。在 RCEP 签订、CAI 如期完成谈判，以及中方申请加入 CPTPP 背景下，中美不仅可以考虑重启双边投资协定谈判，还可以加入 CPTPP 谈判为契机推动 WTO 改革。中国尽快开启加入 CPTPP 谈判的进程，有望为中美两国增添一个新的对话平台，可促进中美关系回暖，并为中美建立一个解决贸易争端的新平台。此外，在合适条件下还可建议和欢迎美国加入 RCEP，共同商议构建亚太地区经贸规则，推动亚太地区贸易自由化。由此，亚太甚至国际社会有望建立更加公平合理、与时俱进的经贸体系与规则。

加强中美商界合作

中国应继续深化改革开放，利用巨大的市场优势为美跨国企业来华投资提供便利，使中美加深"挂钩"。中方可考虑实施零关税、零壁垒和零补贴。中国实施零关税，在制造业、农业、能源矿产、消费品等领域均利大于弊，还能降低国际贸易摩擦；实施零壁垒，将使中国企业"走出去"更方便；实施零补贴，有利于结构调整，倒逼国企改革，减少贸易摩擦。

在高科技领域，中美可相互放宽企业准入及市场竞争限制，中国放宽美高科技企业来华投资经营，美取消对中国企业华为、TikTok、腾讯、阿里巴巴、小米等的打压，由此可促进两国高科技企业形成良性竞争，加速高新技术推陈出新，对双方均有裨益。可以通过开设试点、部分开放、加强网络监管等方式，逐步有限度地在中国大陆开放谷歌、推特和脸书等美国企业，彰显中国开放市场、公平竞争的态度，施惠美国企业界，以缓解甚至解除美国对中国海外高科技公司的打压。①

大力开展"州级外交"

在中美40多年的交往中，中美建立了50个姐妹省、200多个姐妹城市。美国州政府在中国建立了27个代表处，这比在其他任何国家都多。作为联邦制国家，美各州政府拥有极大自主权，也是吸引外资和多数基础设施建设项目的责任主体。因此，尽管特朗普任期内中美关系迅速恶化，但中美地方政府间交流合作仍取得了一定进展。自2018年中美贸易战开始，到2020年年初因疫情暂停国际旅行，美国许多州政府派出贸易代表团访问了中国。

疫情之下，中美政府间波折频起，但民间抗疫合作依然存在。② 全球化智库（CCG）研究显示，在合作抗疫领域，中美双方开展了密切的民间合作。截至2020年2月17日，共有103

---

① 全球化智库（CCG）. 拜登时代的中国与美国：趋势与应对.（2021-01-20）. http://www.ccg.org.cn/archives/61664.
② 新冠肺炎疫情暴发后，中美民间开展了众多合作，为支持两国抗疫做出了巨大贡献。但同时，部分政客对华污名化导致两国民众情绪出现对立，为推进中美及国际抗疫合作蒙上阴影。在此背景下，全球化智库（CCG）在中国人民对外友好协会、中国友好和平发展基金会的支持下开展研究，于2020年7月6日发布报告《中美民间抗疫合作分析——现状、挑战及展望》，对中美民间合作抗疫过程做了梳理和总结，并对中美民间抗疫合作的特点、意愿、挑战及原因等做出了深度分析，依此提出了深化中美两国民间合作的相关建议。

家美国企业捐款捐物，总额达 5.38 亿元，占外企捐赠总额的 25.74%，位列外资企业首位。截至 2020 年 5 月 26 日，除湖北外，我国各省市共接收来自其美国友好州和相关组织的捐赠款项 66.6 万元，捐赠物资包括各类口罩 17 1088 个，防护服 1 300 套，护目镜 893 副，面罩 1 360 个，以及价值 20 万元的其他物资；我国向美国友好州和相关组织的捐赠共计各类口罩 211.74 万个，防护服 35 937 套，医用手套 13.6 万副，护目镜 30 220 副，鞋套 2 万双，面罩 200 个。[①]

未来几年，美地方政府作为美外交政策重要利益相关者和推动者，将对打造中美关系新支点发挥重要作用。一方面，在地方层面合作中，中小企业是主要的直接受益者，可使两国更广大社会基层民众分享双边经贸发展的利益；另一方面，美地方政府政治领导层相对联邦政府而言更加稳定，有更强的内在动力去维护双边关系。对美地方政府来说，有效的对华政策并不是全面的地缘政治竞争和对抗，而是要在竞争中谋求合作。同样地，对中国来讲，如果没有美国各州和地方政府到中国设立机构招商引资，那么中国对美直接投资也难以实现快速增长。

因此，中美要更加重视发挥地方政府在两国关系中的积极作用，推动形成中美经济政治关系稳定而坚实的社会基础。可加强两国省州级政府互动，每年在中美两地轮流举办中美省州长论坛，共同推动省州级基建项目合作等，以推进美各州与中国加强联结，使美州政府成为中美关系"稳定器"。

---

① 中美民间力量守望相助共抗疫情 美国学者：赞赏中国抗疫成效.（2020-07-08）. http://cn.chinadaily.com.cn/a/202007/08/WS5f0587f2a310a859d09d6c64.html.

畅通中美人文交流

人文交流是中美关系中最有活力的组成部分之一，为中美关系的持续健康稳定发展做出了重要贡献。50年前的"乒乓外交"作为中国外交史上"以民促官"的成功实践，开启了中美关系新篇章，实现了"小球转动大球"的历史飞跃。2021年4月24日，中国人民对外友好协会举办中美"乒乓外交"50周年纪念活动，98岁的基辛格在纪念活动上发表视频致辞。对于50年前的乒乓外交，基辛格表示："这一事件的重要启示在于，要做出重大决策，有时要从一些小的步骤做起。两国人民之间的交往是美中关系的重要组成部分。"

留学生是中美人文交流重要的组成部分。从改革开放以来，我们有数百万人去美国留学，最新美国人口普查显示，美国华裔人口已经增长到近600万，是美国亚裔最大族群，这种增长有不少来自毕业后留在美国的中国留学生。然而，近年来在中美贸易战和地缘政治博弈以及新冠肺炎疫情等因素影响下，中美人文交流遇到阻碍。不过，2021年8月25日美国驻华大使馆公布的赴美留学签证数据显示，自5月以来，美国驻华使团向中国留学生签发8.5万张学生签证，这一数字与2019年[①]基本持平。在中美两国关系紧张的关键时期，美国依然能给中国留学生发出那么多签证，这说明美国政府并未改变吸引全球人才的政策大方向。留学生这个纽带也能在一定程度上降低中美两国"脱钩"的可能性，对减缓中美冲突有帮助。我们自身也需要对人才吸引持开放

---

① 2019年5—8月，签证数量为84 898张。

态度，吸引包括美国等发达国家的优秀学生来中国留学。

此外，中美智库间的交流合作应得到支持与提倡，使中美社会与学界发挥交流枢纽作用。在政治善意及政策宽松之下，中美人文交流可加强民间性及市场化，深入更广泛的普通民众，并以市场化运作模式增强其联结生命力。如孔子学院可尝试私有化、市场化，作为大学自有收费项目。还可鼓励中美合作办学，鼓励中美大学生及中学生到彼此国家交流、实习等。

拓宽中美合作领域，携手推进全球治理改革

尽管中美关系存在结构性矛盾，但中美双方仍有一定共识，如双方都不愿意抛弃联合国体系另起炉灶，也都承认联合国体系需要改革。2021年2月，拜登政府对WTO第七任总干事恩戈齐·奥孔乔-伊韦阿拉的任命表示支持，显示出美国在WTO改革上的合作态度。这对于推进全球治理改革无疑是积极的。未来中美可以进一步拓宽合作领域，携手推进全球治理改革。

气候变化领域

在应对气候变化领域，中美两国合作的空间巨大。在气候问题上，中美两国存在共同的利益目标。在上任第一天，拜登就签署行政命令，使美国重新加入《巴黎协定》。这与中国国家主席习近平在第75届联合国大会上提出中国将争取在2060年前实现"碳中和"的宗旨相一致。作为世界上最大的两个碳排放国，中美合作对于实现联合国可持续发展目标意义重大。在第56届慕尼黑安全会议全球化智库（CCG）举办的主题晚宴上，美国前国务卿

约翰·克里曾呼吁，中美需要就气候变化议题进行对话，中美应共同努力，使世界变得更好。2021年7月，我①和布鲁金斯学会名誉主席约翰·桑顿进行对话，针对"中美如何打破僵局，推动双边关系向好"这一议题，他认为，中美关系是21世纪最重要的双边关系，也将在很大程度上创造所有人将生活的世界。到2050年，世界上一小部分国家的GDP将占全球GDP的65%~70%。也许前10个国家的GDP就能占这么多。中美作为世界上最强大的两个国家，有责任共同合作，带领世界走向更安全、更繁荣、更和谐。气候问题是一个全球性的问题，它比中美问题更大、更重要，整个世界都希望它能得到解决。除非中美两个国家带头，否则它将无法解决，每个人都知道这一点。绿色多边合作将成为未来一段时间内国际社会必然的选择。尽管目前国际社会中仍然存在一些阻碍合作的因素，但我们可以寻求新的思路，比如中美可以考虑共同发起"国际绿色银行"，促进国际上更多的社会资本投资于低碳发展、应对气候变化的基础设施项目。

基础设施领域

基础设施建设可成为中美合作的重要抓手。拜登早在总统竞选期间就曾承诺，在未来4年投资2万亿美元加强美国的清洁能源基础设施建设，减少对化石燃料的依赖。2021年11月5日，美国众议院通过了几十年来最大的基础设施一揽子计划，在未来几年将提供5 500亿美元的新支出，用于道路、桥梁、公共交通

---

① 这里指本书第一作者王辉耀。

和其他项目。我们认为，中国的资金和经验将有助于拜登政府的基建规划，为新政府缓解中美关系紧张提供合作机遇。2022年1月，我与世界银行原首席经济学家、克林顿政府时期的财政部部长、哈佛大学荣誉校长劳伦斯·萨默斯（Lawrence H. Summers）就2022年全球经济和中美关系发展进行视频对话时，萨默斯也认为，美中可在金融领域特别是国际金融领域进行紧密合作。他指出，当前国际复兴开发银行（IBRD）等全球性或者区域性开发银行的投融资存在效率和方向性问题，未来IBRD应将重点集中在绿色基础设施和可持续发展投融资方面。未来，美国和中国应致力于创新全球开发银行体系，并加大投资，不仅要接纳相关的开发银行，还要接纳开发银行的合作伙伴进入这一体系，寻求共同的议程合作。美中在这一领域的合作本身也是习近平主席所提的"新型大国关系"中的重要部分。他还表示，希望看到有一天美国也能加入亚投行。①

中美可加强基础设施建设方面的交流与对话，建立基础设施领域投资促进机制。可由商务部、发改委或驻美领馆使节等牵头与美方进行专项研究和定期磋商，有效推动美国基础设施项目信息推广和有关政策管制议题的深入探讨。在此过程中，中美地方政府作为中美关系重要支点，可积极主动发挥作用，如可加强两国省州级政府互动，每年在中美两地轮流举办中美省州长论坛，共同推动省州级基建项目合作等。

---

① 参见全球化智库（CCG）官网：http://www.ccg.org.cn/archives/58435。

数字经济领域

数字经济在中美两国经济中已经占到了很大的比重。2019年数字经济在中国经济中的比例为36.2%[①]，同期美国数字经济规模占比则高达63.4%[②]。在新冠肺炎疫情影响下，许多人的生活方式发生改变，大量经济活动从线下转到线上，中美数字科技公司合作会有很大的潜力。中美双方应鼓励两国开展技术共享与合作，打造全球数字经济供应链，增强数字经济基础设施的合作，共同维护数字经济安全。同时，全球各方在跨境电商贸易规则、数据流动与安全乃至"数字主权"上均有不同的看法，影响到了全球贸易规则的调整和制定。新一轮规则制定的时刻已经来临，借用IMF总裁格奥尔基耶娃在2020年一次演讲中对当前现状的描述，"新布雷顿森林体系时刻"已经来临。中美可以在数字经济方面的全球治理机制上发挥创造性的作用。

全球卫生领域

对当前的世界来说，抗疫是中美合作以及全球多边治理复位的重要契机。尽管疫情期间，中美关系出现较大波动，政府间接触交流受阻，但中美民众之间仍然呈现出合作互助的友好态度。全球化智库（CCG）研究报告《中美民间抗疫合作分析——现状、挑战及展望》指出，面对这场全球性公共卫生危机，中美友

---

① 占GDP比重超过三成：数字经济改变中国.（2020-09-27）. http://www.gov.cn/xinwen/2020-09/27/content_5547616.htm.
② 全球数字经济超过30万亿美元，德、英三产数字化渗透率最高.（2020-10-22）. https://www.yicai.com/news/100809196.html.

好省州及友好城市等地方层面、医务人员、在美华侨华人及留学生、工商界、非政府组织、专家学者及普通民众等民间主体，通过资金及物资捐赠、声援支持、发挥专业优势、多方协调对接等多种方式，为两国抗击疫情做出了重要贡献。[1] 目前，拜登已经签署行政命令，美国重返世界卫生组织，而中国在抗疫方面已经积累了丰富的经验，两国开展对话进而推动全球抗疫意义重大。过去中美曾共同抗击SARS、埃博拉等疫情，积累了成功经验，两国医疗卫生界形成了良好的合作关系。在美国重返世界卫生组织后，中美可通过多边构架开展全球疫苗分配和防疫合作，联手帮助卫生体系薄弱的国家，这对全世界都将是一大利好。此外，疫情之下一些发展中国家面临债务不可持续问题，中美欧可共同推动减轻新兴市场国家和发展中国家的债务负担，在双边、多边和重要的个人债权人层面做出债务减免安排。

其他领域

中美两个大国还可在其他领域，如朝鲜核问题、伊朗核协议问题及俄乌危机的解决上展开合作。在朝核问题上，中美两国有共同的利益基础。美朝对话在特朗普执政后期陷入僵局，在拜登政府的半岛无核化日程中，不排除中国、朝鲜、韩国和美国四方会谈的可能性。在此过程中，美朝可适时重启对话，中美也可在斡旋朝鲜半岛问题中增进政治对话及互信。在伊核问题上，中方也可从中斡旋，与欧盟及中东相关国家等协调推进美伊会谈，为

---

[1] 中美民间抗疫合作分析——现状、挑战及展望. (2020-07-06). http://www.ccg.org.cn/archives/57413.

美伊缓和矛盾、美国重返伊核协议提出可行建议与支持,从而缓和中东地区核恐怖主义威胁,推进中东无核化。在俄乌危机长期化趋势下,中方可争取在促成俄乌休战、实现和平上发挥更大作用。可在联合国框架内,形成联合国五常与乌克兰、欧盟七方会谈机制,促成双方停火,并将停火后可能存在的不稳定状况降至可控程度。

综上,我们认为拜登政府上任后,尽管中美长期结构性矛盾不可避免,但中美关系也面临转圜契机,在全球性挑战加剧背景下,两国可在寻求双多边合作中增进互信合作,寻求建立良性竞合关系。

中美两国虽相隔广阔的太平洋,但贸易往来深刻,人文交流深远。200多年来,双方关系几起几落,可以说,历史赋予了中美以充分的智慧和耐心,也赋予了彼此缓冲的空间。特朗普执政四年间中美关系急剧恶化,拜登政府上台为重构中美关系创造了新机遇,双方均承认中美既有竞争又有合作。必须指出的是,中美合作的一面是迫切且空间广阔的,而在意识形态、经济和科技发展等方面的观念冲突及现实摩擦,则可在长期对话中增进理解与协调。无论是应对新冠肺炎疫情、气候变暖问题,还是WTO改革、发展中国家债务负担等问题,都是重要且迫切的全球治理问题,关乎当下国际秩序稳定及世界发展繁荣。中美能否建立良性竞合关系,推动全球化继续深入,有赖于双方的战略智慧和定力,而欧盟等也可从中发挥协调作用,从而将中美关系带出这一段暗礁密布的急流区。

第十章

全球治理新格局与中国角色

第十章　全球治理新格局与中国角色

第二次世界大战后建立的以联合国为核心的国际体系，常常被称作"美国治下的和平"。尽管不时有区域性冲突的存在，但这一体系在过去75年中维护了现代世界绝大多数国家和地区的和平与稳定，防止了大国之间爆发严重冲突。然而，随着国际格局的变化，新兴国家的崛起推动多极化趋势增强，地缘政治力量对比发生变化。同时，气候危机、能源安全、重大传染性疾病及网络安全等非传统安全问题凸显，使人类面临更多全球性挑战，全球治理落后于全球发展和全球实践，旧有全球治理体系已无法满足各国解决现阶段全球问题的需要。

近年来，国际经济复苏放缓、贫富差距拉大，一些国家政治上民粹主义抬头，经济上保护主义、单边主义盛行，导致国际贸易摩擦增多，金融市场动荡加剧。百年不遇的新冠肺炎疫情对全球产生的冲击宛如第三次世界大战，俄乌冲突爆发更是使世界笼罩在战争阴霾之下，人类来到一个新的"布雷顿森林体系时刻"，国际社会需要团结起来，增进协调合作，共同应对一系列全球性危机。

全球化时代的产物——全球治理

什么是全球治理

全球治理[①]最早由联邦德国前总理维利·勃兰特于20世纪90年代初提出，他同瑞典前首相卡尔森等国际知名人士于1992年在联合国发起成立"全球治理委员会"。1995年，在联合国成立50周年之际，全球治理委员会发表研究报告《天涯成比邻》，其中给出了全球治理的定义，即全球治理是个人和机构、公共和私人管理一系列共同事务方式的总和，它是一种可以持续调和冲突或多样利益诉求并采取合作行为的过程，包括具有强制力的正式制度与机制，以及无论个人还是机构都在自身利益上同意或认可的各种非正式制度安排。[②] 全球治理意味着非常广泛的问题解决和安排方式，美国全球治理学者托马斯·韦斯指出，全球治理是为了建立更好的秩序而引入的正式或非正式的价值、规范、实

---

① 20世纪90年代以来，在经济、政治等学术领域，"治理"一词颇受关注。在英文中，"治理"（governance）与"政府"（government）属同源词，但"治理"又不同于"政府"的"统治"。它体现的是在全球化的时代中，人类关注的重心正在从"统治"走向"治理"，从"善政"走向"善治"，从单向的领导管理走向多元主体的协调。在治理理论逻辑基础上，在国际社会语境中，在世界政府缺位情况下，伴随着冷战后世界面临的发展新形势，"全球治理"强调国际社会各主体对世界事务的共同管理和参与，包括全球经济治理、全球贸易治理、全球金融治理、全球卫生治理、全球气候治理、全球互联网治理、全球数字治理、全球安全治理、全球环境治理、全球贫困治理、全球公域治理、全球海洋治理、全球人权治理以及全球文化治理等。

② The Commission on Global Governance. Our Global Neighbourhood:the report of the Commission on Global Governance. Oxford: Oxford University Press, 1995.

践、机构制度。中国学者俞可平强调了全球治理的协商性质,"全球治理是各国政府、国际组织、各国公民为最大限度地增加共同利益而进行的民主协商与合作"[①]。英国学者戴维·赫尔德在《全球大变革》一书中谈到全球治理主体的多元性:"全球治理不仅意味着正式的制度和组织国家机构、政府间合作等制定和维持管理世界秩序的规则和规范,还意味着所有的其他组织和压力团体,从多国公司、跨国社会运动到众多的非政府组织,都追求对跨国规则和权威体系产生影响的目标和对象。"[②]

这是一个世界各国紧密联系的全球化时代,也是全球治理逐步制度化、体系化的过程:人们能够搭乘非邻国的国际航班,得益于各国在国际民航组织达成的有关航空过境程序的国际准则;各国建立了儿童疫苗接种制度,则要归功于世界卫生组织在推广疫苗方面的不懈努力。全球治理不仅是宏观意义上政治观念的变革,也融入了日常生活和治理实践;既涉及全球安全与和平等传统政治议题,也包括气候变暖、教育等社会议题。可以说,全球治理的范围十分宽泛,不同议题的参与者、协调和组织方式也往往存在较大差异。

2020年6月24日,在《联合国宪章》签署75周年之际,全球化智库(CCG)举办了专题论坛,来自联合国日内瓦总部、联合国驻华系统、联合国开发计划署、联合国儿童基金会等联合国多个机构的负责人和前政要,以及来自WTO、世界银行、经济合作与发展组织、IMF、国际劳工组织、巴黎和平论坛等组织的

[①] 俞可平. 全球治理引论. 马克思主义与现实, 2002 (1): 20-32.
[②] 戴维·赫尔德, 等. 全球大变革. 杨雪冬, 译. 北京: 社会科学文献出版社, 2001.

代表共同探讨了联合国面临的挑战，以及如何在后疫情时代的全球治理中发挥更大的作用。毋庸置疑，过去70余年间，以联合国系统为主的国际治理体系的成立，为世界带来了和平与繁荣。如今面临新旧世界秩序的转换，联合国作为利益平衡与制约机制，如何在利益冲突与强弱有别的国家间发挥效力并保证公平公正，使国际社会再度凝聚起来，更好迎接时代变局下的挑战，不仅考验着联合国，也考验着全人类。

以联合国为核心的全球治理

全球治理的实践同全球化的进程密切相关。19世纪初的拿破仑战争后，英、俄、奥、普、法等国召开维也纳会议，构建了大国一致、欧洲协调的机制，在近一个世纪的时间中避免了拿破仑战争式的大规模冲突，也可以看作某种形式的治理实践。随后发展起来的《海牙公约》《日内瓦公约》等具有普遍意义的国际法，以及包括国际电报联盟、万国邮政联盟等在内的一系列国际行政组织，也为相关规则规范以及未来在联合国体系下全球治理的形成与运作奠定了基础。[①]

第一次世界大战结束后，美国总统威尔逊提出了"十四点计划"，主张以外交道德、多边主义、民主政治、民族自决的"四大律令"处理国际事务，通过建立成员国让渡主权的国际联盟组织来实现"集体安全"。虽然国际联盟只维持了不到20年的和平，

---

① 徐蓝. 国际联盟与第一次世界大战后的国际秩序. 中国社会科学，2015（7）：186-204.

但其本身的一些组织架构、理念和经验依然保存了下来,也为日后的全球治理提供了宝贵的经验。第二次世界大战结束后,新成立的联合国继承了国际联盟关于"集体安全"的构想,发展并完善了维持和平、制止侵略的集体安全机制,将维护和平与解决社会经济发展问题紧密地联系在一起,并以"大国一致"原则组成安理会,使其成为维护国际秩序、推动世界和平与发展的重要国际机构。联合国的诞生,标志着全球合作治理国际问题的正式开启[①],也是全球治理实践向体系化、制度化发展的开端。

在全球治理的庞大"舰队"中,联合国可以称得上是其中的"航空母舰",联合国系统中的其他专门机构、区域性组织与国际论坛则是吨位不等的舰队成员,往往身兼治理世界事务的议事论坛与执行力量于一体。此外,各国政府、公民社会组织与企业也广泛参与到了全球治理中。

联合国作为全球治理的载体,是当前全球治理网络的关键节点,也是目前全球治理中体系最为庞大、治理领域最为全面的国际机构。在战后70多年的发展中,联合国通过"大国一致"等原则,成功地解决了全球长期存在的许多政治、安全、金融和公共危机,并在推动社会发展、全球减贫和环境保护等领域取得了卓越成就。如为了应对全球化时代新的环境问题,1992年联合国大会通过了《联合国气候变化框架公约》;派遣维和特派团和观察团在世界动乱地区制止冲突、重建安宁;依托会员国捐助的经费,成立联合国开发计划署、联合国儿童基金会等机构,调动资

---

① 蔡拓,杨雪冬,吴志成. 全球治理概论. 北京:北京大学出版社,2016.

源支持发展中国家的发展项目。

多数正式的全球治理活动都是通过固有的国际组织进行的[①],这里的国际组织既包括国际政府间组织,也包括非政府组织。联合国以其特殊的国家间组织的身份成为全球治理的关键载体,同时其他的国际多边组织也在参与全球治理的实际行动中发挥了很大的作用。譬如:世界卫生组织致力于促进防控流行病和地方病,推动疫苗等医疗公共卫生用品的推广;IMF 和世界银行通过货币政策、长期贷款和技术协助为世界各国提供经济支持和援助,助力全球发展问题的解决;红十字会致力于维护人道主义,在卢旺达大屠杀、车臣战争等冲突中开展了一系列保护和救助行动。

作为国际法和国际社会的重要主体,国家是全球治理必不可少的参与者。虽然全球治理明确地表现出非国家强制和非正式制度的特征,但国家在全球治理中仍然处于非常重要的地位。由于世界政府的缺位,全球治理所需的公共资源集聚仍然由国家完成,而全球治理的落实也最终回归到国家的具体行动中。[②] 譬如:国际组织没有直接征税的权力,其运行所需的资金大多来自成员国的会费;国际组织的协商决策机制要基于成员国的意愿;联合国的集体安全机制,需要在国家的军事力量基础上才能有效运行;G7、G20 等机制本质上属于国家间的组织集团,从最初的应对金融危机、完善国际金融体系,到推动《巴黎协定》等全球性

---

① 韦伟强. 全球治理与国际组织. 东南亚纵横,2007(5):64-69.
② 高奇琦. 国家参与全球治理的理论与指数化. 中国社会科学,2015(1):3-12.

议题取得进展，说明国家间的合作协商机制也是全球治理的重要组成部分。

随着全球化的持续推进和全球性挑战的陆续涌现，国际社会其他主体也逐渐被纳入全球治理的议程中，并且发挥着越来越重要的积极作用。相关研究指出，1970年以来，在工业国家里，公共部门、私人营利部门以及非营利/非政府组织构成"第三部门"（或称公民社会组织），在全球化时代参与越来越多跨国性非政府组织的活动，更加借助道德和政治问题的世界舆论来进行与社会运动相结合的形式。全球生产体系的形成亦让跨国公司成为不容忽视的国际行为体。在经济全球化的浪潮中，跨国公司的生产、贸易和投资活动推动了全球价值链和生产链系统的形成，因此在各种跨国经济规则制定与协调方面，跨国公司拥有一定的话语权。另外，由于跨国公司所从事的生产活动成为全球化的重要内容，跨国公司在全球环境治理、促进平等、减少贫穷等方面能够发挥独到的作用。如三菱商事推动成立了欧洲非洲基金会及三菱国际商事基金会，积极参与环境治理领域公共产品的提供，与非政府组织进行合作，还为各类环保项目提供了资金援助。

新的形势促使全球治理的主体日趋多元，非政府组织、跨国公司、跨国社会运动甚至公民个人参与全球治理的愿望和能力都在不断增强。全球公民社会的兴起，打破了国际和国内政治的界限，推动国际关系朝着整体性的方向发展。它冲击着国家主权至上的理念，推动世界政治由"国家中心"向"全球中心"发展，引领人类社会伦理价值向全球政治领域进发。

全球治理的时代困境

世界秩序本身是动态的，对全球治理的需求也不是单一的线性相关，2008年全球金融危机之后，国际社会对全球治理的需求明显加强。同时，随着各国实力的此消彼长，国际格局渐渐呈现去中心化趋势，国际治理的主体日益多元。随着更多的区域主义、公私伙伴关系、多利益主体、国际机制和协定的并行，逐渐形成了一个由多主体组成的、充满复杂关联的、多层级的、去中心的"复合"世界。[1]"复合"世界中的全球治理面临着更多的挑战，亟须进一步对治理的模式、理念予以调整和创新。

全球治理失灵表现

现有的全球治理体系在推动世界和平与发展方面曾做出巨大的贡献。不过，这套体系的发展和革新似乎陷入了困境：联合国安理会的改革进展缓慢，限制五大常任理事国否决权的问题极富争议性和复杂性；恐怖主义、气候变暖、环境污染、金融危机等全球性问题的日益突出让"全球治理失灵"[2]的命题逐渐走入大众视野；跨国企业与富裕阶层借助避税天堂隐藏财富、

---

[1] 2017年5月9日，全球化智库（CCG）举办了"全球化与逆全球化"系列讲座，清华大学苏世民书院教授、美利坚大学国际关系学院教授、国际研究协会前主席安明傅就新时代下的世界秩序和全球治理作主题演讲时，发表上述观点。

[2] "全球治理失灵"指国际规则体系不能有效管理全球事务，不能应对全球性挑战，致使全球问题不断产生和积累，出现世界秩序失调的状态。参考：秦亚青.全球治理失灵与秩序理念的重建.世界经济与政治，2013（4）：4-18.

逃避课税，造成各国税基础财政流失，全球范围税制改革亟需提上日程；以脸书、谷歌等为代表的科技变迁还带来了巨大的利益协调和社会风险管控难题……总而言之，现有的全球治理机制并未跟上全球经济社会结构和科技变化，这是全球治理面临困境的一个重要原因。

全球经济治理失衡。狭义上的全球经济治理，主要指多边国际经济体系。广义上的全球经济治理则涉及多领域、多层次、多维度的全面认识，具体关乎宏观经济政策协调、国际货币金融合作、国际贸易、国际投资等方面，涉及多边、区域、双边等层面，涵盖了国际机构、国际协定体系及以之为载体的国际规则，关乎世界各国经济的长期绩效和发展。第二次世界大战后建立起来的由西方主导的经济秩序一直存在权力分布失调、收益分布失衡、治理结构失效等问题。2008年全球金融危机的爆发加剧了这些问题，也加速了旧秩序的衰落。危机后，国际贸易增长缓慢，国际投资没有起色，世界经济复苏乏力；随着货币政策新范式的出现，由于发达国家政策的"负溢出效应"，新兴经济体的金融稳定受到威胁，经济普遍遭受"二次冲击"。同时，全球化由强转弱，导致原来累积的问题和矛盾更加突出。[1] 近年来，全球经济治理改革的进展也并不顺利，随着危机的逐渐消退，在一些重大议题上，各国宏观政策不协调、不同步的现象频繁出现。治理的停滞也进一步引发了贸易保护主义、孤立主义抬头，出现了"逆全球化"的倾向。

---

[1] 梁国勇. 中国方案推动全球经济治理变革.（2018-02-14）. http://jjckb.xinhuanet.com/2018-02/14/c_136974203.htm.

全球制度治理失措。全球治理是通过国际制度来实现的，国际制度可以积聚国际社会参与者的诉求和偏好，汇集各国的合力，降低治理成本。然而，现存的全球治理制度由于大国协调不足及相对于世界秩序变化的滞后，制度本身面临着愈加复杂的困境。加之特朗普执政时期的美国作为全球治理体系的领导者频繁"退群"，破坏了多边合作与协商机制的完整性、有效性和代表性，导致依靠多边机制进行治理合作的难度加大，制度改革陷入僵局。以WTO上诉机制为例，自2017年以来，美国不断通过一票否决的方式阻止上诉机构任命新法官，同时又不断有法官因为任期届满离任；到2019年年底，能够进行仲裁案件审理的法官已不到法定人数，导致WTO最重要的功能性机构就此瘫痪。同时，由于美国的抵制，2019年IMF也不得不延后讨论成员国投票权重新分配的问题。从2010年以来，历次G20峰会都在敦促加速IMF的改革，增加成员国份额资源，依据新增份额重新分配投票权。但由于IMF投票权分配一直受到美国抵制，IMF改革迟迟未能推进。

全球气候与环境治理失能。气候变化是全球问题的热点，全球气候和环境问题日益显著。当前科学研究的全球共识是，工业化过程中人类使用了过多的化石燃料，排放了超出自然净化能力的二氧化碳，致使全球气温升高，造成海平面上升、冰川融化、极端天气等一系列不良后果。气候与环境问题已远远超过经济层面和政治层面，逐渐发展为新的治理领域。气候变暖、臭氧层空洞、海洋微塑料污染、生物多样性受损等全球性问题，都对全人类的可持续发展提出了严峻挑战。就2019年来看，全球极端天气接连不断，龙卷风、飓风袭击了世界多地，欧洲经历史上最强"热浪"，亚马孙森林大火、澳大利亚森林大火持续燃烧，生态系统遭到严重破坏。全球气候和环境问题是天然的全球性问题，只有各国合作才能解决这些难题。但随着美国退出《巴黎协定》，留在《巴黎协定》中的其他成员国缺乏合作动力，具体表现为在第25届联合国气候变化大会马德里会议中，超时两天各国也未能达成实质性的谈判成果。目前，发达国家与发展中国家在关键议题上仍然存在较大分歧。发达国家有强大的经济实力，但不愿承担相应的减排责任，甚至继续向发展中国家转移污染；而一些新兴国家处于上升期，经济发展的需求导致其减排难度较大。这种权责矛盾使目前的全球气候治理进入瓶颈期。

全球公共卫生治理失序。随着工业文明人口、资本、技术的快速传播，传染病以一种超乎想象的方式影响着人类社会，给人类的生存和健康造成了重大威胁。从1969年发现拉萨热病毒、1981年首次发现艾滋病病毒、2003年SARS病毒肆虐，到2012年发现中东呼吸综合征疾病、2013年在非洲西部大规模暴发埃博拉出血热疫情、2014年全球暴发甲型H1N1流感，再到2020年在全球肆虐、尚未结束的新冠肺炎疫情，都充分暴露了全球公共卫生治理的短板。一方面，世界卫生组织在统筹调配全球力量、资源和手段等方面力不从心，缺乏优质高效的联防联控，缺乏完善的全球疫情监测预警网络和公共卫生应急管理体制[1]，导致大型传染病暴发时，缺少井然有序的治理措施和高效灵活的协调合

---

[1] 孙东方.推动全球公共卫生安全治理.学习时报，2020-04-03.

作机制予以应对。另一方面，公共卫生治理尚未能实现高水平的统筹规划，导致出现各国"大难临头各自飞"的情况。尤其是发展中国家本身经济基础薄弱，医疗资源匮乏，没有足够的能力改善国内卫生基础设施，在新冠肺炎等公共卫生危机暴发时更是缺乏应对的能力。在这个牵一发而动全身的国际社会，如何有效预防、控制传染病的大范围传播，已经成为与每一个国家息息相关的治理问题。

全球安全治理失信。随着经济全球化、政治多极化的深入发展，在传统的政治、军事方面的安全问题的基础上，以网络安全、信息安全、恐怖主义等为代表的非传统安全陆续出现，超越了传统国家安全的视域，日益受到国际社会的重视。冷战结束以来，传统的不安全因素并没有完全根除，地区冲突和宗教矛盾仍然存在激化的风险。同时，非传统安全威胁的影响力与日俱增。随着全球化的发展，国际走私、毒品、人口贩卖等跨国犯罪增多。2001年的"9·11"事件、2017年圣彼得堡地铁恐怖袭击等恐怖行动发生后，恐怖组织一度成为西方国家重点打击的对象。然而，"伊斯兰国"等恐怖组织的产生原因复杂、处理棘手，现有的全球安全治理机制也缺乏合法性和代表性来推动反恐的集体行动。另外，随着信息、数字等科学技术的发展，网络、太空等空间也成为安全治理的重点领域。美国作为信息技术先发的国家，主导网络空间治理规则，甚至变相监控全球各国的网络活动，以"棱镜"计划为代表的秘密监听项目，更是侵害了别国的网络安全和隐私；美国、加拿大等国成立的五眼联盟还造成了其他国家政治和商业数据的泄露，引发了国际社会对网络信息安全的担忧。此外，随着大国地缘政治竞争加剧及部分地区领导力真空出现，出现了"奥库斯"（AUKUS）美英澳安全联盟及"突厥国家联盟"等新的地缘政治变量。① 2022年2月24日，俄乌冲突爆发使传统军事安全问题与核战争问题回到国际社会视野，冲突不断升级演化之下，现有全球安全治理体系面临削弱甚至瓦解。

显然，俄乌危机爆发是大国协商对话及全球治理失效的集中表现，联合国的权威和作用受到了直接影响。冲突加剧下，联合国秘书长古特雷斯的再三呼吁没能阻止俄罗斯方面的特别军事行动；俄罗斯对乌克兰采取军事行动后西方对俄实施了前所未有的全面制裁，联合国安理会的几次辩论均无果而终；在西方军事支持下，俄乌冲突出现长期化趋势，俄乌谈判久未取得突破性进展……一系列联合国作用发挥不足的表现引发了国际社会对联合国安理会、联合国大会和秘书长等作用的质疑。2022年4月末，联合国大会协商通过决议，要求五常使用一票否决权后需接受审查，更是意味着联合国安理会五常的权利受到了前所未有的限制。②

而且，以俄罗斯对乌克兰军事行动为引爆点，随着西方对俄实施金融制裁、出口管制、人员旅行禁令及关闭领空等全面制裁并对乌克兰给予军事支持，俄罗斯与西方打响了包括经济战、信

---

① 俄乌局势视角下的全球治理：问题与前景 .（2022-03-10）. https://m.gmw.cn/baijia/2022-03/10/35577434.html.
② 联大通过决议，五常行使否决权后要加一道程序 .（2022-04-27）. https://baijiahao.baidu.com/s?id=1731230562546258760&wfr=spider&for=pc.

息战、舆论战等在内的"新冷战"。受俄乌冲突影响,国际能源、粮食及金融市场等遭受重大冲击,世界金融危机风险加剧,欧洲也面临第二次世界大战以来最大的难民危机。[①] 在一个复杂的、相互关联的全球化系统下,俄乌冲突因此也涉及全球安全治理、经济治理、网络治理、航空空间治理等多个全球治理领域,成为全球化发展进程新的转折点。

现行全球治理矛盾重重

全球治理面临的时代困境,究其根本,在于现有全球治理体系与世界政治、经济、社会发展现状存在一定脱节和矛盾,从而导致既有治理机制不能很好地发挥作用,也限制了既有机制改革完善及新型全球治理机制创新创建。

传统治理与新兴治理之间的矛盾

经济全球化带来了世界的高度相互依存,也促进了一批新兴发展中国家影响力的增强,然而传统的全球治理体系的吸收和变通能力有所欠缺,无法适应国际政治经济格局根本性的改变。

一方面,表现为现行全球治理体系失衡,导致全球治理的代表性缺失。现行全球治理体系主要是以联合国和布雷顿森林体系

[①] 俄乌冲突爆发后,在不到两个月的时间里,乌克兰约1/4的人口(1 200多万人)被迫逃离家园,其中包括500多万名离境的难民,欧洲面临第二次世界大战以来最大的难民危机。同时,国际能源、粮食及金融市场等遭受重大冲击,其中能源价格出现了自1973年石油危机以来的最大涨幅,食品类大宗商品和化肥的价格涨幅为2008年以来最高。

为基点的国际政治和经济体系，但其代表性、有效性和结构性已饱受争议。[1]代表性是否充分，关系到治理体系所覆盖的利益诉求是否全面和综合，进而影响多方主体参与全球治理的积极性。传统的全球治理体系是由美国等发达国家主导的，是国际社会旧的权力分布状态的体现，对新时期全球经济、政治实力变化的适应滞后。而崛起的新兴发展中经济体要求在全球治理中获得更多的代表权和话语权的诉求也难以实现，处于被边缘化的地位。在全球性问题趋于复杂的情况下，仅凭欧美发达国家的力量难以应对，而现有机制下新兴国家的作用还未能充分发挥，"全球治理失灵"难以避免。另外，这种传统治理体系与新兴力量之间的矛盾，更进一步弱化了双方达成普遍共识的利益基础和合作基础，也使得许多第三世界国家对于增进全球整体利益的主观意愿被削弱，大大降低了当下治理体系的资源整合能力和各方的协调效率。

另一方面，传统治理模式指导乏力，影响到全球治理的效度。传统的全球治理体系往往代表欧美发达国家的切身利益，因而在公平性、适用性等方面仍不十分完善。发达国家与发展中国家在全球重大议题的责任承担和履行义务的标准划定上，存在严重的矛盾分歧，传统治理体系中"一刀切"的标准划定方式并未充分考虑到各国的发展水平和发展条件。而"华盛顿共识"等的盛行，更是忽视了各国独特的原生条件，容易导致旧患未除而新疾又生。另外，西方国家在治理过程中出现了滥用权力的情况，

---

[1] 张鹭，李桂花."人类命运共同体"视域下全球治理的挑战与中国方案选择.社会主义研究，2020（1）：103-110.

影响了整个治理体系的信用。

G20机制是传统治理与新兴治理存在冲突的典型表现。西方认为，G20应该是其"自由秩序"的延伸，是在维护原有的秩序这一共识基础上"让利"其他国家，因而更加注重如何通过G20机制保护自己的原生利益，而非从全球整体利益的角度出发考虑如何更好地落实全球治理。例如：在美国的强烈反对下，2019年大阪峰会被迫将2017年G20汉堡峰会宣言中写入的"反对贸易保护主义"在宣言发表前删除。因此，虽然G20多次拿出了具体的"行动计划"，但其落地的可能性受到了一定质疑，最终导致其陷入走向"清谈俱乐部"的窠臼。

国家内部治理困境与全球治理赤字之间的矛盾

全球治理机构各成员国的内部困境进一步加剧了全球治理的困境。原因在于，随着全球化的推进，部分国家内部出现了严峻的治理问题，削减了其投身于全球治理的精力和财力，进而导致全球治理赤字进一步加深的恶性循环。

国内治理的困局本质上受到全球化和全球治理的影响：全球化创造的财富不仅在世界各个区域之间分配不均，在一国内部的不同群体中也存在着分配的不均衡，导致了收入差异越来越大，社会越来越不公平，极少数富人越来越富，而中产阶级群体逐渐缩小，有的群体甚至成为受害者——这种现象在西方被称为"富豪经济"。国内分配的不公最终会加剧社会的分裂，如脱欧让英国疲惫不堪，法国"黄背心"运动对国内制度、经济发展造成强烈冲击，德国的难民问题和税收问题导致民众与政府矛盾持续激化。与此同时,各国对于全球治理的需求仍在不断上升。欧债危机、难民问题无法仅靠欧洲某几个国家进行消化,反恐、反对跨国犯罪等行动更是需要国际协调与合作。然而,由于许多国家自身内部的治理困境,各国缺乏足够的精力、财力支持全球治理机构建设,导致全球公共产品供给不足,全球治理效能日趋衰退。全球治理赤字的出现,也容易进一步加剧国家内部的治理困境。

伴随国内社会矛盾激化而来的,则是单边主义、保护主义等逆全球化浪潮的产生。这种逆全球化浪潮仍然源于20世纪80年代以来经济全球化导致的严重的收入差异和社会分化。长期以来,自由贸易一直被视为西方社会软力量的核心要素之一,其政治人物言必称"自由贸易"。但在全球化导致各国收入差异急剧扩大和社会分化的情况下,西方社会开始对自由贸易产生怀疑。[1]逆全球化的浪潮加剧了全球治理的赤字困境,其本质上反映的是基于利益不均和社会不公平的全球治理并不具备可持续性,全球治理体系需要变革,各国社会内部分配体系也需要改革。而在当前的情形下,如何提升各国参与全球治理的积极性,实现国内治理与全球治理的共同推进,是亟须解决的又一难题。

治理渐进长期性与国家短期利益诉求之间的矛盾

国家作为理性行为体,一项全球问题的治理所带来的利益越是即时有效,其参与全球治理的动力也就越大。因此,安全、经济和金融领域一般会受到各国的高度重视,而以气候变化、公共

---

[1] 郑永年,张弛.逆全球化浪潮下的中国国际战略选择.当代世界,2017(8):4-7.

卫生为代表的非传统安全威胁，因其影响具有长期性、渐进性以及弥散性等特点，难以在各国的议题选择中被置于首要地位。同时，当今世界各国普遍存在着"集体短视"的问题，眼前的成效和短期的利益被过度看重，但在传染病、气候变化、网络空间冲突等全球治理的系统中，各国缺乏对人类生存环境、人类未来发展等重大问题的深入思考和实践，这也是目前造成全球治理失灵的一大原因：治理领域需要长期的协调和合作，而各国基于短期的利益考量，难以实现宏观政策的长期协同。具体表现为，在多边协商的会议中，往往已经提出了对议题的重视，但一旦涉及具体实践，所谓的"低级"政治议题就会被暂时搁置；即便形成了一定的行动纲领，由于缺乏约束性，最终的落实成果也与预期目标存在差距。

以气候领域为例，在既有的全球治理架构中，气候议题并未被纳入核心的议题框架。国际气候谈判主要是围绕碳排放空间而进行的国家利益博弈过程。即使各国已经就气候应对的议题达成共识，如《巴黎协定》《京都议定书》等，落实到具体的行动中，各国对于压缩本国经济发展空间、限制温室气体排放的意愿和责任感可能都不是特别强烈，而是希望其他国家可以承担更多的减排责任。[1]在公共卫生领域，情况也往往如此。以新冠肺炎疫情下的各国防控为例，美英等发达国家并没有及时、迅速地采取严格的疫情管控措施，为了保持本国的经济发展，甚至提出了"群体免疫""中国病毒"等言论。其"饮鸩止渴"式地保护经济增长导

---

[1] 李昕蕾.步入"新危机时代"的全球气候治理：趋势、困境与路径.当代世界，2020（6）：61-67.

致了疫情的恶化失控，实则对经济的长期发展造成了极大损害。

各国短期的利益诉求基本与其国内政党博弈、社会稳定、经济发展相关。许多非传统安全领域的全球治理成效颇微，究其根本，可能与非传统安全议题的本质特点有关，即相关领域的治理存在复杂性和长期渐进性，其短期成效并不显著，且存在着较高的治理成本。但各国对相关问题缺乏重视，仅考虑短期的政治和经济利益诉求，不仅是短视的表现，更是缺乏对全球治理的责任感和使命感的体现。

治理危机的传导性与全球治理碎片化之间的矛盾

当前的全球治理还存在着日益严重的碎片化趋势，而这种治理的碎片化与当前治理问题的复杂性、综合性、传导性在一定程度上构成了矛盾，导致全球治理的失灵。

一方面，随着全球治理中各种领域、各类治理机制以及各参与主体的增加，国际方面的不协调和碎片化问题日益突出。具体表现为在治理中存在一些相互冲突且不相容的规则、原则、机构和机制，相关治理议题的复杂性、政治权力的博弈和国内政治的干扰，都成为影响治理主体间良性互动的负面因素。治理的碎片化大大阻碍了各主体沟通协调的效率，严重影响治理的有效性；同时，治理机构的分散，治理模式不成体系，不仅导致具体原则和机制在实际操作中存在困难，也给各国相互推诿责任留下空间，造成全球治理功能的紊乱。

另一方面，目前人类普遍面临的全球性挑战往往具有较强的传导性。全球变暖加速带来的是整个生态系统的危机，新冠肺炎疫情的传播导致的是跨国交流从经济、贸易到社会、文化全方位的瘫痪。海平面上升、山火、蝗灾等诸多问题，不仅威胁着发展中国家的利益与安全，也威胁着发达国家的稳定与繁荣。"没有一个国家是一座孤岛"，全球治理强调的是国际社会各主体间的相互依存、共生共荣，因此需要更为整合的治理策略，而全球治理的碎片化容易使得原先存在的问题更加恶化，进而衍生出一系列新的问题和挑战。

危机影响的非均衡性与南北应对的非对称性之间的矛盾

全球性危机虽然具有一定传导性，但对各国的影响呈现出非均衡性的特点。全球气候变暖导致的海平面上升对沿海国家造成的影响更大，极端天气事件的发生对低纬度国家生态系统的破坏程度更高，东非蝗灾的影响更多表现在非洲国家面临粮食安全威胁，难民问题的出现对欧洲的经济和社会发展有更大的冲击。2018年联合国发布的《1998—2017年经济损失、贫困和灾害》报告指出，灾难事件对低收入和中等收入国家造成的影响不可估量，低收入国家的人民在灾难中失去财产或遭受伤害的可能性是高收入国家人民的6倍。[①]

一方面，这种影响的非均衡性会对国家在治理议题上的关注度产生影响，具体议题是否能够得到国家的重视，与这个问题对一国利益和安全的侵蚀程度相关。对于赤道附近的国家，全球变

---

① 李昕蕾. 步入"新危机时代"的全球气候治理：趋势、困境与路径. 当代世界，2020（6）：61-67.

暖的气候问题直接影响国家领土安全和国民生存问题；而中纬度的国家受气候变化影响较小，很难提升解决相关问题的紧迫感。因此，各国在亟须解决的议题选择上存在的差异，根本上影响了全球治理的协商和落实效率。

另一方面，基于不同的经济发展基础和国家治理水平，南北国家应对全球性挑战的能力存在不小的差距。许多发展中国家应对危机能力滞后的现状并没有得到根本性改善，一些长期受到贫困、内乱等问题困扰的发展中国家，抵抗危机冲击的能力较为薄弱，其脆弱的社会经济系统会遭受更为严重的损害，甚至可能陷入"持续贫穷"的恶性循环。这一点在本次新冠肺炎疫情危机中体现得尤为明显。尽管在疫情冲击下，发达国家也显得有些捉襟见肘，但其相对丰富的医疗资源和良好的经济基础，能够提供相当的抵御和应对危机的能力；而许多发展中国家面临着非常严峻的医疗、防疫资源不足的问题。在 43 个非洲国家中，用于治疗新冠肺炎患者的重症监护病房的床位不足 5 000 张，相当于非洲每 100 万人只有 5 张床，而欧洲是每 100 万人有 4 000 张床。

因此，在各国发展水平不均衡的前提下，如何有效地凝聚各国在全球治理中的共识，如何针对性地提升发展中国家的危机应对能力，也是解决全球治理困境需要思考的问题。

站在 2020 年这个人类历史的拐点上，面对疫情给世界留下的累累伤痕，如何应对全球治理困境被赋予了更为厚重的意义。曾几何时，哈佛大学艾利森教授提出"修昔底德陷阱"，警示中美滑入战争的危险；"软实力之父"约瑟夫·奈教授则认为"金德尔伯格陷阱"更值得注意，怀疑中国是否能够填补美国留下的全球治理空白。如何应对这些新的全球性挑战，不仅事关中国进一步改革开放的前景，也牵动着世界经济及全球治理体系的未来。

全球治理新格局与中国角色

2017年，美国白宫资深智囊、对外关系委员会主席理查德·哈斯在著作《失序时代》中，主张建立一个更新的全球操作系统——世界秩序2.0。他认为，美国在全球的主导地位已经开始下降，"霸权""主导""超级大国"等词语日渐式微，因为任何一个国家都无法独立应对全球性挑战。因此，哈斯希望各国能够共同协作来建立一个世界新秩序。的确，全球化发展至今，任何一个国家都无法独立应对全球性挑战，而哈斯所提出的"世界秩序2.0"已经初见端倪：从TPP，RCEP，G20，到中国提出的"一带一路"、亚投行、金砖国家机制，以布雷顿森林体系为根基的全球治理体系1.0出现朝向全球治理体系2.0升级换代的趋势。

展望全球治理新格局

全球治理可能会对世界从重大灾难中恢复的方式产生重大影响。在第一次世界大战和1918—1919年西班牙流感大流行的双重悲剧发生之后，新成立的国际联盟无法阻止民族主义、保护主义和经济困境的恶性循环，使世界陷入大萧条，并最终爆发了第二次世界大战。第二次世界大战结束前的1944年，来自44个国家的代表来到美国新罕布什尔州参加布雷顿森林会议，以设计管理战后国际货币金融体系的机构，其中包括 IMF 和世界银行。不到一年后，来自世界各地的代表在旧金山开会，制定了《联合国宪章》，确立了联合国系统的宗旨、治理结构和框架。1947 年 10 月，WTO 的前身关税与贸易总协定在日内瓦签署。

这些机构在短短几年内成立，成为"全球治理 1.0"的基础。尽管远非完美，但基于联合国和布雷顿森林体系的全球治理体系，却成功阻止了世界陷入另一场全面的全球性冲突，有助于形成开放、繁荣和稳定的良性循环。1950—1970 年，贸易壁垒减少，全球外国直接投资增长了 8 倍。各国政府在基础设施方面持续投入大量人力、物力，其中最著名的是马歇尔计划，该计划帮助战后欧洲实现了经济上的重建和现代化发展。而且，随着国家间贸易壁垒降低，从 1950 年到 1970 年，全球外国直接投资增长了 8 倍，到 21 世纪初全球进出口贸易总额已占到了全球 GDP 的 50%。1950 年全球进出口贸易总额为 610 亿美元，2021 年全球贸易总额达到创纪录的 28.5 万亿美元，增长了 466 倍之多。

新冠肺炎疫情危机下，两次世界大战后的不同结果为我们这个时代提供了宝贵的经验教训。首先，诸如战争或病毒大流行之类的重大外部冲击，可能是全球治理全面改革的催化剂。其次，全球治理适应新的危机后环境并履行关键职能的能力，可以对地缘政治和全球经济轨迹产生重大的长期影响。

和全球性冲突一样，新冠肺炎疫情全球大流行夺走了数百万人的生命，给世界各地人们的生活和经济造成了无法估量的破坏，其影响将持续多年，联合国警告发展将"失去十年"。疫情之下，各国未能有效地团结合作，没有显示多边主义的持久意义，反而更多地暴露了目前全球治理体系中的断裂和脆弱性。但同时，这一大流行病也引发了关于全球化和全球治理的更多讨论。IMF董事总经理克里斯塔利娜·格奥尔基耶娃认为，我们将面临新的"布雷顿森林时刻"，以使全球机构适应时代的要求。联合国秘书长安东尼奥·古特雷斯呼吁对全球治理进行根本性的反思和改革，以实现更强大、更具包容性的多边主义。如今看来，新冠肺炎疫情大流行将加强并加速一些既有的趋势，从而创造出一个以大流行、相互依存、数字化、地区主义和地缘经济学为特征的后疫情世界。

全球治理1.0下的世界，主权国家间的界限非常重要，最紧迫的问题出现在国家内部或国家之间。而如今，我们生活在一个日益数字化和多极化的世界，信息、货物、人员、资本等跨境流动更加频繁，全球挑战日益加剧。国家间经济关系变得脆弱，区域机构已成为多边主义最有活力的工具。

为了适应这些现实，布雷顿森林体系2.0，或者说全球治理2.0需要体现三个原则。首先，需要更具包容性。这意味着要更好地代表新兴经济体的声音和利益，并动员包括发展中国家和非国家行为主体等来共同应对全球问题。其次，全球治理需要进一步整合。需要以全球和区域组织、国际金融机构以及其他全球联盟和机构之间的牢固联系为基础，以共同应对气候变化等复杂的跨领域挑战。最后，后疫情时代世界要建立更具灵活性的全球性机构。大型组织可提高参与度，但容易效率低下、行动迟缓，起关键作用的主体所构建的小型组织更具灵活性，可在推动改革启动方面发挥积极有效的推动作用。

越来越多的共识是,进一步完善全球治理需要体现这些具有包容性、集成性和灵活性的指导原则。联合国秘书长安东尼奥·古特雷斯倡导"网络化多边主义",将各种全球和区域机构更好地联系在一起。托马斯·弗里德曼认为,管理21世纪世界的唯一方法是通过"全球复杂的适应性联盟"。安妮-玛丽·斯劳特和戈登·拉法格在美国《外交事务》杂志中写道,要建立更具参与性的秩序,围绕其所谓"影响中心"建立针对特定问题的组织,这些组织位于致力于解决特定问题的重要角色的中心,为实现共同目标和成果而开展集体工作。

要实现包容性、集成性和灵活性的全球治理2.0,需要从以下几点入手。

第一,联合国、IMF、世界银行和WTO等现有的全球机构仍保持核心地位,对其进行更新,以使发展中国家具有更多发言权,并更好地关注诸如气候变化和数字经济等21世纪全球性问题。

全球治理是对当代人类面临的各种紧迫、严峻的全球性问题的治理,而诸多全球性问题的解决与公共事务的处理,又有赖于全球公共物品的有效供给与管理。在以无政府状态为特征的国际社会,各国在对待全球公共物品的态度上,往往采取经典的现实主义思维和国家主义理念,把应对全球化和全球性问题的全球治理视为实现国家利益的手段,至于是否或怎样提供全球公共物品,则取决于趋利避害的国家利益衡量。[①]

在后疫情时代的全球治理中,公共物品应该被重新提上议

---

① 蔡拓,杨雪冬,吴志成.全球治理概论.北京:北京大学出版社,2016:435.

程，同时还应当在实践中拓宽并明确这一概念的外延。在国际关系与公共政策领域，诸如和平与安全、平等自由、环境保护、遏制全球变暖乃至弥补区域间发展不平衡，都可以被纳入广义的公共物品范畴。新冠肺炎疫情全球大流行期间，国际社会已经目睹了几乎没有全球多边合作可言的"全球抗疫"行动在灾难面前是何等的无力，而公共卫生安全恰好也是广义上的公共产品。与此同时，中国等新兴国家有能力也有意愿重建公共产品供应体系，这一点在中国积极的对外公共卫生医疗产品技术援助中也得到了验证。因此，后疫情时代的全球治理格局中，公共产品的供应不仅会重新得到重视，同时还会有更多发展中国家参与。这将是弥合南北国家鸿沟、增进南北对话的重要手段，同时也会赋予发展中国家更多的国际话语权，有利于促进边缘国家发声，进而推动新型的全球化体系的诞生与完善。

第二，在全球框架下，允许由规模较小、更具活力的国家集团组成新的区域多边倡议，发展和探索新的合作途径，最终也可以反馈到联合国等机制中。

在全球治理新格局中，一个不可忽视的重要组成部分将是更深层次、更具多样性的区域合作。需要注意的是，区域合作的加深并不意味着对全球化的背离，相反，区域一体化将会作为新型全球化体系的重要一环，两者以嵌套的形式共存。

诚然，当今世界，无论对全球化持有何种态度，都不可否认，全球化现象已经深植于人类生活，全球范围内的经贸合作和商品交换，更是成为第二次世界大战后世界经济复苏，社会文化生活和科学技术取得突破性发展的基石。换而言之，从某种意义上说，全球化是如此的深入人心，因而完全逆全球化发展的可能性微乎其微。然而，当下全球化暴露出的诸多问题也是真实存在的，其背后的关键原因之一就是区域之间、国家之间的发展不平衡。在以发达国家为主导的全球治理体系中，会更加倾向于强调把"世界"作为一个整体进行研究，将不同地区的"贫困"视为同一种问题，因而时常忽略了发展中地区和地区之间的差异，使得部分地区和国家难以在本地一些紧迫性和严重性较强的问题上获得实质性的帮助。同时，由于主导国际合作的许多国际组织，如WTO等，自身都面临着亟待改革的挑战，这就更容易造成国际社会对某些发展中地区的忽视，加深这些地区与发达地区之间的技术、人文鸿沟。

因此，在后疫情时代的全球治理中，各区域将会不可避免地根据本地区的实际情况，因地制宜开展区域内的多边合作，并适时灵活调整区域一体化的外延，超越地缘政治的界限，吸收和容纳来自其他地区的合作伙伴。RCEP、CPTPP等都是新时期区域合作进一步加深的最好注解。有理由相信，这样深层次又多元化的区域关系，不仅将更加重视区域伙伴间的发展不平衡问题，同时也将会成为未来全球化的重要推手。

第三，可建立新的全球机构，对现有体系形成补充，发挥包括非国家行为者在内的各种利益攸关方的力量来解决共同问题。

主权国家一直是国际事务中的主要行为体，但当前全球治理领域的众多核心问题——如气候变化、难民、人权等问题，往往超越了单个主权国家的能力范畴，迫切需要国家和非国家行为体之间展开合作。在未来的全球治理中，主权国家、国际组织、跨国公司、非政府组织、个人行为体将组成一个多元化的、网络状的"全球社会"。非国家行为体可触及主权国家难以覆盖的领域，同时监督和制约主权国家的行为。

近年来，越来越多的国家和国际组织将非政府组织提出的全球性议题纳入议事日程，提升了在相关领域的全球治理水平。非政府组织具有的独立性、民间性、灵活性的特点，也更容易得到其他国家政府、公众的信任，从而建立起沟通渠道。例如在气候变化议题中，以罗马俱乐部为代表的国际非政府组织唤起了人们对气候问题的关注，高校教授和学者发表了气候变化的研究成果，为相关决策提供依据，联合国组织了国际气候问题谈判，非政府组织自发对跨国公司的污染排放进行监督，国家和非国家行为体形成了一个多层次、多角度的行为网络，共同寻求气候变化问题的解决。又如，"国际人才组织联合会（AGTO）"和"国际电商联盟D50"作为两项全球化智库（CCG）提出的全球治理方案，成功入选首届巴黎和平论坛，其中在第三届巴黎和平论坛上，国际人才组织联合会举行了成立仪式，由理念变成了现实。

随着非政府组织甚至公民个人愿望和能力的增强，不同类型的治理主体共同协商合作，发挥各自优势，解决全球性问题，将成为全球治理的一个重要特点。

完善全球治理体系

中国自1971年正式恢复在联合国的合法席位以来，在全球治理中的地位、角色和影响力发生了深刻变化。目前，作为全球治理的参与者和引领者，中国国家领导人在多个重大外交场合阐述中国关于全球治理的新理念、新方案、新思想、新举措，提出了人类命运共同体的概念，始终强调中国将秉持着共商共建共享的理念，积极参与全球治理体系的改革和建设，为全球治理变革贡献中国智慧。

中国参与全球治理的实践与探索

在新中国成立后的很长一段时间里，由于东西方对抗的国际环境，中国并未真正融入全球治理体系。1971年，中国恢复联合国合法席位，这成为中国融入全球治理体系的起点。改革开放后，中国对国际机制的态度发生了重大转变。1986年3月第六届全国人大四次会议通过的《政府工作报告》明确指出："中国遵循联合国宪章的宗旨和原则，支持联合国组织根据宪章精神所进行的各项工作，积极参加联合国及其各专门机构开展的有利于世界和平与发展的活动。中国广泛参加各种国际组织，开展积极的多边外交活动，努力增进各国在各个领域的合作。"[①]

20世纪80—90年代，中国逐渐加入经济、安全、环境等各个议题领域的国际机制。在经济领域，中国于1980年恢复在IMF和世界银行的席位。在安全领域，1980年中国开始参加联合国裁军会议，1992年中国签署《核不扩散条约》和《禁止化学武器公约》，1996年中国签署《全面禁止核试验条约》。在环境领域，1998年中国签署了《京都议定书》，积极致力于减少温室气体排

---

① 刘宏松．中国参与全球治理70年：迈向新形势下的再引领．国际观察，2019（6）：1-21．

放。此外，中国还就传染病、跨国犯罪等非传统安全问题，积极参与相关国际会议，签署条约并履行义务。①

2001年，加入WTO代表着中国全面融入全球治理体系，这可以称为中国深度参与各领域国际机制建设和国际规则制定的起点。成为WTO的一员，使得中国有机会直接参与国际贸易规则制定，在全球经济治理中扮演建设者和贡献者的角色。在WTO多哈回合谈判中，中国发挥了"促发展、求共识"的建设性作用，在管理机构程序、争端解决机制、反倾销规则等方面提出了多项改革倡议。在倡议行动中，中国主张WTO主旨规则应以更加符合基本原则的方式做出适当调整，不谋求对联合倡议的主导，秉持促进发展和自由贸易的理念。②

2008年，全球金融危机爆发，西方国家陷入经济困境。为应对这场危机，西方发达国家决定在平等参与的基础上，与中国等新兴市场国家开展对话，将G20机制从财长和央行行长会议升级为领导人峰会。中国首次以塑造者、创始国和核心参与者身份参与全球经济治理机制，全面参与G20框架下的国际经济合作，积极推动全球经济治理改革。由此，中国在全球治理中的地位和影响力发生了巨大变化，中国对全球治理的参与向有所作为、主动引领的方向发展。2016年9月4—5日，G20领导人第十一次峰会在中国杭州召开，峰会主题涉及全球经济、金融、政治、安全

---

① 刘宏松.中国参与全球治理70年：迈向新形势下的再引领.国际观察,2019(6)：1-21.
② 刘宏松.中国参与全球治理70年：迈向新形势下的再引领.国际观察,2019(6)：1-21.

与环境，是中国继 2008 年北京奥运会、2010 年上海世博会后，又一次走上全球事务的舞台中心。G20 杭州峰会是中国迄今为止举办过的规格最高、最受全球瞩目的一次国际会议，创下了 G20 历史上的多个"第一次"：第一次将发展议题置于全球宏观政策框架的突出位置；第一次围绕落实联合国 2030 年可持续发展议程制订行动计划；第一次制定结构性改革优先领域、指导原则和指标体系；第一次把绿色金融议题引入 G20 议程。中国向国际社会表明：世界主要发达国家和发展中国家共同组成的 G20，不仅关注自身福祉，更心系全人类共同发展。

改革开放 40 余年来，中国一直秉承着平等互利、合作开放的对外交流理念，并积极推动世界多边合作进程。一方面，在经济、气候、安全等领域，推动了全球治理多边合作机制的建设和完善。通过举办中非合作论坛、"一带一路"国际合作高峰论坛、中国国际进口博览会等重大主场外交活动，中国为全球治理的多边协商和交流提供平台；还倡议设立亚投行、金砖银行，在 G20 等全球治理机制中提出国际金融机构改革、贸易自由化和投资便利化、加强国际金融市场监管等一系列治理方案。此外，中国还积极参与全球气候治理，从气候治理体系的"跟随者"转变为"引领者"，不仅自主贡献实际减排目标，还积极推动《巴黎协定》实施细则的谈判。在互联网安全这一新兴议题中，中国提出了推动全球互联网治理体系变革的"四点原则"和构建网络空间命运共同体的"五点主张"。[①] 另一方面，中国也积极地提供国

---

① 刘宏松. 中国参与全球治理 70 年：迈向新形势下的再引领. 国际观察，2019（6）：1-21.

际公共产品,让全球共享发展红利。比如"一带一路"倡议正是中国想要打造更加开放、包容、均衡、普惠的全球治理合作架构的生动体现。

中国是新兴市场国家和发展中国家的代表,作为全球第二大经济体,中国正前所未有地走近世界舞台中心,国际地位和影响力与日俱增。中国深知自身肩负的责任,用合作代替对抗,以共赢取代独占,一直以来都是中国在全球治理中秉持的原则。积极参与全球治理,推动全球治理体系的变革,是中国的必然选择。

推动全球治理升级

中国推动全球治理升级的思路非常清晰,一方面,在全球化遭遇逆流的困难局面下,对现有国际多边机制的尊重和维护是中国参与全球治理的首要之义。中国并不寻求过于激进的全球治理革命,不会另起炉灶建立新的世界秩序,而是强调在现有规则下,特别是在 G20、联合国和 WTO 框架下改革争端解决机制。另一方面,基于对全球治理责任的"分担",以及与世界各国"共治"等原则,助力全球治理体系的革新和升级,为世界提供更多公共产品。

基于以上思路,全球化智库(CCG)针对当前全球治理现状,从智库角度提出以下解决方案建议。

推动联合国、WTO 等全球治理机制改革

2021 年是中国恢复联合国合法席位 50 周年,在这半个世纪中,中国始终是世界和平的建设者、全球发展的贡献者、国际秩

序的维护者，不断为联合国的崇高事业添砖加瓦，做出积极贡献。在新的历史起点，中国更应该积极参与到全球治理机制的改革之中。

在新旧世界的转换期，单边主义、保护主义接连抬头，霸权主义、干涉主义依然存在，全球治理体系因缺乏领导力而效力不足，中美摩擦使国际地缘战略竞争加剧。而国际格局变化、气候挑战、数字经济发展、"一带一路"倡议稳步落地等一系列新变化，也对联合国职能的发挥提出了新的要求。务实、平衡、规制，是联合国发挥作用的应有之义，也是联合国改革的方向所在。在新形势新变化下，联合国可在数字经济、气候变化、极地治理等领域发挥更大的协调指导及约束作用，也可发挥其优势，参与"一带一路"建设等区域性、全球性发展规划。

WTO是一个独立于联合国的永久性国际组织，在全球经济治理中发挥着独特作用。多年来，WTO在平衡国际贸易关系，减少贸易摩擦等方面发挥了重要的领导作用，但外界对WTO"边缘化"的质疑声不绝于耳。随着新兴国家从全球的边缘走向中心，成为国际贸易和世界经济不可分割的部分，新兴经济体和发达国家存在的不同利益诉求又成了束缚WTO进一步发挥作用的因素之一。从2011年开始的多哈会议谈判之后，WTO的发展一直停滞不前，新的发展模式迟迟没有出台。历经上诉机构停摆、总干事缺位以及单边主义与贸易保护主义等波折后，WTO新任总干事恩戈齐·奥孔乔-伊韦阿拉于2021年3月1日正式履职。新任总干事上任以来，WTO改革进程明显加快，2021年也有望成为WTO事业发展关键年和改革大年。

WTO 副总干事阿兰·沃尔夫于 2019 年 11 月来华参加第四次"1+6"圆桌对话会，并到访全球化智库（CCG）北京总部，发表主题演讲。他认为中国有领导 WTO 改革的能力，希望中国可以帮助制定和实施《WTO 2025》议程。

我们认为，首先，就 WTO 改革而言，需对"完全协商一致"原则改进程序，可以用诸边协议来代替多边协议，以提高谈判效率和执行力度。由于 WTO 成员数量众多并很难达成共识，可以由代表发达国家和代表发展中国家声音的关键成员率先在一些关键领域达成共识。在与美国前 TPP 谈判代表温迪·卡特勒和 WTO 前总干事帕斯卡尔·拉米的云对话中，我们对于中国、美国和欧盟作为三个最大的贸易经济体，迫切需要进行合作也达成了诸多共识。比如温迪·卡特勒提到可以举办一个中美欧贸易论坛，帕斯卡尔·拉米谈到举办中美欧贸易峰会。我们认为，中美欧三方可以通过设立贸易论坛或者类似的沟通机制，以半官方、技术性的方式推进三方在 WTO 改革和世界贸易方面的合作。在三方专业团队初步形成共识后，再通过正式的官方渠道进行沟通和合作。

其次，WTO 改革应充分考虑发展中国家的诉求与承受能力，努力寻求分歧双方的共赢点。WTO 的改革中，技术转移将是其中重要的组成部分。现在发达国家的科技已经发展得很成熟，也已实现了利益制度化，但发展中国家想要进入这一领域存在很多困难。而发展中国家对农业补贴、国家安全等问题也十分关注。双方需要有渐进变革的耐心以及共赢思维，避免极端化及零和博弈。

最后，在数字贸易时代，WTO在加速推动电子商务谈判、加强跨境商品和服务贸易的数字化建设、缩小"数字鸿沟"以及加强隐私保护与提供公平竞争环境等方面具有广阔空间。[①]

WTO将在日内瓦举行第12届部长级会议。自从拜登就任美国总统以来，WTO新任总干事也任命了四位副总干事，他们分别来自美国、中国、欧盟和拉美，这有助于WTO功能的发挥。在第12届部长级会议上，如果各国可以就多年的渔业补贴谈判达成共识，那么将有助于重新树立WTO的威信。

建立全新高效的大国协调机制

2021年3月，对美国政策影响较大的智库——美国对外关系委员会中的两位顶级智囊（一位是该智库的主席理查德·哈斯，另一位是资深研究员查尔斯·库普查），合作发表了一篇题为"新的大国协调"的文章[②]，提出当今世界应该模仿19世纪欧洲的"大国协调"机制（包括英法俄普奥），建立一个由中国、美国、俄罗斯、欧洲、日本、印度这六大力量共同组成的"大国协调"机制来管理世界，认为除此之外世界没有更好的选择。其理由是，单极时代已经结束，美国经济即便能够反弹，也无法阻止一个多极化和意识形态多样化的世界的到来，而现有的管理世界事务的制度安排也是弊病百出，比如说联合国过于官僚化和形式化，G7代表性不够，G20议而不决，因此需要建立新的全球顶

[①] 章玉贵.WTO改革：在非零和博弈中寻求均衡.（2021-03-02）. https://www.yicai.com/news/100964880.html.

[②] 参见 https://www.foreignaffairs.com/articles/world/2021-03-23/new-concert-powers。

层治理机制。

在他们看来,"大国协调"机制的优点是,具有政治上的包容性和程序上的非正式性。包容性意味着把最有国际影响力的强国全都包含进来,而不管它们是什么政治制度和意识形态;非正式性意味着它们之间只展开协商寻求共识,不进行投票,不行使否决权,不制定有约束力的文件,明显区别于联合国安理会。他们构想的六国协调机制将设立一个总部,其地点可能在日内瓦或新加坡,各方派出高级外交代表团常驻总部,由各成员轮流担任主席。非洲联盟、阿拉伯联盟、东盟和美洲国家组织也可派驻代表团,但无正式成员资格,只有在讨论涉及它们所在区域的问题时才可参加会议。[①]

可以看出,两位学者的讨论直指当今全球治理机制失灵与全球秩序重建之间的矛盾。平等与效率往往难以两全,一方面,少数有影响力的大国协调可提升沟通和决策效率;另一方面,对于因循权力博弈逻辑的小群体集团,一贯支持联合国宪章和宗旨、主张国际关系民主化的中国也难以进行附和。美方提出的"六国协调"是否会架空联合国?中小发展中国家的发声平台和平等权益又如何体现? 19世纪欧洲的大国协调机制未能避免第一次世界大战的爆发,"六国协调"是否会在一个小范围内加剧以中美为代表的分裂呢?这些都是需要思考的问题。

但同时,两位学者针对联合国官僚化、七国集团代表性不够等问题提出的解决思路值得借鉴反思,大国协调可作为对现有国

---

① 参见 https://www.163.com/dy/article/G7DVU7D40526P23I.html。

际机制的有效补充而得到加强。近年来随着中国不断崛起,除了"六国协调",美西方学者还提出"两国集团"、"中美国"和"中美共治"等概念。

客观来说,中美在经济上相互依赖,在影响力上也均是世界性大国,对广大发展中国家来说,中美增进合作共治要比中美竞争及冲突加剧对其更有裨益。与"六国机制"相比,G20兼具代表性和高效率,中美可在G20框架下建立双边特别沟通机制,并与其他各国协调差异,尤其是提升代表性大国的影响力,推动提升G20的决策效率和执行能力。此外,我们建议还可以考虑将非洲联盟纳入G20,将G20升级为G21。非洲是一块正在成长中的新兴大陆,2019年6月联合国发布的《未来人口展望》报告指出,预计2019—2050年,非洲大陆的人口数将会增长一倍,占全球总人口增长的一半以上。非洲地域广阔,庞大的人口数量意味着丰富的人力资源和可观的消费潜力,而其推进城市化、现代化发展也将创造巨大的商机。2019年非洲大陆自由贸易区正式宣告成立,预计将覆盖54国、12亿人口,团结而开放的非洲蕴藏着巨大的发展潜力。

成立世界基础设施投资银行

基础设施投资是一项全球性的需求。根据G20旗下全球基础设施中心发布的《全球基础设施建设展望》报告,2016—2040年,全球基础设施投资需求将增至94万亿美元,年均增长约3.7万亿美元。然而,资金供给不足、供需匹配难度大是国际开发性金融领域存在多年的结构性难题。2008年以来,世界经济发展缺乏动力，主要国家在基础设施上的投资一直不足，甚至一度达到历史最低水平。

雪上加霜的是，新冠肺炎疫情给各国带来了更为严峻的挑战。据联合国贸易和发展会议预测，受新冠肺炎疫情影响，发展中国家出现资本外流、货币贬值、出口收入减少等问题，经济所受负面影响可能会比2008年全球金融危机时更严重，发展中国家将在未来两年面临2万亿~3万亿美元的资金缺口，全球需通过一揽子援助计划帮助其应对危机。而发达国家同样面临挑战，比如美国大量基础设施老旧需维修换新，加强基础设施建设已经成为美国两党共识。

除基础设施投资外，世界银行还肩负推动世界脱贫减贫、可持续发展以及抗击疫情等非基础设施建设功能，在世界基础设施建设需求巨大的背景下，成立专门从事基础设施建设的世界基础设施投资银行，符合时代发展需求。亚投行成立的主要目的在于，促进亚洲和"一带一路"沿线地区基础设施建设和互联互通。自2015年12月成立以来，亚投行按照多边开发银行模式和原则运作，坚持国际性、规范性、高标准，奉行精简、廉洁、绿色理念，向世界展示了开放包容、共谋发展、规范高效的良好形象，赢得了联合国等多边组织的认可，获得了国际领先评级机构的AAA级最高信用评级。如今，除了亚洲，亚投行也对非洲、拉美等区域项目进行投资，在各大洲拥有100多个成员，已成为仅次于世界银行的全球第二大多边开发银行。

我们建议，在条件成熟情况下，可将亚投行升级为专注于基础设施的世界基础设施投资银行（GIIB），扩大其基础设施投资领域及地域，为世界各地符合条件的基础设施投资项目提供资金等支持。这将涉及取消亚投行当前对亚洲地区股权和投资占75%的要求，并邀请新成员扮演主要角色，尤其是美国和日本，以及让非洲和拉丁美洲等其他地区的更多国家加入。未来，GIIB在可持续的基础设施、数字基础设施融资以及激励私人融资方面，可发挥更多创新作用。

亚投行中的大多数项目是与其他多边开发银行共同出资的，升级为GIIB后可进一步创新发展与其他组织融资合作的模式，从而共享专业知识并发挥协同作用。GIIB可为包括多边开发银行和区域组织在内的多边行为者组成一个特别机构，以加强全球现有基础设施计划之间的协调。就现阶段而言，可由亚投行牵头，联合世界银行、亚洲开发银行、欧洲复兴开发银行、欧洲投资银行、伊斯兰开发银行、非洲开发银行、美洲开发银行等打造一个以国际多边开发银行为主的全球基础设施建设项目贷款共同体，形成国际多边开发银行共同贷款、共同发包、共同招标的国际化、规范化、公开透明运作体系。由此，GIIB可与世界银行等现有开发银行形成合作补充而非竞争替代。

亚投行成立的倡议尽管由中国提出，但从一开始亚投行就是多边主义和国际合作的产物。德国、英国等从一开始就可影响亚投行的设计和开发，迄今为止，亚投行最大的受益者是印度而非"一带一路"参与国。中国在基础设施建设方面拥有丰富的经验和资源，可以为基础设施领域的全球公益事业做出宝贵贡献。亚投行所取得的成就表明，它可以创建有效的多边机构，并为新的全球基础设施银行提供现成的框架，但如果要发挥其真正的潜力，以促进全球增长，解决不平等现象和缓解气候变化，美国的参与必不可少。西方国家与中国合作进行此类项目的构想，现在看来似乎是一项艰巨的任务。但是确保新冠肺炎疫情大流行后的绿色可持续发展和包容性恢复也至关重要，无论是资金充裕的发达国家还是面临债务危机的发展中国家，都应能够在重建基础设施中获得发展。

建立全球气候变化应对组织

世界各国对气候和环境问题的忧虑越来越多，利用不断进步的科学技术，在经济发展和环境保护之间找到一个平衡点，是人类实现可持续发展的重要途径。2019年夏季达沃斯论坛上，在与研讨嘉宾的交流中，我们发现，中国近年来在全球气候治理方面做出的努力受到了国际社会的认可。例如，中国与印度在喜马拉雅地区有着共同的环境保护利益，中印两国一直探求通过多种途径合作，保障喜马拉雅地区的可持续发展。这种合作不仅能够加深中印双方的沟通与互信，更为全球气候治理做出贡献，对达成联合国2030年可持续发展目标具有重要意义。

全球气候与环境治理既关系到全人类包括中国的可持续发展，也是推动其他领域全球治理和多边合作的契机。当前，全球气候危机是21世纪人类面临的最严峻挑战之一。2020年10月13日联合国发布报告说，全球自然灾害总数在21世纪前20年大幅攀升，而气候相关灾害数量激增是造成灾害总数上升的主要因素。近20年全球报告气候相关灾害为6 681起，较1980—1999年增加3 025起，洪水、干旱、山火、极端气温等灾害发生次数显著增加。

由于缺乏互信、利益牵扯复杂及发展程度较低,在过去20多年中,从1992年达成《联合国气候变化框架公约》,到1997年达成《京都议定书》,再到2015年达成《巴黎协定》,联合国气候谈判艰难推进,强力而有效的多边气候治理合作不足。2016年11月《巴黎协定》生效,标志着全球气候治理进程从达约阶段转向履约阶段。如今,不少地区和国家都制定了详细的减排目标,推出具体举措。欧盟委员会、英国、新西兰等发布愿景或立法,确立到2050年实现温室气体净零排放的目标。

为加速推进全球减排力度,同时兼顾南北差距下欠发达国家发展需求,我们建议在G7基础上加入中国、印度、俄罗斯,在G10框架下更加高效而紧密地探讨对接国际多边气候合作。中印俄三国的加入,可使G7的代表权从占世界人口的10%扩大到47%,而G10也将聚集世界碳排放前六大国家。同时,中印俄加入可以使该集团集合发达国家与发展中国家代表,可在发展程度不同的国家之间架起沟通合作的桥梁,统筹考虑多种绿色发展合作模式,在推动解决气候变化问题的同时兼顾各国发展利益。

此外,还可以考虑建立新的国际碳排放组织,完善国际碳交易及碳排放市场。正如哈佛大学教授、IMF前首席经济学家肯尼斯·罗格夫的文章《更公平地帮助发展中经济体脱碳》(*A Fairer Way to Help Developing Economies Decarbonize*)中强调的,成立"世界碳银行",通过全球碳交易和碳定价机制,将发达国家的资金和技术提供给发展中国家,促进其绿色转型升级,落实《巴黎协定》,最终实现"碳中和"。

建立全球数据安全组织

麦肯锡全球研究院发布的《数据全球化：全球流动的新时代》研究报告指出，自 2008 年全球金融危机以来，数据流动对全球经济增长的贡献已超过传统的跨国贸易与投资，不但支撑了商品、服务、资本、人才等各类全球化活动，而且越来越发挥独立作用。如果说商品贸易与金融资本的流动是 20 世纪全球经济的标志，那么，21 世纪的全球化将由数据流动来界定。

数据全球化在推动全球经济发展的同时，也带来了诸多挑战，其中非常重要的一点就是关于数据跨境流动的问题。受国家安全、地缘政治、隐私保护等复杂因素影响，各国在推动"数据自由流动"还是加强"数据本地化"方面尚缺乏共识，我们建议借鉴 G20 旗下的 B20（二十国集团工商界活动）、Y20（二十国集团青年会议）、W20（二十国集团妇女会议）、L20（二十国集团劳动会议）、T20（二十国集团智库会议）和 C20（二十国集团民间社会会议），成立 D20（二十国集团数据联盟），在数字经济相对发达的经济体中率先推动数据跨境流动话题的讨论和共识。此外，世界上还没有达成一个全面的、多边的方案来管理数据的使用和流动，全球化智库（CCG）倡议成立"全球数据组织"，制定规范和标准来管理数据和技术的使用，通过民间方式，率先为全球数据安全以及数据的充分利用提供参考标准。[①]

[①] 王辉耀.完善全球治理需要国际组织发挥更多积极作用.北京青年报，2021-03-27. http://epaper.ynet.com/html/2021-03/27/content_372091.htm?div=-1.

建立全球税收组织

在全球化面临巨大挑战的当下,针对解决全球化"利益分配不均"这一核心问题,国际税收体系改革将起到至关重要的作用。

跨国公司是全球化的主要推动力量,有力地促进了国际经济技术合作与交流,推动世界各国经济的发展和资源在全球范围内的优化,也为制定全球贸易规则奠定了基础。然而,随着全球化深入发展,跨国公司的弊端逐渐显现。IMF于2019年发布的《全球经济的跨国公司税收报告》指出,由于跨国公司过去30年来税收比例不断下降,对全球化产生了不利影响。当前,一些国家和地区"反全球化"盛行的一个重要背景是,近几十年来,跨国公司的资本自由流动与各国政府监管之间的不匹配,造成了严重的分配不均,发达国家贫富差距拉大,中产阶级收入停滞不前,而中国经常被视为"替罪羊"。

国际税收体系改革酝酿多年。为应对全球经济数字化发展给国际税收政策带来的挑战以及与之相关的单边数字服务税、平衡税等问题,G20委托经济合作与发展组织启动税基侵蚀与利润转移行动计划研究,在2015年发布第一阶段研究成果。2021年7月,G20财长和央行行长会议发布公报,表示支持本月初经济合作与发展组织推动下132个国家达成的"全球最低企业税"改革共识。该共识在经济合作与发展组织推动全球税收治理体系改革的"包容性框架"下签署,各国同意将全球最低企业税率定为15%。

从弥补全球税收体系漏洞、防止税收政策"恶性竞争"乃至"逐底竞争"的角度来讲,全球最低企业税率的达成具有明显的进步意义，同时也会推动发达国家跨国公司将避税天堂收入汇回母国，提高本国人民的收入。但是，全球税收体系改革并不会一蹴而就，如何在最低税率的基础上合理分配税基，如何有效应对全球数字经济发展带来的税收挑战，将是全球税收体系改革未来面临的重大挑战。①

目前，中国已经加入全球最低企业税协议，支持15%的全球最低税率。国际税收规则的改变肯定会对我国企业造成一定的影响，我国应对全球最低企业税率可能对投资、贸易、税收、预算等方面产生的影响进行全面评估，尽快研究与全球最低企业税率相配套的其他吸引外资政策，如通过奖励、扶持等措施，或在工商、土地、环境治理等方面提供综合服务，减少企业后顾之忧等，以减少外资撤退，最大限度地保障中国对外资的吸引力。关于数字税的问题，各大经济体以及全球治理机构尚无相关的标准和机制。中国需要密切关注欧盟及其他国家和地区的数字税的制定和发展，研究与分析各国数字税收规则的发展趋势，倡导建立一个更有效率和约束力的全球数字税组织，依据多边合作原则参与全球范围内数字税收体系的建立。

建立全球数字货币组织

如果从比特币问世开始算起，那么数字货币已经走过了12

---

① 吴斌，贾开. G20财长集体"站台"，全球税改计划迎突破，能否带来更公平的全球税收新体系？（2021-07-13）. https://www.163.com/dy/article/GEPD04DS05199NPP.html.

个年头。① 随着数字货币的快速崛起，大量私人和机构投资者的参与，以及巨大的价格波动，各国监管者越来越重视这个行业，纷纷加强监管。以美国为例，美国对数字货币的监管政策非常复杂。比如美国国家税务局以税收为出发点考虑，认定比特币和其他加密数字货币为财产而非货币，依照资本增值税法监管，并出台了相应规定。美国财政部下属的金融犯罪执法网络局认为数字货币更接近于货币，它对数字货币的监管主要集中在防止利用数字货币犯罪和洗钱。②

各国在对数字货币进行监管的同时，也纷纷开始认真研究数字货币，拟发行自己的中央银行数字货币。国际清算银行的一项调查显示：在参与调查的 66 家央行中，有 80% 正在参与和数字化货币相关的研发工作；40% 的央行已经完成了概念研究，开始进行测试或概念验证；10% 的央行已经开始了定向的试点规划。③

中国人民银行在数字货币研发和落地方面走在了全球前列。其从 2014 年就已经开始对数字货币进行专项研究，并在 2020 年先后在深圳、苏州、雄安、成都、北京等地开展数字人民币试点。放眼全球，很多国家的"央行数字货币"研发也正如火如荼。比如欧洲央行与欧盟委员会将联合研究数字欧元在政策、法

---

① 2008 年 11 月 1 日，化名为"中本聪"的一位不明身份人员在 metzdowd.com 网站上发表了一篇论文，提出了"比特币"这一虚拟数字货币概念。这是一种基于区块链技术发展出来的去中心化电子交易体系，交易货币被命名为"比特币"。
② 蔡凯龙. 全球数字货币行业监管的历史和现状. (2019-07-19). https://www.01caijing.com/blog/332429.htm.
③ 马樱健. 数字货币全球提速 风险监管走向多元. 新金融观察报，2021-02-07. http://field.10jqka.com.cn/20210207/c626896023.shtml.

律和技术层面的可行性和具体设计方案，并拟于2021年夏天推出数字货币的实施计划。欧洲央行行长拉加德则表示，在未来5年内使数字欧元成为现实。

数字货币天生具备全球性的特征，其产生、交易和转移都是无国界的。由于各国对数字货币的态度不一，监管的严格程度不同，因此容易产生监管套利现象。对数字货币的监管需要全球协作，建议成立全球数字货币组织，联合国际金融和经济机构、各国央行、全球重要金融企业，以及具备数字货币使用能力的消费、交易和支付部门，开展全球监管协作，明确监管规则，为数字货币的合规发展提供保障。

推动国际人才组织联盟发展

全球化发展的今天，国际人才越来越多，成为国际人口流动的重要群体，然而各国在签证、人才政策和福利上的差异，使得全球人才不能自由流动，这既阻碍人才的成长，也使相应地区在建设中未能获得关键人才的支持。从全球治理的角度出发，如何规范这一人才群体的合理流动，如何保护他们的权利以及如何平衡母国与迁徙国之间的人才利益等问题亟待解决。

在过去几年，全球化智库（CCG）多次提出成立国际人才组织联合会的倡议，旨在联合全球各大移民组织和机构，为政府协调人才流动事项提供一个重要平台，通过发展形成一套独特的国际人才合作机制，为国际人才的长期发展和合作服务，营造公平竞争的国际人才交流环境，降低国际人才合作交流的壁垒，促进人才合作交流的便利化，同时，保护人才的合法权益，维护人才的基本权益和主张，缩小世界各国或地区在知识和创新能力上的差距，提升全世界人力资源的创新水平，提升世界人民福祉，共享人类知识财富。

建立国际人才合作组织是我国加大对外开放的时代需求，通过全球人才治理，构建世界人才的多边、多层次、多主体的沟通协调机制，营造全球各层次人才交流、对话的大环境，促进世界各个国家或地区人才的有序流动，服务全球经济社会发展，不断改革完善全球治理体系的重要举措。

全球化智库（CCG）就关于成立国际人才组织联合会的倡议，与联合国国际移民组织、国际劳工组织、巴黎和平论坛、经济合作与发展组织及国际大都会等多个国际组织进行了探讨，并获得其肯定与支持。2020 年 11 月 13 日，在第三届巴黎和平论坛上，国际人才组织联合会（AGTO）正式成立。这是对 AGTO 的国际资格认证。我们坚持了数年的理念终于从构想变成了现实。AGTO 成立后，我们还将加强与上述国际组织与相关行为主体的沟通，填补全球治理在人才管理领域的空白并补充全球治理理论及实践，提高我国在全球人才治理领域的话语权和竞争力。

建立国际电商联盟

随着疫情在全球的蔓延，跨境电商作为新业态，对外贸创新发展起到了引领作用，成为全球化时代下的新蓝海和改变国际贸易格局的新力量。数字经济在引领新的经济全球化的同时，也带来了新的挑战。如今世界电子商务整体的发展相对滞缓，运营成本和潜在风险难以预估，政策差异巨大，跨国物流因基础设施不完善、海关清关、贸易壁垒等受阻,跨国交易中消费者的权益没有办法得到切实保障等一系列问题,不仅限制了企业开辟海外市场,更使电子商务的发展无法顺利与全球化接轨。

全球化智库(CCG)倡议成立国际电商联盟,通过打造专业化、国际性的全球数字经济对话与合作发展平台,推动数字经济国际规则的制定,建立多边、民主、透明的全球数字经济治理体系。国际电商联盟将为政府、国际机构、商界代表、个人用户等不同的相关利益者提供一个平台,就与电子商务有关的问题进行协商并确定解决方案,致力于化解数字经济、电子信息平台出现的问题并扩大电子商务对世界经济的积极影响。

国际电商联盟响应了数字经济时代电子商务在全球范围内发展的需求,或将引领智能产业发展,成为全球化遭遇冲击的时期为全球经济资本流通开启的新机遇。全球化智库(CCG)提出的这一倡议在巴黎和平论坛上获得多国政府官员,以及联合国、WTO等核心国际机构领导人的高度认可。这一倡议目前正进一步完善与建设,以凝聚各方关切和力量,从理念发展为现实。

建立全球智库组织

当今社会,攸关人类生存与发展的全球性问题层出不穷,应对这些全球化挑战,需要各国开展多边主义合作,但是在逆全球化势力的阻拦下,国际多边合作共识的达成难度增加。在这种背景下,智库成为推动全球多边合作的重要力量。智库不同于一般的民间组织,其独立性和专业性使其具备了影响官方决策的资本。智库往往通过合作研究共同关心的问题,在幕后推动双边或多边合作，实现资源的共享，促进各方通力合作解决全球问题，影响全球性议题设定和国际关系。①

我们倡议建立全球智库组织，通过推进各国智库之间的思想交流和合作，为全球治理提供多元的声音和思路，甚至在某种程度上形成全球治理"影子政府"，为全球治理建言献策，设置有利于推动全球治理的议题讨论，凝聚国际共识，为世界秩序的稳定发挥思想力量；同时，搭建起各国沟通的桥梁，共同应对未来的不确定性，帮助世界回归常态。

国际形势日益变化，但全球化依旧是历史的大趋势。在全球化进入新阶段的今天，没有哪个国家在全球问题的威胁面前能够独善其身。在世界各国共生、共存、共发展的新时代，在全球治理体系的升级中，中国将进一步扮演好参与者、推动者、维护者和改革者的角色。但是，全球治理体系升级，要求人们有足够的战略判断力和定力，认识到"升级"本身将是一个漫长的过程，不会一蹴而就；它应该是包容性的，既包括发展中国家，也包括发达国家，是不断趋近于世界"大同"理念的状态；它应该是超越现有"西方主导"模式的存在。未来世界可能就像区块链技术一样，出现"去中心化"的情况，不存在具体的主导势力，但会出现具有主导能力的合作机构，以确保新世界体系的效率。

---

① 王辉耀，苗绿.大国智库.北京：人民出版社，2014：22.

结束语

从开始构思写一本时代变局之下中国与全球化路径的书,到着笔成书又多次修改,几年间,国际形势波诡云谲,全球化形态也发生了很大变化。新冠肺炎疫情和俄乌危机更是成为加速改变世界格局的"灰犀牛"事件,出乎意料又影响至深。如果说英国公投退出欧盟、特朗普赢得美国大选是2008年全球金融危机以来,民粹主义势力抬头逆反全球化的突出体现,那么叠加新冠肺炎疫情及新技术、新商业发展等的影响,后疫情时代和后俄乌危机时代的新型全球化将在反全球化逆流继续涌动下去霸权化、区域化发展,且以数字全球化方式达到新一波高潮。

当前,百年变局和世纪疫情交织叠加,世界进入动荡变革期,不稳定性、不确定性显著上升。人类社会面临的治理赤字、信任赤字、发展赤字、和平赤字有增无减,实现普遍安全、促进共同发展依然任重道远。同时,世界多极化趋势没有发生根本改变,经济全球化展现出新的韧性,维护多边主义、加强沟通协作的呼声更加强烈。正如习近平主席在博鳌亚洲论坛2021年年会开幕式上所说："我们所处的是一个充满挑战的时代，也是一个充满希望的时代。"①

2021年3月29日，我们邀请了《世界是平的》作者托马斯·弗里德曼做客全球化智库（CCG）"中国与世界"线上名家对话会。当我问道："世界仍然是平的吗？"这位知名的全球化研究学者形象地回答："我坐在马里兰州的办公室里，我的朋友辉耀坐在北京的办公室里。我们以两个个体的身份，坐在办公室的两端进行对话，世界还不是平的吗？世界比以前更平坦了。"不过，他紧接着又告诉我们，当今世界不仅是平的，还是脆弱的。世界在变得快速、融合、深刻和开放的同时，也面临网络、资本流动、贸易、气候、劳动力流动等一系列新挑战，这需要有效的全球治理……最近两年，我们与包括托马斯·弗里德曼、伦敦国王学院刘氏中国研究院院长凯瑞·布朗，"修昔底德陷阱"提出者格雷厄姆·艾利森，"软实力"提出者约瑟夫·奈，哈佛大学教授托尼·赛奇，耶鲁大学著名历史学家韩森，英国《金融时报》副主编及首席经济评论员马丁·沃尔夫，诺贝尔经济学奖获得者安格斯·迪顿，美国前总统老布什的第三子、乔治·布什美中关系基金会的创始人兼主席尼尔·布什，以及基金会首席执行官兼总裁方大为，美国卡特中心首席执行官佩吉·亚历山大，彼得森国际经济研究所所长亚当·波森，美国前驻华大使芮效俭，布鲁金斯学会名誉主席约翰·桑顿，亚洲协会政策研究院（ASPI）副总裁、美国前TPP谈判代表温迪·卡特勒，WTO前总干事、前欧

---

① 习近平在博鳌亚洲论坛2021年年会开幕式上的视频主旨演讲.（2021-04-20）. http://www.xinhuanet.com/politics/leaders/2021-04/20/c_1127450811.htm.

盟委员会贸易专员、巴黎和平论坛主席帕斯卡尔·拉米,"金砖国家"概念提出者、英国皇家国际事务研究所前主席、前英国财政部商务部国务大臣吉姆·奥尼尔勋爵,金砖国家新开发银行副行长兼首席财务官马磊立先生,美国战略与国际问题研究中心总裁、美国国防部前副部长何慕理,新加坡前驻联合国大使马凯硕,约翰斯·霍普金斯大学高级国际研究学院副院长肯特·凯尔德,约翰斯·霍普金斯大学高级国际研究学院外交政策研究所高级研究员戴维·兰普顿等在内的几十位国际知名学者、意见领袖和前政要,围绕全球化、全球治理、中美及中欧等话题进行了深度对话。大家普遍认为,中美两国在社会和经济等方面是相互交织、相互依存的,冷战意义上的全面对抗是不合适的,全球化已经到了一个关键的历史节点,面对日益增加的全球性挑战,需要中国、美国和其他国家通过沟通、对话与合作来解决。

此外,我们主编的"中国与全球化"系列图书的首部重磅著作 Consensus or Conflict? (《共识还是冲突?——21世纪的中国与全球化》)汇集了帕斯卡尔·拉米、约瑟夫·奈、温迪·卡特勒以及2006年诺贝尔经济学奖得主埃德蒙·费尔普斯、新加坡国立大学李光耀公共政策学院创始院长马凯硕、"金砖国家"概念提出者吉姆·奥尼尔勋爵、红十字国际委员会主席彼得·毛雷尔、巴基斯坦前总理肖卡特·阿齐兹、波兰前副总理兼财政部长格泽高滋·W.科勒德克、中国财政部原副部长朱光耀、中国外交部前副部长何亚非、上海纽约大学常务副校长杰弗里·雷蒙、昆山杜克大学前常务副校长丹尼斯·西蒙等38位国际大咖的智慧。本书英文版在施普林格官网上线以来,下载量已超17万次,充分说明全球化与全球治理的话题得到了全球的高度关注。

这些国际知名人士针对全球化、全球治理、公共卫生危机、气候危机、数字革命、移民等全球焦点问题提出的多元化和专业性的见解,为我们的研究提供了很好的参考,也为我们创作本书提供了非常多的启发。

几个世纪以来,从货物全球化、资本全球化再到人的全球化,全球化的浪潮一浪高过一浪,每一次都为人类社会带来根本性的大变革,最终打破时空限制,将地球全面联结,从而极大地解放了生产力,促进了世界经济的繁荣。然而,即使全球化为世界带来难以想象的进步和财富,其本身仍然暴露出一些缺陷,导致周期性的逆流,当全球化扩张到特定程度时,必然要求各国政府根据实际情况进行调整和修复。

当我们回顾历史,第一次世界大战后成立的国际联盟,因为无法阻止民族主义、保护主义和经济困境的恶性循环,世界陷入大萧条,并最终播下了第二次世界大战的种子。由于吸取了沉重的历史教训,第二次世界大战结束前的1944年,来自45个国家的代表集结在美国新罕布什尔州参加布雷顿森林会议,以设计管理战后国际货币体系的机构。不到一年后,来自世界各地的代表在旧金山开会,制定了《联合国宪章》,确立了联合国系统的宗旨、治理结构和框架。1947年10月,WTO的前身关税与贸易总协定在日内瓦签署……这些机构在短短几年内成立,并带领全球经济走过70多年的稳定与发展。中国也通过对这套国际秩序的积极参与,在取得经济奇迹的同时,日渐成为国际社会中"负责任的利益相关者"。

然而，在全球政治经济环境的快速变迁之下，这套体系越来越无法有效应对全球化面临的新挑战，无力根除逆全球化的源头。一场新冠肺炎疫情更让现存全球治理体系的脆弱性一览无余。这次疫情给人类健康和经济社会发展所带来的冲击宛如"第三次世界大战"，联合国警告称全球经济发展将因此"失去十年"。

马克·吐温说："历史不会简单地重复，但总是压着相同的韵脚前行。"第一次世界大战与第二次世界大战后的历史为我们提供了宝贵的经验借鉴，即战争等重大灾难是全球治理改革创新的催化剂。当前世界面对新冠肺炎疫情和俄乌危机的严峻考验，我们认为，全球正迎来"新布雷顿森林时刻"，实现全球化的可持续发展需要更公平、更普惠、更包容和更多的国际合作，新的全球治理将对地缘政治和全球经济轨迹产生重大深远的意义和影响。

越是动荡迭起，越需要认清方位，把好航向，保持定力。从中国参与全球化的历史进程来看，中国从被动回应到主动参与，经历了漫长而曲折的过程。幸运的是，中国的改革开放赶上了全球化最蓬勃发展的阶段，中国抓住了这一历史机遇"后来居上"，尤其是2001年加入WTO以来，中国进一步连接全球市场，市场经济发展再上新台阶，商业环境更加开放，在与国际接轨的标准下，改革开放得以进一步深化，从而取得举世瞩目的经济成就，迅速缩小了和作为全球化先行者的发达国家之间的差距。可以说，没有全球化，中国难以实现这么快的发展，而经济奇迹的实现，也使崛起的中国从全球化的最大受益者，成长为全球化的坚定支持者、推动者以及参与全球治理的重要力量。

如今，作为新一轮经济全球化的引领者，如何在推动自身发展的同时更好地与世界同频共振是中国所面临的一个时代之问，也是我们作为全球化智库（CCG）创始人一直在思考的一个问题。我们很清楚，中国的全球化战略是长久之计，改革和创新全球治理体系也非一日之功。在求学及创业生涯中，我们接触到许多国内国际、官产学研界有影响力的重要人士。结合自身研究思考及与他们对话交流，我们对中国全球化发展路径及全球治理创新等形成了一些思考和建议，也就是本书所讨论的内容。

本书总体来说是一本建议导向的书，我们尝试探索一条渐进的全球化之路，期待依循此种可能的路径，真正发挥中国的优势和特点，以合理、共赢的方式将中国的力量和智慧贡献到全球治理中。在分析当前国际形势基础上，我们从人本全球化、区域发展、"一带一路"、中美关系、中欧关系、中国与发展中国家关系、全球治理七个角度进行梳理分析，并提出了一些具有可行性、前瞻性、创新性的政策建议。这些建议既包含全球化智库（CCG）近年来始终在推动的政策建议，如出台华裔卡、加入CPTPP等，也有一些新形势、新挑战下的新思考，具体来看：

第一，中国推动新型全球化要以"人本全球化"为切入点。中国分布在全球的7 000万华侨华人、几百万留学生，是中外经贸合作、文化交流、科技交流的纽带和桥梁，发挥他们沟通中外的优势，是中国推动全球化发展的首要抓手。我们建议，出台"华裔卡"等政策，为海外华人提供国内工作、生活等方面的准国民待遇。同时，发展海外国际学校，满足日益增长的华侨华人教育需求。此外,大力发展留学事业,为海外留学人员以及华侨华人回国发展、来华留学等提供更多支持。

第二,在"筷子文化圈"基础上推动建立"亚盟"。当全球化遭遇阻力时,区域一体化成为凝聚多边合作,推动全球化发展的重要方式。按照文化和地理上的接近性,我们建议构建一个具有共同文化内核的区域一体化机制,包括中国、日本、韩国、越南和新加坡这个"筷子文化圈",同时以经贸密切合作作为链接东盟的重要纽带,探索构建新的区域合作模式。

第三,推动"一带一路"倡议多边化发展,将其作为凝聚共识、打造新型全球治理的重要抓手。"一带一路"倡议可以推进亚欧大陆互联互通,夯实新型全球化的欧亚基础,这是发展中国家向全球提供公共产品的一次重要尝试。我们认为,多边化发展有利于提高"一带一路"规则透明度,增强国际社会的信任,是其实现可持续发展的重要方向。建议参考亚投行的多边化模式推动"一带一路"多边机制的建立和运行。同时,在践行多边主义基础上,打造一个多层次、多角度囊括各利益攸关方的公共合作与服务平台,通过民间与官方的互动和协同,为推动"一带一路"的有效落地提供保障。

第四,加强中国与金砖国家及亚非拉发展中国家的合作。如果从经济和贸易的角度观察,金砖、中非和中拉关系,在很大程度上也是"一带一路"倡议在地理范围内的延伸。中国可以通过加强与发展中国家的合作创新,推动全球化向更包容、更公平的方向发展。建议从创新基础设施建设投资,加快中拉、中非自贸区建设,深化"一带一路"合作,拓宽南南合作领域等方面继续深化新型南南合作，维护全球多边主义。

第五，中欧关系是关系欧亚大陆内部经济互通和整合程度的关键因素，要在使中欧关系提质升级的同时推动实现中美欧"大三角平衡"，为国际秩序稳定及全球化持续发展提供重要保障。中欧在维持多边主义国际秩序等国际问题上有共同或接近立场，在气候变化、数字经济等领域具有广阔的合作前景。此外，处理好中美欧三边关系对带动其他国家参与多边合作具有重要意义。建议与欧盟在国际事务上，特别是在联合国框架内进行更多合作，通过中美欧"三角"平衡推动多边主义发展。

第六，中美需要建立良性的竞合关系，建议从整体上管控中美关系，在相互依赖的领域继续加强合作，在竞争激烈的领域保持战略审慎、相互沟通以避免误判形势，必须避免使中美国家间关系变成零和博弈。中美应坚守双方"战略互信、经贸合作、人文交流"三条底线，继续推动双边经贸谈判，密切中美商界合作，大力开展"州级外交"，畅通中美人文交流，同时拓宽中美合作领域，在气候变化、基础设施、数字经济、全球卫生等领域携手推进全球治理改革。

第七，推动联合国、WTO等现有全球治理机制改革，提升其代表性和包容性，同时倡导新的基于共治理念的多边合作机制，推动全球治理升级。建议建立全新高效的大国协调机制，成立世界基础设施投资银行、全球气候变化应对组织、全球数据安全组织、全球税收组织、全球数字货币组织、国际电商联盟、全球智库组织等，以更有效地应对新的全球性问题。这些新成立的国际组织可与既有权威国际组织形成互补合作，甚至建立紧密机制性联系。

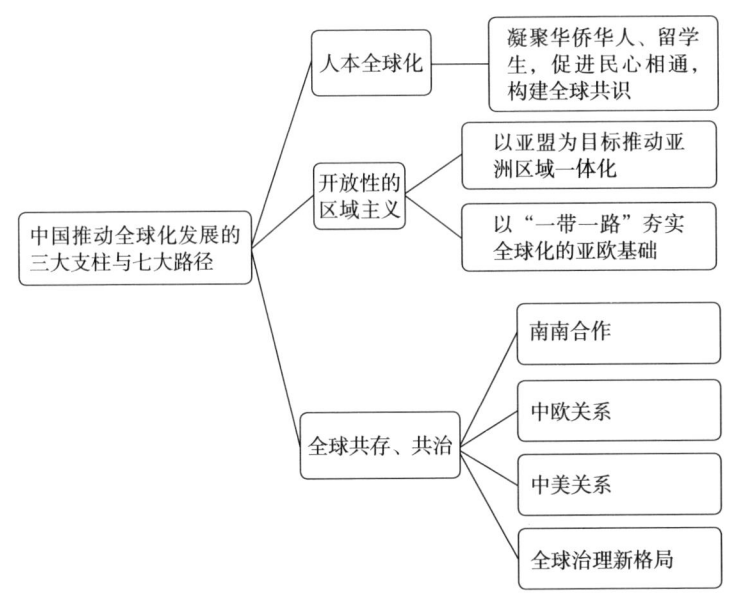

```
                         ┌─ 人本全球化 ── 凝聚华侨华人、留学生，促进民心相通，构建全球共识
                         │
                         │                 ┌─ 以亚盟为目标推动亚洲区域一体化
中国推动全球化发展的 ─────┼─ 开放性的区域主义┤
三大支柱与七大路径       │                 └─ 以"一带一路"夯实全球化的亚欧基础
                         │
                         │                 ┌─ 南南合作
                         │                 │
                         └─ 全球共存、共治 ─┤─ 中欧关系
                                           │
                                           ├─ 中美关系
                                           │
                                           └─ 全球治理新格局
```

图2　中国推动全球化发展的构想

综上，21世纪的中国与全球化之路可以三大支柱、七大领域为主要抓手。首先，以"人本全球化"为切入点，充分发挥华侨华人、留学生的桥梁和纽带作用，促进全球民心相通、构建全球共识。其次，以开放性的区域主义为原则，按照文化和地理上的接近性，构建中国、日本、韩国、越南和新加坡的"筷子文化圈"，同时，以经贸作为链接东盟的重要纽带，助推东盟"10+N"在内的亚洲各大自由贸易区，积极寻求加入CPTPP，乃至倡导CPTPP、RCEP的整合，尝试朝向一个统一的"亚太自贸区"(FTAAP)；通过"一带一路"，将亚洲与欧洲链接，推动"一带一路"倡议多边化发展，夯实新型全球化的欧亚基础。最后，按照全球"共存、共治"的原则，妥善处理中国与金砖国家、中

非、中拉等南南合作，以及中国与欧洲、美国的关系。同时，在现有全球治理机构改革中发挥更多作用，积极倡导基于"共治"理念的多边合作机制，为世界提供更多公共产品，打造"全球共治"新格局。

经过数百年跌宕起伏，全球化发展至21世纪，焕发着新的活力与生机，也面临着新的波折和挑战。百年未有之大变局下，国际形势复杂多变，世界格局深刻调整。随着大国竞争加剧及逆全球化浪潮席卷全球，世界阵营化趋势再度显现，全球化发展动能不足。

逆水行舟，不进则退。全球化已经走到了一个新的十字路口，推动全球化发展任重而道远。此前，第二次世界大战后布雷顿森林体系的建立为世界带来了和平稳定与繁荣发展。如今，新冠肺炎疫情叠加俄乌危机使人类走到了一个新的布雷顿森林时刻。在世界不安全、不稳定因素加剧下，以经济全球化对冲军事全球化依然可行。而中国作为全球化转型发展新动能，无疑可在后疫情时代和后俄乌危机时代为推动经济全球化再度繁荣发挥关键引领作用。对中国而言，这是历史赋予的责任，也是自身深化开放发展的切实需要，将为中国与世界走出经济低迷、迎来全球化发展新高潮注入强劲动力。

参考文献

一、英文文献

1. Ryan Poll. Main street and empire: the fictional small town in the age of globalization. New Brunswick: Rutgers University Press, 2012.
2. Jurgen Habermas. Beyond the Nation State?. Peace Review, 1998, 10(2): 235-239.
3. Mike Featherstone. Global culture: an introduction. Theory, Culture and Society, 1990, 7(2-3): 1-14.
4. Anthony Giddens. The Consequence of modernity. Cambridge: Polity Press, 1990.
5. Immanuel Wallerstein. The modern world-system. New York: Academics Press, 1994.
6. Leslie Sklair. Sociology of the global system. Baltimore: The Johns Hopkins University Press, 1991.
7. John Foreman. The Philippine Islands: a political, geographical, ethnographical, social and commercial history of the Philippine Archipelago and its political dependencies, embracing the whole period of Spanish rule. London: S. Low, Marston & Co, Ltd, 1899.
8. Wang Huiyao, Miao Lu. The globalization of Chinese enterprises: trends and characteristics. Berlin: Springer, 2020.
9. Wang Huiyao, Miao Lu. Handbook on China and globalization. Cheltenham: Edward Elgar, 2019.
10. Wang Huiyao, Miao Lu. China's domestic and international migration development. Berlin:Springer, 2019.
11. Miao Lu, Wang Huiyao. International migration of China: status, policy and social

responses to the globalization of migration. Singapore: Springer, 2017.
12. Wang Huiyao, Miao Lu. China goes global: the impact of Chinese overseas investment on its business enterprises.London:Palgrave Macmillan, 2016.
13. Wang Huiyao, Liu Yipeng. Entrepreneurship and talent management from a global perspective: global returnees. Cheltenham:Edward Elgar Publishing Ltd., 2015.
14. Wang Huiyao, Bao Yue. Reverse migration in contemporary China. London:Palgrave Macmillan, 2015.
15. Wang Huiyao. Globalizing China: The influence, strategies and successes of Chinese returnees. Bingley: Emerald Group Publishing Limited, 2012.
16. Zhang Wenxian. Wang Huiyao, Ilon Alon. Entrepreneurial and business elites of China: The Chinese returnees who have shaped modern China. Bingley: Emerald Group Publishing Limited, 2011.
17. Wang Huiyao. The mobility of Chinese Human Capital//Movement of global talent:The impact of high skill labor flows from India and China. Policy Research Institute for the Region. Princeton: Princeton University Press, 2007.
18. Paul W. Beamish. Multinational joint ventures in developing countries. New York: Routledge, 1988.
19. Wang Huiyao, Miao Lu. In this together: China-EU relations in the COVID-19 era. Asia Europe Journal, 2020, 18(2): 223-226.
20. David Zweig, Kang Siqin, Wang Huiyao. The best are yet to come: state programs, domestic resistance and reverse migration of high-level talent to China. Journal of Contemporary China, 2020, 29(125): 776-791.
21. Wang Huiyao. China's outward investment: Chinese enterprise globalization's characteristics, trends and challenges//Wang Huiyao, Miao Lu. Handbook on China and Globalization. Cheltenham: Edward Elgar, 2019.
22. Wang Huiyao, Duan Tinghua, Hou Wenxuan, et al. The role of returnees in business: a review//Wang Huiyao, Liu Yipeng. Entrepreneurship and Talent Management from a Global Perspective. Cheltenham: Edward Elgar, 2016: 52-61.
23. David Zweig, Wang Huiyao. Can China bring back the best? The Communist Party Organizes China's search for talent. China Quarterly, 2013, 215: 590-615.
24. Wang Huiyao. China's new talent strategy: Impact on China's development and its global exchanges. The SAIS Review of International Affairs, 2011, 31(2): 49-64.
25. Wang Huiyao, David Zweig, Lin Xiaohua. Returnee entrepreneurs: Impact on China's globalization process. Journal for Contemporary China, 2011, 20(70): 413-431.
26. Vivek Wadhwa, Sonali Jain, AnnaLee Saxenian, G.Gereffi, Wang Huiyao. The grass is indeed greener in India and China for returnee entrepreneurs: America's new immigrant

entrepreneurs-Part VI. SSRN Electronic Journal, 2011.
27. Wang Bijun, Wang Huiyao. Chinese manufacturing firms' Overseas Direct Investment (ODI): patterns, motivations and challenges//Jane Golley, Ligang Song. Global Challenges and Opportunities. Canberra: ANU Press,2011:99.
28. Wang Huiyao. China's National Talent Development Plan, Objectives and Key Measures. John L. Thornton China Centre, Brookings Institution, 2010.
29. Wang Huiyao, David Zweig. China's diaspora and returnees: The impact on China's globalization process//Yao Shujie, Wu Bin, Dylan Sutherland, et al. Sustainable Reform and Development in Post-Olympic China. London: Routledge, 2010.
30. OXFAM International. World's Billionaires Have More Wealth Than 4.6 Billion People. (2020-01-20). https://www.oxfam.org/en/press-releases/worlds-billionaires-have-more-wealth-46-billion-people.
31. Wang Huiyao. The Ebb and Flow of Globalization:Chinese Perspectives on China's Development and Role in the World. Singapore: Springer, 2022.
32. Wang Huiyao, Miao Lu. China and the World in a Changing Context: Perspectives from Ambassadors to China. Singapore: Springer, 2022.
33. Wang Huiyao, Miao Lu. Transition and Opportunity: Strategies from Business Leaders on Making the Most of China's Future. Singapore: Springer, 2022.
34. Wang Huiyao, Alistair Michie. Consensus or Conflict?-China and Globalization in the 21st Century. Singapore: Springer, 2022.
35. Kishore Mahbubani. The Asian 21st Century. Singapore: Springer, 2022.

二、中文文献

1. 布热津斯基. 大棋局：美国的首要地位及其地缘战略. 中国国际问题研究所，译. 上海：上海人民出版社，2007.
2. 蔡拓，杨雪冬，吴志成. 全球治理概论. 北京：北京大学出版社，2016.
3. 陈慧琴. 技术引进和技术进步研究. 北京：经济管理出版社，1997.
4. 弗兰科潘. 丝绸之路：一部全新的世界史. 邵旭东，孙芳，译. 杭州：浙江大学出版社，2016.
5. 赫尔德，等. 全球大变革：全球化时代的政治、经济与文化. 杨雪冬，等译. 北京：社会科学文献出版社，2001.
6. 基辛格. 论中国. 胡利平，等译. 北京：中信出版社，2012.
7. 贾益民. 华侨华人研究报告（2015）. 北京：社会科学文献出版社，2015.
8. 肯尼迪. 大国的兴衰. 陈景彪，王保存，王章辉，等译. 北京：国际文化出版公司，2006.

9. 李康华，夏秀瑞，顾若增．中国对外贸易史简论．北京：对外贸易出版社，1981．
10. 刘国福，王辉耀．法治侨务论．广州：暨南大学出版社，2019．
11. 刘宏，王辉耀．新加坡人才战略与实践．北京：党建读物出版社，2015．
12. 罗伯森．全球化：社会理论与全球文化．梁光严，译．上海：上海人民出版社，2000．
13. 罗德里克．全球化的悖论．廖丽华，译．北京：中国人民大学出版社，2011．
14. 麦克卢汉．谷登堡星汉璀璨：印刷文明的诞生．杨晨光，译．北京：北京理工大学出版社，2014．
15. 苗绿，曲梅．国际学生来华留学与发展．北京：中国社会科学出版社，2022．
16. 苗绿，王辉耀．全球智库．北京：人民出版社，2018．
17. 钱其琛．外交十记．北京：世界知识出版社，2003．
18. 邵鹏．全球治理：理论与实践．长春：吉林出版集团有限责任公司，2010．
19. 邵宇，秦培景．全球化4.0：中国如何重回世界之巅．桂林：广西师范大学出版社，2016．
20. 斯蒂格利茨．全球化逆潮．李杨，唐克，章添香，等译．北京：机械工业出版社，2019．
21. 唐任伍，马骥．中国经济改革30年：对外开放卷．重庆：重庆大学出版社，2008．
22. 王赓武．华人与中国：王赓武自选集．上海：上海人民出版社，2013．
23. 王辉耀，康荣平．世界华商发展报告（2018）．北京：社会科学文献出版社，2018．
24. 王辉耀，刘国福，苗绿．中国国际移民报告．北京：社会科学文献出版社，2015．
25. 王辉耀，刘国福．流动与治理：全球人才、移民与移民法．北京：世界知识出版社，2019．
26. 王辉耀，路江涌．海归创业企业与民营企业对接合作与对比研究报告．北京：北京大学出版社，2012．
27. 王辉耀，苗绿．中国企业全球化报告（2020）．北京：社会科学文献出版社，2020．
28. 王辉耀，苗绿，郑金连．国际人才学概论．北京：中国人事出版社，2020．
29. 王辉耀，苗绿．大潮澎湃：中国企业"出海"四十年．北京：中国社会科学出版社，2019．
30. 王辉耀，苗绿．大国背后的"第四力量"．北京：中信出版社，2017．
31. 王辉耀，苗绿．大国智库．北京：人民出版社，2014．
32. 王辉耀，苗绿．大转向：谁将推动新一波全球化．北京：东方出版社，2017．
33. 王辉耀，苗绿．国际猎头与人才战争．北京：机械工业出版社，2015．
34. 王辉耀，苗绿．国家移民局：构建具有国际竞争力的移民管理与服务体系．北京：中国社会科学出版社，2018．
35. 王辉耀，苗绿．海外华侨华人专业人士报告（2014）．北京：社会科学文献出版社，

2014.

36. 王辉耀，苗绿.全球化 VS 逆全球化：政府与企业的挑战与机遇.北京：东方出版社，2017.
37. 王辉耀，苗绿.全球化向何处去：大变局与中国策.北京：中国社会科学出版社，2019.
38. 王辉耀，苗绿.人才战争 2.0.北京：东方出版社，2018.
39. 王辉耀，苗绿.我向世界说中国.北京：中信出版社，2021.
40. 王辉耀，苗绿.中国留学发展报告（2020-2021）.北京：社会科学文献出版社，2021.
41. 王辉耀，苗绿.中国企业全球化报告（2021-2022）.北京：社会科学文献出版社，2022.
42. 王辉耀，张学军.21 世纪中国留学人员状况蓝皮书.北京：华文出版社，2017.
43. 王辉耀.百年海归 创新中国.北京：人民出版社，2014.
44. 王辉耀.国际人才竞争战略.北京：党建读物出版社，2014.
45. 王辉耀.国际人才战略文集.北京：党建读物出版社，2015.
46. 王辉耀.建言中国：海外高层次留学人才看中国.北京：东方出版社，2010.
47. 王辉耀.全球化：站在新的十字路口.北京：生活·读书·新知三联书店，2021.
48. 王辉耀.人才竞争：海外看中国的人才战略.北京：东方出版社，2011.
49. 王辉耀.移民潮：中国怎样才能留住人才.北京：中信出版社，2013.
50. 王辉耀.中国海外发展：海外看中国企业"走出去".北京：东方出版社，2011.
51. 王辉耀.中国模式：海外看中国崛起.南京：凤凰出版社，2010.
52. 王辉耀.中国区域国际人才竞争力报告（2017）.北京：社会科学文献出版社，2017.
53. 王辉耀主编.林毅夫，俞可平，郑永年，等著.大秩序——2015 年后的中国格局与世界新趋势.南京：江苏文艺出版社，2014.
54. 许涤新，吴承明.中国资本主义发展史：第二卷.北京：人民出版社，1990.
55. 杨雪冬.全球化：西方理论前沿.北京：社会科学文献出版社，2002.
56. 郑永年.大趋势：中国下一步.北京：东方出版社，2019.
57. 朱云汉.高思在云：中国兴起与全球秩序重组.北京：中国人民大学出版社，2015.
58. 庄国土.世界华侨华人简史.广州：暨南大学出版社，2014.

全球化智库（CCG）名家对话系列

（2020年11月—2022年5月）

1. 2020年11月11—12日，在全球化智库（CCG）主办的第六届中国与全球化论坛上，王辉耀对话新开发银行行长马可（Marcos Troyjo），世界银行中国、蒙古和韩国局局长马丁·芮泽（Martin Raiser），亚洲基础设施投资银行副行长艾德明爵士（Sir Danny Alexander），中国人民对外友好协会副会长李希奎，美国前助理贸易代表、中国美国商会前主席夏尊恩（Tim Stratford），麦肯锡全球研究院院长华强森（Jonathan Woetzel），万科集团董事会名誉主席、创始人王石等，与会嘉宾围绕"新冠危机下的全球化：发展、变革、破局"主题展开讨论，并就新冠危机下的热点问题深入交换意见。对话中英文视频参见：http://www.ccg.org.cn/archives/60246）

2. 2020年11月11日，在全球化智库（CCG）主办的第六届中国与全球化论坛上，王辉耀对话"修昔底德陷阱"提出者、哈佛大学肯尼迪政府学院教授及首任院长格雷厄姆·艾利森教授（Graham Allison），美国布鲁金斯学会名誉主席约翰·桑顿（John Lawson Thornton），伦敦国王学院刘氏中国研究院院长凯瑞·布朗（Kerry Brown），《世界是平的》作者、美国《纽约时报》著名专栏作家托马斯·弗里德曼（Thomas Friedman），巴黎和平论坛主席、WTO前总干事帕斯卡尔·拉米（Pascal Lamy），慕尼黑安全会议主席、德国前驻美大使沃尔夫冈·伊申格尔（Wolfgang Ischinger）等国际知名专家学者，以及CCG联席主席、外交部原副部长何亚非，CCG联席主席、恒隆地产董事长陈启宗，CCG顾问、财政部前副部长朱光耀等，与会嘉宾围绕"全球化的十字路口：美国大选及其对中国和世界的影响"和"全球化与多边主义的复兴：2021年及以后的中欧关系"两个主题展开讨论。(对话中英文视频参见:http://www.ccg.org.cn/archives/60170;http://www.ccg.org.cn/archives/60173)

3. 2021年3月29日,王辉耀对话《世界是平的》作者、美国《纽约时报》著名专栏作家托马斯·弗里德曼(Thomas Loren Friedman),双方围绕主题"全球化的未来:一个更平,更深的世界?"展开深入讨论,就全球化的未来发展交换意见。(对话中英文视频参见:http://www.ccg.org.cn/archives/62895)

4. 2021年4月6日,王辉耀与"修昔底德陷阱"提出者、哈佛大学肯尼迪政府学院教授及首任院长格雷厄姆·艾利森教授(Graham Allison)围绕中美两国关系发展展开讨论。(对话中英文视频参见:http://www.ccg.org.cn/archives/62969)

5. 2021年4月28日,王辉耀对话哈佛大学肯尼迪政府学院教授约瑟夫·奈教授(Joseph Nye),双方围绕"软实力"、"软实力"与"硬实力"之间的关系、中国如何提高"软实力"以及中美关系未来十年的走势等话题进行了深入的讨论。(对话中英文视频参见:http://www.ccg.org.cn/archives/63377)

6. 2021年4月30日,王辉耀对话哈佛大学亚洲研究中心主任托尼·赛奇教授(Anthony Saich),双方围绕"中美关系能否重回正轨?"这一关键问题,把脉中美关系,解读当下全球大环境的中美关系未来发展,探讨两国在外交、经济、地缘政治、技术、气候等领域的竞争与潜在合作。(对话中英文视频参见:http://www.ccg.org.cn/archives/63391)

7. 2021年5月12日,王辉耀对话英国《金融时报》副主编、首席经济评论员马丁·沃尔夫(Martin Wolf),就世界经济复苏时期的中国角色、后疫情时代中国在世界格局中的地位、中美欧关系和未来经济发展走势等话题进行深入的讨论。(对话中英文视频参见:http://www.ccg.org.cn/archives/63556)

8. 2021年5月13日晚上8点,王辉耀对话2015年诺贝尔经济学奖获得者安格斯·迪顿(Angus Deaton)及普林斯顿大学荣誉教授安妮·凯斯(Anne Case),围绕当下贫富差距与贫困的核心问题,探讨如何应对全球化发展中的不平等问题,解读新冠疫情给社会经济和发展问题带来的启示、中国的扶贫进程给世界带来的启示、经济全球化的未来发展方向等。(对话中英文视频参见:http://www.ccg.org.cn/archives/63643)

9. 2021年5月27日,王辉耀与耶鲁大学历史学教授、著名汉学家,《公元1000年:全球化的开端》作者韩森(Valerie Hansen)展开对话,探讨公元1000年的全球化对当今世界的启示,深入分析了中国参与全球化的历史及在全球化进程中的作用。(对话中英文视频参见:http://www.ccg.org.cn/archives/63798)

10. 2021年7月30日,王辉耀对话布鲁金斯学会名誉主席约翰·桑顿(John Thornton)、美国前驻华大使芮效俭(James Stapleton Roy)、美国彼得森国际经济研究所(PIIE)所长亚当·波森(Adam Posen),与会嘉宾围绕全球挑战下的新式竞争与合作,以及中美关系未来发展走向展开讨论。(对话中英文视频参

见：http://www.ccg.org.cn/archives/65021）

11. 2021年8月1日，王辉耀对话美国前代理助理国务卿、耶鲁大学法学院蔡中曾中国中心高级研究员董云裳（Susan Thornton）及恒隆地产有限公司董事长、CCG联席主席、亚洲协会香港中心主席陈启宗。三位嘉宾围绕中美基础设施建设、气候变化和绿色发展合作、疫苗合作等话题展开探讨。（对话中英文视频参见：http://www.ccg.org.cn/archives/64954）

12. 2021年8月2日，王辉耀对话前美国贸易代表处代理副代表、前美国TPP谈判代表、亚洲协会政策研究院（ASPI）副总裁温迪·卡特勒（Wendy Cutler），巴黎和平论坛主席、WTO前总干事帕斯卡尔·拉米（Pascal Lamy）。三位嘉宾围绕WTO改革、疫情合作、多边主义等展开探讨。（对话中英文视频参见：http://www.ccg.org.cn/archives/64996）

13. 2021年8月30日，王辉耀对话美国前总统老布什之子、乔治·布什美中关系基金会创始人兼主席尼尔·布什（Neil Bush），双方就中美半个多世纪以来的双边关系发展进行了回顾与展望。（对话中英文视频参见：http://www.ccg.org.cn/archives/65522）

14. 2021年9月6日，王辉耀对话美国卡特中心首席执行官佩吉·亚历山大（Paige Alexander），双方围绕中国半世纪以来的发展、中美欧关系等话题进行了回顾与深入探讨。（对话中英文视频参见：http://www.ccg.org.cn/archives/65587）

15. 2021年10月18日，王辉耀对话新加坡国立大学李光耀公共政策学院创始院长、前新加坡驻联合国大使马凯硕（Kishore Mahbubani），双方围绕中国与世界及后疫情时代的多极世界发展进行深入探讨，并交换意见。（对话中英文视频参见：http://www.ccg.org.cn/archives/66214）

16. 2021年11月23日，王辉耀对话著名美国"知华派"、约翰斯·霍普金斯大学外交政策研究所高级研究员戴维·兰普顿（David Lampton），双方就中美关系、中国在全球体系下扮演的角色及中国对外发展援助等话题展开讨论，并深入交换意见。（对话中英文视频参见：http://www.ccg.org.cn/archives/66821）

17. 2021年12月2日，王辉耀对话"金砖国家"概念提出者、英国皇家国际事务研究所前主席、前英国财政部商务部国务大臣吉姆·奥尼尔勋爵（Baron O'Neill of Gatley）及新开发银行副行长兼首席财务官马磊立（Leslie Maasdrop），探讨金砖国家面临的挑战与发展前景，就全球化的未来深入交换意见。（对话中英文视频参见：http://www.ccg.org.cn/archives/66895）

18. 2021年12月7日，王辉耀对话美国著名智库战略与国际问题研究中心（CSIS）总裁、美国国防部前副部长何慕理博士（Dr. John Hamre），双方围绕智库在公共外交中的作用这一话题进行了深度对话。（对话中英文视频参见：http://www.ccg.org.cn/archives/67045）

19. 2021年12月8日，王辉耀对话美国著名经济学家斯蒂芬·罗奇（Stephen

Roach），双方围绕变化中的两国关系、变化所带来的国际影响和中美关系发展前瞻进行深入探讨。（对话中英文视频参见：http://www.ccg.org.cn/archives/67019）

20. 2022年1月18日，王辉耀对话新加坡国立大学李光耀公共政策学院创始院长、前新加坡驻联合国大使马凯硕（Kishore Mahbubani）、约翰斯·霍普金斯大学高级国际研究学院（SAIS）副院长肯特·凯尔德（Kent Calder）、伦敦国王学院刘氏中国研究院院长凯瑞·布朗（Kerry Brown）。来自新加坡、美国、英国和中国的四位重磅嘉宾，共同就21世纪亚洲的崛起与国际发展新局势等热点话题进行对话，并深入交换意见。（对话中英文视频参见：http://www.ccg.org.cn/archives/67870）

21. 2022年1月26日，王辉耀对话美国前财政部部长、哈佛大学荣誉校长劳伦斯·萨默斯（Lawrence Henry Summers），围绕后疫情时代全球经济发展与共同挑战、中美关系未来走向及对世界局势的影响等话题深入交换意见。（对话中英文视频参见：http://www.ccg.org.cn/archives/67961）

22. 2022年3月3日，在尼克松访华50周年的历史背景下，王辉耀对话"修昔底德陷阱"提出者、哈佛大学肯尼迪政府学院教授及首任院长格雷厄姆·艾利森教授（Graham Allison），双方就中美关系发展及未来国际局势走向进行了深度对话。（对话中英文视频参见：http://www.ccg.org.cn/archives/68401）

23. 2022年3月26日，王辉耀对话美国哈佛大学教授、前白宫经济顾问委员会主席杰森·福尔曼（Jason Furman）和著名华人经济学家、耶鲁大学终身金融学教授、香港大学经济学讲席教授陈志武，三位嘉宾围绕中美新型竞合关系下经济合作的机遇、两国关系所面临的挑战展开深入讨论，就中美两国如何保持公平和持续的贸易关系以及如何能创造更多的合作共赢机会交换意见。（对话中英文视频参见：http://www.ccg.org.cn/archives/68967）

24. 2022年5月18日，王辉耀对话Agora Strategy Group战略集团名誉主席、慕安会前主席、前德国驻美国大使沃尔夫冈·伊申格尔，双方深入探讨了俄乌危机将如何影响中欧关系，中德外交政策如何适应变化中的地缘政治，以及种种因素的叠加又将如何影响全球商业发展和跨国企业在华投资等关键问题。（对话中英文视频参见：http://www.ccg.org.cn/archives/69643）

后 记

写完本书，掩卷深思，感悟良多。

在中国改革开放的过程中，全球化已经成为中国接受并予以不断创新的主流价值观念。中国在拥抱世界，世界也在走进中国。在梳理中国与全球化的历史脉络过程中，人生的记忆也随之被拉回时间长河，改革开放、中国加入WTO、"一带一路"倡议……每个关系中国与世界大局甚至全球化走向的历史节点一一浮现，共同描绘出一幅中国融入全球化的历史画卷和不断迎接全球化新挑战的波澜壮阔的历程。40多年间，中国实现了从全球化的旁观者到参与者、推动者的蜕变，并逐步迈向全球化倡导者和引领者的行列。全球化智库（CCG）的不断发展，也见证了中国全球化发展的历史。

近10年来，金融危机带来的阵痛余威尚存，当全球市场缓慢从萧条中恢复元气之时，一场新冠肺炎疫情让全球经济再度遭受重创，而中国作为新兴市场国家代表，在保持国内经济稳步增长的同时，不断为全球贸易与投资注入强劲动力，扮演世界经济的主要增长极，为全球经济的复苏做出了巨大贡献。在俄乌危机冲击下的世界中，作为当今世界上最主要的维护全球化的力量，中国正被全球赋予高度期待。全球化向何处去，如何推动新一轮更具包容性的可持续发展的全球化，是我们必须要深入思考的问题。

衷心希望本书能为中国与全球化的发展提供一个新的视角，探索一个如何更好打造人类命运共同体的新叙事，使中国在全球化的持续发展中找到一个与世界对话的方式，为中国的全球化发展摸索新路径，找到新范式，为中国与世界的全球化之路做一些理论总结与实践探索。

本书研究得到了北京东宇全球化智库基金会的大力支持。

在本书的写作过程中，必须要感谢全球化智库（CCG）的同事，于蔚蔚、吴梦启、冯莹、许海玉、王文佳等参与了本书的研究和资料编辑工作，在此一并致谢。

借此机会，我们还要感谢中信出版集团对本书的顺利出版所提供的积极支持与细心配合。

本书写作周期较长，虽然付出很多心血，但仍然是一个不断梳理与总结全球化研究的过程。在中国与全球化发展日益深入的时代，还有很多新的东西需要我们去研究、去发现。鉴于笔者能力有限，书中难免出现纰漏。我们欢迎社会各界批评指正，以便在未来的中国与全球化研究中加以改进。

王辉耀博士　苗绿博士
2022 年 5 月于北京

Endorsements

"CCG is at the forefront of studies on trends and debates about globalization, not only in China, but in the entire world. At a time when the traditional form of globalization is in crisis, and passing to a new phase led by non-Western powers like China, this new book commands serious worldwide attention."

Amitav Acharya
Distinguished Professor of International Relations
American University, Washington DC

"In this time when fundamental decisions are being made about the future of the world, Dr. Wang and Dr. Miao are giving us a much-needed reminder of the benefits globalization has brought to countries around the world. In the heat of the moment, it is easy to be overwhelmed by short- and long-term trends that challenge the very idea of globalization. The continuing economic disruptions caused by Covid and by the war in Ukraine raise questions about the resilience of what was seen as a benevolent global system. More fundamentally, rising inequality in the US and Europe has led to anti-globalist political movements. And, many Western politicians see constraints on globalization as a way to thwart China's long-term economic and political rise.

China and Globalization in the 21st Century *not only documents the huge benefits of world globalization over the last decades. It also lays out a plan going forward to show how the world can overcome the current challenges while still seizing the on-going benefits of globalization. Their in-depth analysis of China's role in furthering world prosperity and peace as part of a global system is a unique contribution to a discussion that is often dominated by Western voices.*

This book is a must-read for thinking through policies for the coming decades."

David Blair

Former Chairman of the Economics Department
and Professor of Economics and Finance
Eisenhower School of National Defense University in Washington

"The work of Dr. Wang Huiyao and Dr. Lu Miao and CCG continues to provide an important source of dialogue and understanding between Chinese and the outside world. This is increasingly necessary as the world confronts a range of issues from climate change to global security that are unprecedented in their complexity and scale. The platform that the CCG provides and the spirit in which it does this have huge value and will continue to do so onto the future."

Kerry Brown

Professor of Chinese Studies and Director
Lau China Institute, King's College London

"Economic globalization has benefited many countries in the world, including both developed and developing countries, but globalization has been facing a number of challenges in recent years. One of these is the rise of populism in Europe and North America, and one of its key demands is de-globalization. Today, the argument that globalization is coming to an end is in full swing. The world is at a new crossroads, and all countries need to work together to address global challenges and prevent the world from falling back into confrontation. Against this backdrop, the publication of the latest book **China and Globalization in the 21st Century** by Dr. Huiyao Wang and Dr. Lu Miao is both important and timely. It is well worth reading!"

Feng Zhongping

Director
Institute of European Studies of Chinese Academy of Social Sciences

"The latest round of global economic integration has greatly contributed to the rapid growth of global wealth and world GDP, but it has also brought about wealth inequality, including uneven distribution between countries as well as a serious uneven distribution of wealth between socioeconomic groups within countries, especially in developed countries. This has led to an uptick in populism, trade protectionism, and unilateralism around the world in recent years that have become a major challenge for globalization. Is globalization coming to an end? What new thoughts, ideas and models are needed for the next round of globalization? **China and Globalization in the 21st Century** *offers valuable reflections, ideas and paths that are valuable for reference, research or consideration."*

Fu Chengyu

Former Chairman of Sinopec Group

Professor of Management Practice of Governance and Innovations at Large Corporations, CKGSB

"Where is globalization heading? This is a major question that is being actively considered among political, business and academic communities the world over. With the outbreak of the crisis in Ukraine, the debate on the future of globalization has become even more intense. In this context, the release of **China and Globalization in the 21st Century** *by Dr. Huiyao Wang and Dr. Lu Miao is certainly a good thing. Both authors are known for their distinctive Chinese views and strong global sentiments, and I believe that this book will also provide rare insights for those who are concerned about the fate of globalization."*

Gu Xuewu

Director of Center for Global Studies

University of Bonn

*"***China and Globalization in the 21st Century*** follows the major trends of our*

times and analyzes the inseparable relationship between China's development and globalization in recent decades both historically and in practical terms, which is refreshing and worth reading.

In looking at the course of China's efforts to modernize through reform and opening up, one notices that this upward curve nearly overlaps with the course of development in globalization. China is a beneficiary, contributor and defender of globalization and the system of global governance that goes hand in hand with it. While globalization has been dealt a blow by anti-globalization sentiments, and today's international landscape and system of global governance are in tatters, there is hope that Globalization 2.0 will change this situation and provide a new structure and rules for systems of global governance.

A new world needs new ideas, new concepts and new solutions. China firmly supports a new mode of globalization and reshaping of global governance. It also has the determination and confidence to make its due contribution, as a great power, to the future of globalization."

He Yafei

Former Vice Minister of Foreign Affairs of China

Former Deputy Director of the Overseas Chinese Affairs Office of the State Council

"This academic monograph is comprehensive, profound, innovative, and forward-looking. While both domestic and foreign scholars have written extensively on globalization, there are still very few papers on globalization that take both Chinese characteristics and global perspectives. The authors, Dr. Huiyao Wang and Dr. Lu Miao, have gathered the achievements of domestic and foreign think tanks and accumulated more than 20 years of practical experience, resulting in achievements in the field of academics and driving policy debate. Both professional and non-professional readers will find a window into the world of globalization and path of exploration after reading this book. As we face trends toward de-globalization, the confidence and strength that this book inspires is *especially meaningful in reassuring us that globalization is irreversible!"*

Huang Renwei
Executive Vice Dean
Fudan Institute of Belt and Road & Global Governance

"It can be said that **China and Globalization in the 21st Century** by Dr. Huiyao Wang and Dr. Lu Miao is coming to us as a right on time delivery. The authors are accurate in claiming that globalization process is irreversible. They are correct to argue in favor of making it more inclusive to enable more nations and people to share the fruits of economic development fueled by global connectedness. No other country has gained as much from globalization as China, due to intelligent and pragmatic socio-economic policies and wise, knowledge-based development strategies. Hence, the authors' balanced suggestions on what other countries may learn from China's experience are of great importance. The sooner this book will be available in English and other languages, the better for professional academic debate and pragmatic economic policy."

Grzegorz W. Kolodko
Professor, Kozminski University
Former Deputy Prime Minister and Minister of Finance of Poland

"Facing profound changes on a scale unseen in a century, the United States has turned from an advocate of globalization into a driver of anti-globalization. This is despite the fact that becoming more developed to catch up with developed countries is the goal of all developing countries and trade resulting from globalization is mutually beneficial to all countries. China, as a beneficiary of globalization and the largest trading nation in the world today, should continue to advocate globalization in collaboration with non-hegemonic developed countries as well as developing countries to promote mutually beneficial trade as well as the rapid development of developing countries, which will help to build a global community of shared future with shared prosperity.

This new book by Dr. Huiyao Wang and Dr. Lu Miao examines the history and theories of globalization, and proposes feasible solutions to promote a new type of globalization in the post-COVID era. It is an excellent reference for anyone concerned about the future of China and the world."

Lin Yifu

Honorary President, National School of Development

Director, Institute of New Structural Economics

Director, Institute of South-South Cooperation and Development, Peking University

Former World Bank Senior Vice-President and Chief Economist

"When future historians write about our time, they will certainly say that the single biggest event that changed the course of history was the brave decision of China to plunge into the ocean of globalisation. As President Xi said in Davos in January 2017, 'To grow its economy, China must have the courage to swim in the vast ocean of the global market.' Against this backdrop, the release of this book on China and Globalisation could not be more timely. The world will hope that an English language edition will appear soon. The model of globalisation which this book promotes, based on 'the values of openness, inclusiveness, fairness, pluralism and sustainability', can and should be embraced by the world."

Kishore Mahbubani

Former Permanent Representative of Singapore to the United Nations

Distinguished Fellow, Asia Research Institute, National University of Singapore

"Dr. Huiyao Wang and Dr. Lu Miao reinforce their status as being exceptional in global thought leadership with this book, **China and Globalisation in the 21st Century**. The world is faced with an array of potential catastrophes – each of which could deeply damage or even destroy humanity. Dr. Huiyao Wang and Dr. Lu Miao stand out through the urgency they display driving their research, speaking and writing about solutions that could create a sustainable and peaceful path for the evolution of the world. Their thinking is a crucial contribution to the *dialogue needed to influence all global leaders and government. In that context, this book is required reading for those seeking innovative policies for governance that can avert disaster in our world."*

Alistair Michie

Secretary General, British East Asia Council

"Globalization is becoming more regional and different regions of the world will take on stronger regional characteristics. Enterprises should adapt by focusing less on the export of products and instead focus more on becoming multinational corporations. Faced with the challenges of COVID-19 and other changes unseen in a century, it is essential that enterprises maintain their confidence in globalization and understand the impacts of post-pandemic trends in globalization. The new book **China and Globalization in the 21st Century** *from the Center for China and Globalization (CCG) provides us with an overall picture of post-pandemic developments in globalization, especially in terms of China's solutions to promote globalization. This provides Chinese businesses with insights into the big picture, which enable them to think about new business opportunities and link the development of business, China and globalization."*

Song Zhiping

Chairman, China Association for Public Companies (CAPCO)

Former Chairman, China National Building Material Group

"The Russia-Ukraine conflict has made people worry that globalization is coming to an end. At this critical moment, the publication of **China and Globalization in the 21st Century**, *authored by Dr. Huiyao Wang and Dr. Lu Miao, shows us that a new form of globalization that has a positive impact on society is possible and that China will be the driving force in this process. Through deeply historical analysis, a refining of economic logic and explanations of political decision making, this book provides a 'strategic prescription' for China to promote globalization in a new era. This book is an important reference for those who*

make strategic decisions, a realistic guide for those who implement policies, and a cognitive guide for those who are watching global trends. It is well worth reading."

Su Hao

Director, Center for Strategic and Peace Studies,

China Foreign Affairs University

"Concerned people have been asking if globalization coming to an end. The answer to this and more can be found in the new book **China and Globalization in the 21st Century** *by Dr. Huiyao Wang and Dr. Lu Miao. Globalization has reached a new point in its history where inherent inequalities have made it unsustainable, but the answer to this is upgrading globalization, not proclaiming an end to it! China, one of the biggest beneficiaries of globalization, has both a responsibility and an opportunity in the continued promotion of globalization in today's changing context, and to work with governments around the world to find a new path of globalization that is fairer and more inclusive. The most important feature of this book is that it proposes a series of practical, win-win policies and strategies suitable for all countries. It is well worth reading."*

Tang Min

Counsellor to the State Council of China

Vice Chairman, China Social Entrepreneur Foundation

"As a latecomer and beneficiary of globalization, China has become a key supporter and leader in the future of globalization, bringing with it thousands of years of civilization and the expectations of more than a billion Chinese people. It is easy to be the icing on the cake, but difficult to provide, so this is the best time to show Chinese wisdom and power when globalization is facing serious challenges. Since its foundation, the Center for China and Globalization (CCG) has been advocating China's increased integration into globalization, and is now putting more effort into China's support of globalization. This new book

presents CCG's deepest insights to-date on the root causes of the crisis facing globalization, and proposes a visionary action plan for China to participate in bringing globalization back from the brink. This is a worthy read for anyone are concerned about globalization and even the future of humanity."

Tu Xinquan

Dean, China Institute for WTO Studies, University of International Business and Economics

"The global COVID-19 pandemic has impacted the health of hundreds of millions of people and the Russia-Ukraine conflict has exacerbated shortages in global energy and food supplies and caused volatility in financial markets. This is evidence that globalization is accelerating, not stagnating. While globalization certainly has its negative side effects, there is a greater need for countries around the world to respond to it in a positive manner. This new book revisits the issue of globalization from a number of different perspectives and many of its assertions are thought-provoking. The authors call on China to take the initiative in leading globalization and stay ahead of the times, which is in line with both traditional Chinese ideals and practical national interests."

Wang Jisi

Professor, School of International Studies

President, Institute of International and Strategic Studies, Peking University

"There is no doubt that China is the biggest beneficiary of globalization. This book not only describes the enormous social and economic changes that globalization has brought to China, it also emphasizes China's resolve to cooperate with other countries to support globalization and promote its development. The authors also propose many forward-looking and useful suggestions for China's future development. This book is ambitious and informative, examining China's attempt to explore a progressive path of globalization that incorporates Chinese wisdom and solutions to a new wave *of globalization and global governance in a rational way that is win-win. A contribution from Chinese scholars, this will be a powerful contribution to the study of globalization."*

Wang Ning

Dean, School of Humanities, Shanghai Jiao Tong University

Foreign Associates, Academy of Europe

"Economic globalization is a historical trend, and in an era of global integration, there are no outsiders. Faced with the overlapping of COVID-19 and other changes unseen in a century, the problems and contradictions that face globalization must be dealt with head on to ensure that economic globalization can more effectively benefit people all over the world. China has long been an important participant in globalization and as long as it continues on the path of reform and opening up, globalization will not come to an end. The Center for China and Globalization (CCG), founded by Dr. Huiyao Wang and Dr. Lu Miao, was born out of China's reform and opening up experience, and it is playing an increasingly important role in globalization. Facing complex domestic and international challenges, the question of how to build a global community with a shared future for mankind relies on the contributions of think tanks like CCG. Thoughtful and forward-looking, **China and Globalization in the 21st Century** *is a timely publication that is well worth reading."*

Wang Shi

Founder and Honorary Chairman of BOD, Vanke Group

"Globalization has released the vibrant energy resulting from China's process of reform and opening up, and China's participation in globalization has brought it huge dividends. As the country enters a new era, China has transitioned from a beneficiary to a leader and from a rule maker to a spiritual forgemaster of globalization. It has transitioned away from a model of unbridled capital expansion and a technological powerhouse to create a model globalization that

serves the people by proposing global development initiatives like the 'Belt and Road'. The core value of globalization is to build a global community with a shared future. Among global think tanks, 'globalization looks to China, and China looks to CCG'. This book provides a systematic, dialectal and in-depth analysis of China's wisdom, solutions and power as it pertains to globalization. I strongly recommend it."

Wang Yiwei

Jean Monnet Chair Professor and Associate Dean, Academy of Xi Jinping Thought on Socialism with Chinese Characteristics for a New Era, Renmin University

Director, Institute of International Affairs

"The Center for China and Globalization (CCG) is one of China's most active think tanks in studying economic globalization and has made important contributions to promoting communication and understanding between China and the international community. As a beneficiary of economic globalization, China is making its own contribution to the sustainable development of globalization. This book reviews the impact of COVID-19 on economic globalization, summarizes the main paths of China's participation in globalization, and proposes Chinese solutions to maintain the development of globalization. I believe that this book will provide important insights for policy makers, researchers studying international relations and general readers alike."

Wang Yong

Professor, School of International Studies

Director, American Studies Center, Peking University

"At a time when the international community is overshadowed by COVID-19 and the Russian-Ukrainian conflict, many people are still concerned about where globalization is heading. Dr. Huiyao Wang and Dr. Lu Miao provide answers to this question with a broad perspective and detailed analyses in the new book

China and Globalization in the 21st Century. *They not only provide a systematic review of China's integration into globalization, but also engage in an in-depth discussion of China's efforts to drive the inclusive and equitable development of globalization based on the 'three pillars' and 'seven paths' of globalization. This is a contribution to the thinking on the future of globalization by a new generation of Chinese think tanks."*

Xue Lan

Dean, Schwarzman College, Tsinghua University

"Where globalization is heading? Is it coming to an end? From the perspectives theory and practice as well as the authors' own experience in global governance, this book answers serious questions and offers forward-looking ideas and suggestions on the multifaceted interaction between China and globalization in the 21st century, with far-sighted arguments and thought-provoking insights!"

Xue Xiaoyuan

Professor and Director, Research Institute for Globalization and Cultural Development Strategies, Beijing Normal University

"In recent years, with the spread of global economic crisis from Western countries to the whole world, voices against globalization and regional cooperation have become louder and louder, and developed countries led by the United States have taken the opportunity to promote conservatism, isolationism and unilateralism. The outbreak of the Russian-Ukrainian war as well as the ensuing sanctions and counter-sanctions have made the road of globalization even more difficult and challenging!

Dr. Huiyao Wang and Dr. Lu Miao have been studying topics related to China and globalization for a long time and have amassed a wealth of research and become a unique resource for research in this field! Their latest book ***China and Globalization in the 21st Century*** *profoundly clarifies the fundamental judgement that the process of globalization has suffered a major setback, but* *remains irreversible. It convincingly reveals the objective fact that China is both a beneficiary of and a contributor to globalization. The two authors make full use of the vast amount of data and facts at their disposal to argue that China's modernization and the future of globalization are still mutually reinforcing and that, ultimately, all members of society shares the same fate.*

On the occasion of the forthcoming publication of this new book, I hope that Dr. Huiyao Wang and Dr. Lu Miao will make more and greater achievements in this field, and that China will make new and greater contributions to society by participating more widely and deeply in the new phase of globalization, thus promoting and guiding its healthy development."

Yu Hongjun

Former Vice Minister, International Department, Central Committee of CPC

Visiting Professor and Doctoral Supervisor, Guangzhou University

Author of *Understand the Profound Shifts Unseen in a Century*

"Two decades ago, the path of globalization was a wide, flat and straight road with flowers on both sides. As an active participant, follower and contributor in recent globalization, China should play an even greater role at a time when the path of globalization has become twisted, bumpy and even precarious. The three pillars and seven paths for promoting globalization proposed by Dr. Huiyao Wang and Dr. Lu Miao in their book **China and Globalization in the 21st Century** *are an eloquent and concrete expression of China's unique role."*

Zhang Yuyan

Professor, School of International Political Economics

University of Chinese Academy of Social Sciences

"The rise of China is a benefit of globalization, but a rising China has also made significant contributions to globalization. In recent years, the slowdown in or even reversal of globalization has given rise to many new issues, especially in terms of China's response and countermeasures. Taking a unique Chinese

perspective on globalization, **China and Globalization in the 21st Century** aims to seek new ways of promoting dialogue between China and the world, exploring new paths for the development of globalization, and thereby helping globalization get back on track. I highly recommend it to both Chinese and foreign readers worldwide who are interested in this important issue."

Zhao Suisheng

Tenured Professor, Korbel School of International Relations, University of Denver

Editor-in-Chief, *Journal of Contemporary China* (English edition)

"The publication of **China and Globalization in the 21st Century** by Dr. Huiyao Wang and Dr. Lu Miao is a big event for the Center for China and Globalization (CCG). For many years, CCG made significant contributions to China's globalization. This is the fruit of both authors' thoughts on this important subject. Unlike the relatively isolated economy it was before reform and opening up, China is now the world's second largest economy, which is thanks to its participation in the process of globalization. The world has changed China, and China has also changed the world. A good study of this process will make a huge contribution to both academic and policy research, and that is precisely the role the two authors play here. This book is full of insights that readers will benefit from."

Zheng Yongnian

Professor, Chinese University of Hong Kong, Shenzhen

Director, Qianhai Institute of International Affairs

Contents

Introduction V

Chapter One Where Globalization is Heading?
Globalization at a Crossroads 004
Problems with Globalization in the Past 007
Where Should Globalization Go? 013

Chapter Two The Transition and Theoretical Development of "Globalization"
What is Globalization? 025
Theoretical Development of Globalization 031
New Forms of Globalization in the Post-pandemic Era 036

Chapter Three Paying it Forward: China's Changing Role in Globalization
China and Globalization through the Ages 051
China as a Beneficiary of Globalization 056
China as a Contributor to Globalization 062

Chapter Four People-centered Globalization: The Role of Overseas Chinese and Returnees

China's View on People-centered Globalization 077

Overseas Chinese Communities: Building a Bridge Between China and the World 085

How Can China Promote People-centered Globalization? 093

Chapter Five Establishing an "Asian Union" from the "Chopsticks Culture Circle"

Elements of "Confucianism" in the "Chopsticks Culture Circle" 111

The Practical Basis for Establishing an "Asian Union" 121

Fundamental Concepts in Building an "Asian Union" 140

Chapter Six The "Belt and Road" as a New Platform for Multilateralism

The "Belt and Road" Initiative 155

A New Concept for the "Belt and Road"—Multilateralization 163

Practical Steps to Multilateralizing the "Belt and Road" 167

Chapter Seven **Deepening New South-South Cooperation**
Opportunities and Challenges for South-South Cooperation 180
BRICS: A New Extension of the World Order 183
Chinese Cooperation in Africa and Latin America 195
Promoting South-South Cooperation Promotes Global Multilateralism 209

Chapter Eight **China and Europe: A Cornerstone of Multilateral Cooperation**
Working Towards Legalization and Standardization 221
The Future of China-Europe Relations 227
Future Prospects for Cooperation Between China and Europe 234

Chapter Nine **China and the US: How to Keep Competition Healthy**
Sino-US Relations in Transition 245
From Trump to Biden 253
The Future of Sino-US Relations: Cooperation or Rivalry? 270

Chapter Ten **New Patterns of Global Governance and the Role of China**
Global Governance — A Product of the Era of

Globalization 294

Dilemmas Facing Global Governance Today 300

New Patterns of Global Governance and the Role of China 314

Conclusion 343

References 353

CCG Global Dialogue Series 359

Afterword 363

Introduction

It's hard to believe that since COVID-19 appeared in 2020, more than 500 million[1] cases have been confirmed around the world and it continues to spread. The question of when this pandemic will end remains unanswered and, unlike any health crisis in more than a century, COVID-19 has changed the course of global development and particularly globalization. In the 21st century, the question for China is how it will participate in globalization and possibly even drive new trends, but this is a question that must be answered carefully and systematically.

Globalization has a long history and most people trace its origins back to the trade routes that were opened by European traders starting in 1492. However, during one of CCG's recent "Cloud Dialogues", Valerie Hansen[2], a renowned historian at Yale University, proposed that globalization should actually be traced back to 500 years before Columbus discovered the New World, around the year 1000 CE with the earliest known Viking voyages to North America.

Innovations in maritime technology in particular enabled mankind to explore new, unknown worlds and peoples. By the Industrial Revolution, other incredible technological advancements had created booming modern industries, faster transport links and rapidly expanding global markets. Two centuries later, starting in the 1990s, rapid developments in high-technology sparked in the IT Revolution, which has changed how we perceive of both space and time,

---

[1] WHO Coronavirus (COVID-19) Dashboard: "Globally, as of 7:34pm CEST, 13 April 2022, there were 499,119,316.000 confirmed cases of COVID-19, including 6,185,242.000 deaths, reported to WHO.", accessed on 14 April, 2022, https://covid19.who.int/.

[2] Valerie Hansen, a history professor at Yale University and famous sinologist, mainly focusing on the history of ancient China, the history of the Silk Road and world history. She is the author of *The Silk Road: A New History, Changing Gods in Medieval China, 1127-1276* and a number of other books on Chinese history.

making our world smaller and and the global economy increasingly integrated. Globalization during these periods has also continued to change, greatly enhancing productivity and creating enormous wealth. According to the World Bank, in just the sixty years from 1960 to 2020, global GDP grew from around $1.39 trillion to nearly $84.71 trillion, an increase of 6,000%.[①]

However, under the veneer of global prosperity, rapid economic growth is set in stark contrast against the widening gap between rich and poor. A study by Oxfam International shows that in 2019, 2,153 of the world's richest people had more wealth than the poorest 4.6 billion people combined. And according to its own Census Bureau, the United States' Gini coefficient has been rising steadily over the past 50 years, reaching 0.485 in 2018 and marking the largest wealth gap in recent history. The huge disparity between rich and poor is like a proverbial "Sword of Damocles", constantly threatening global stability and exacerbating emerging trends like populism, anti-globalization and deglobalization.

Former UN Secretary-General Kofi Annan once said, "Very few people, groups or governments oppose globalization itself; what they oppose is the disparities it brings." As we said at the outset, globalization has a long history and it has always been evolving. While it generally moves forward, there are times when it has slowed, stopped or even gone backwards. In recent decades, globalization has driven global economic growth and created an unprecedented interweaving of interests among countries, causing them to become more interdependent. Recent global events have caused the pace of globalization to slow, but we believe that globalization, like a great ship, is unstoppable and constant; it may veer off course, but after correcting and adjusting itself, globalization will ultimately find its destination.

As one of the biggest beneficiaries of globalization, China, and the economic miracle it has achieved since it began to reform and opening-up, has increasingly

---

① More information at https://data.worldbank.org.cn/indicator/NY.GDP.MKTP.KD.ZG?end=2018&start=2003&view=chart

attracted the world's attention. Economic globalization is prerequisite for China's continued development in the 21st century and it is in China's national interest to continue to open up and integrate with the outside world. Increased cooperation between China and the US through the G20 after the 2008 financial crisis saw China gradually transition from a passive participant to a driver of globalization. Both the "Belt and Road" Initiative and the Asian Infrastructure Investment Bank are proactive attempts on China's part to bring innovative ideas to globalization and demonstrate its resolve to become a responsible and contributing member of the international community.

Along with many other countries, China has realized that continued globalization requires new impetus, new ideas and new models, which has inspired the country to explore new paths for economic growth and global governance. China believes that in order to ensure a smooth future for globalization, solutions must be found to the problems that have arisen in the course of its development, ensuring that social justice and equity are guaranteed and that the widening gap between rich and poor is narrowed.

When we founded the Center for China and Globalization (CCG) in 2008, the word "globalization" was still quite sensitive in China. However, after more than ten years of hard work and perseverance, China's leadership has recognized the need to continue promoting globalization. In recent years, President Xi Jinping has repeatedly expressed China's resolve to support and defend globalization on many occasions, most notably at the World Economic Forum in Davos.

In the years since its founding, CCG has remained devoted to studying the process of globalization and China's globalization strategy, gathering insights and thoughts from top scholars from around the world. At this critical moment, when globalization is facing major challenges, we felt it imperative to take a deeper look into the future of globalization from a broad range of perspectives and have published a number of books in both Chinese and English on related subjects including *The Great Turn: Who Will Promote the New Wave of Globalization* and *Globalization: Standing at a New Crossroads*. CCG also organizes high-profile events like the China and Globalization Forum, China Inbound-Outbound Forum, China Talent 50 Forum and China Global Think Tank Innovation Forum, which serve as bridges of communication between government, business and academia in order to both promote the concept of globalization in China and better align China's globalization objectives with those of the global community.

We also regularly engage with scholars devoted to studying China's politics and its relations with the world, diplomats with a wealth of experience and who are well versed in international affairs, experienced business people that have taken their businesses global, and representatives of international organizations dedicated to the welfare of all peoples. We use these opportunities to explore key issues like where globalization is heading and China's place in the world, ultimately clearing the path for a more global future. We have also had the opportunity and honor to speak on China's behalf on the global stage at the United Nations and the US Capitol as well as at events like the Munk Debate, the Munich Security Conference, the Paris Peace Forum, and the World Economic Forum, working to unravel misconceptions about China with the hope of fostering mutual understanding and building consensus among countries and peoples.

A symbol of the challenges facing globalization, Donald Trump's election as president of the United States on a platform of putting "America First" exacerbated trends toward populism, protectionism and nationalism in the US. The ongoing trade war waged by the US that began with Trump's protectionist policies, as well as related barriers to cooperation in science and technology, immigration and cultural exchanges, brought China-US relations to a new low. This was mirrored in Britain's successful realization of "Brexit" and the regional integration of the EU. Meanwhile, all of this came to a head with the sudden outbreak of COVID-19 and the world seemed to come to a grinding halt. Today, globalization is facing challenges unseen in a century and voices that question or even refute globalization are growing louder, but this has also caused many more to reflect on and revisit globalization, working to ensure a more inclusive and equitable model of globalization.

Our forthcoming book, *China and Globalization in the 21st Century*, seeks to explore the unknowns and uncertainties that lie ahead, and shed light on what could be an opportunity to reshape the world to the benefit of all. Chapter One begins by summarizing the main ideas in each chapter of the book. Chapter Two focuses on the transition and theoretical development of globalization. After examining a wide range of sources, we have proposed examining globalization from two new perspectives - technology and "people-centeredness", focusing on creating a new definition of globalization suited to a post-pandemic world. Chapter Three mainly summarizes the history and reality of China's integration into world through globalization. As President Xi Jinping has said, "China is a beneficiary and moreover a contributor to economic globalization", and China's role is increasingly becoming one of promoting globalization through its own development while also assuming more responsibilities and making more innovative contributions to global governance.

Starting from Chapter Four, we explore China's attempts to promote a more inclusive and equitable form of globalization, which will enable China to inject new momentum into the process of globalization by leveraging its own strengths. Here, we put forward "three pillars" and "seven paths"; the three pillars are people-centered globalization, open regionalism, and global coexistence and co-governance; while the seven paths include, first, leveraging the strength of overseas Chinese communities and international students around the world to communicate and build consensus globally based on "people-centered globalization"; the second path promotes the establishment of an "Asian Union" based on the "Chopsticks Culture Circle", which emphasizes integration and cooperation to foster high-quality regional integration and ultimately create a new model for globalization; the third path is the consolidation of globalization in Eurasian countries through the "Belt and Road" Initiative by filling in the gap in development between East and West through multilateralism and a rebalancing of globalization. The fourth path is the strengthening of cooperation and innovation in developing countries to make global governance more representative and drive the inclusive and equitable development of globalization. The fifth path focuses on enhancing cooperation with European countries in areas such as climate change and the digital economy, boosting cooperation with the European Union in international affairs to create an effective balance in the China-US-EU relationship, which will also contribute to the momentum of global multilateral cooperation and lay a new foundation for global governance. The sixth path focuses on building a "new type of great power relations (G2)" with the United States, working together as two responsible global powers for the well-being of the 7.5 billion people that inhabit the Earth by strengthening cooperation in areas such as climate change, infrastructure, the digital economy, space exploration and a variety of other fields. The seventh and last path is one in which China actively drives innovation in the systems used in global governance, proactively takes on responsibilities in global governance, plays a greater role in the reform of existing global governance institutions, and advocates for a multilateral cooperation mechanism based on the concept of "co-governance" that balances "East and West" as well as "global" to guarantee more public goods for the world as a whole.

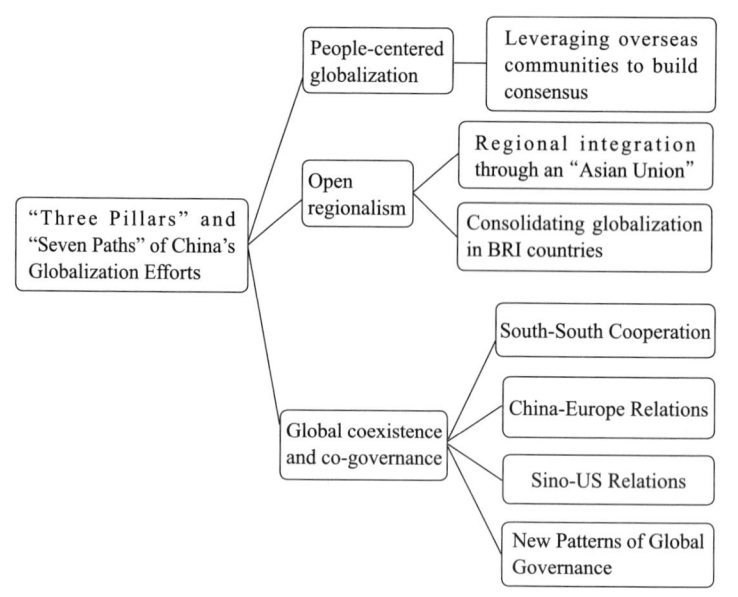

Figure 1   China's View on Promoting Globalization

We are well aware that exploring and creating new pathways for globalization will take an unprecedented amount of time and effort from individuals, businesses and members of the global community. Globalization is a fluid and ever-changing concept and its evolution affects not only China, but other countries as well, and requires that we continually explore and learn together. The direction of China's growth and development will inevitably and profoundly influence the future of globalization. As the world's expectations of China become greater, the wisdom we share and the solutions we provide as a people and a country will enable China to play a greater and hopefully more positive role in globalization and global governance. Facing head-on the inevitable twists and turns in the course of globalization, we need to work with other countries to identify as many common interests as possible, pursue broader and deeper cooperation in the spirit of win-win cooperation, solve problems that face us all, and promote a model of globalization that embodies the values of openness, inclusiveness, fairness, pluralism and sustainability.

Dr. Huiyao Wang, Founder and President of CCG
Dr. Lu Miao, Secretary-General of CCG
May, 2022

本书的研究与出版得到了北京东宇全球化智库基金会的支持,特此致谢!